人文英华

主　编：黄政华　宋长艳　徐　威
副主编：张华丽　胡文俊　徐杨柳
编　委：张华丽　黄　达　黄政华
　　　　宋长艳　徐　威　胡文俊
　　　　徐杨柳　陈继红　唐向荣
　　　　刘绪东　周　正　吴　勇
　　　　张文静　张　敏　张　蓉
　　　　余海玲　彭冬梅　黄竞玲
　　　　陈娥玲　徐青林　徐　琳

中国·武汉

图书在版编目(CIP)数据

人文英华 / 黄政华, 宋长艳, 徐威主编. —武汉：华中科技大学出版社, 2023.10
ISBN 978-7-5772-0145-0

Ⅰ. ①人… Ⅱ. ①黄… ②宋… ③徐… Ⅲ. ①人文科学－高等职业教育－教材Ⅳ. ①C43

中国国家版本馆 CIP 数据核字(2023)第 191557 号

人文英华
Renwen Yinghua

黄政华　宋长艳　徐　威　主编

策划编辑：胡天金
责任编辑：胡天金
封面设计：旗语书装
责任监印：朱　玢
出版发行：华中科技大学出版社(中国·武汉)　　电话：(027)81321913
　　　　　武汉市东湖新技术开发区华工科技园　　邮编：430223
录　　排：北京世纪和美文化发展有限公司
印　　刷：武汉乐生印刷有限公司
开　　本：889mm×1194mm　1/16
印　　张：12.25
字　　数：340 千字
版　　次：2023 年 10 月第 1 版第 1 次印刷
定　　价：58.00 元

本书若有印装质量问题，请向出版社营销中心调换
全国免费服务热线：400-6679-118　竭诚为您服务
版权所有　侵权必究

前言

  近年来,加强高职高专学生的人文素养观念教育引起了人们的普遍关注,取得了良好的社会效益。"人文英华"课程为提高高职高专学生的人文素养和语文水平做出了突出的贡献。基于新的历史背景下对"人文英华"这门课程目标的理解、对高职高专学生特点的认识、对高职高专语文教学规律的掌握,结合教学实践中产生的新理念、新经验、新模式,我们编写了本书。

  本书反复筛选古今短小动人的精美文章,力求用选文的典范性来达到提高文化素质的主要目的,以选文的丰富性取得思想启迪、道德熏陶、文学修养、审美陶冶、写作借鉴等多方面的综合效应。本书总体上要求对读者有吸引力,能感染人;在弘扬优秀文学传统的基础上,重视加强爱国主义的教育,涵养高尚道德品质,提升思想政治素养;在审美情趣的基础上,注意文学史涵盖面和名家名作;要求题材广泛,体裁多样,每篇各有特色,整体丰富多彩;注意体现各种表现方法和写作风格;适当安排文言文与白话文、诗歌与散文、小说与戏剧的比例。

本书选文分为地域文化、神话世界、文化之旅、生命方舟、家国情怀、守望担当、情义无价、寄情山水、艺术徜徉9个部分。书中既有文辞优美的文学作品，又有艺术性很强的应用文；既有名篇，又有新作；既重道又重文，文道结合，文道兼丰。选文尽量避开了中学讲授的篇章，增强了学生阅读教材的新鲜感。

"人文英华"这门课程，不仅能助推高职高专学生进一步提高语文能力与职业素养，提高他们对文学精品的鉴赏水平和审美能力，而且更有利于养成他们的民族文化情结和高尚品德，对激发学生的爱国热情、促进高职高专院校立德树人、培养高素质劳动者和技能技术型人才都能起到积极的作用。我们期待这本书能够为高职高专学生提供一个广阔而自由的精神空间，提供一个自主阅读、独立思考与自由创造的平台。

在编写过程中，我们参阅了大量的著作，借此对作者们表示衷心的感谢！尽管我们做出了不懈的努力，但编写一本兼顾工具性、人文性和审美价值，适用于高职高专学生的教材的难度是很大的，我们真诚地希望专家、同行及教材的使用者提出宝贵的意见，以便将来不断地完善及修订，并从中获得宝贵的经验。

编　者

目 录

地域文化

概观

中国历史文化名城随州 …………………………………………………… 2

随州的历史沿革 …………………………………………………………… 2

中国历史文化名城的由来 ………………………………………………… 2

中国历史文化名城随州的原生态及其特征 ……………………………… 3

炎帝神农文化 ……………………………………………………………… 3

编钟文化 …………………………………………………………………… 4

漆器文化 …………………………………………………………………… 6

明哲先贤文化 ……………………………………………………………… 10

生态旅游文化 ……………………………………………………………… 16

精品阅读

神农赞 …………………………………………………………… 曹植 20

厉山 …………………………………………………………… 储嘉珩 20

民为神主 …………………………………………………《左传·桓公六年》 21

江夏送倩公归汉东序(摘句) ………………………………… 李 白 22

闻虞沔州有替,将归上都,登汉东城寄赠 …………………… 刘长卿 23

汉东楼 …………………………………………………………… 沈 括 23

留守相公移镇汉东 ……………………………………………… 欧阳修 24

狱中血书 ………………………………………………………… 杨 涟 24

登洪山 …………………………………………………………… 何宗彦 25

颂祖文 …………………………………………………………………… 26

类文链接 ………………………………………………………………… 27

神话世界

鲧禹治水 ……………………………………………《山海经·海内经》 32

夸父逐日	《山海经·海外北经》	32
黄帝战蚩尤	《山海经·大荒北经》	33
有巢氏构木为巢	《韩非子·五蠹》	33
伏羲画卦	《古今图书集成·职方典》	34
共工怒触不周山	《淮南子·天文训》	35
女娲补天	《淮南子·览冥训》	35
后羿射日	《淮南子·本经》	36
仓颉造字	《历代名画记·叙画之源流》	37
燧人取火	《路史·发挥一》注引《拾遗记》	37
类文链接		38

文化之旅

弹歌	佚 名	40
国风·周南·汉广	《诗经》	40
九歌·湘夫人	屈 原	42
迢迢牵牛星	《古诗十九首》	45
洛神赋	曹 植	46
咏怀（其一）	阮 籍	52
饮酒（其五）	陶渊明	53
滕王阁序	王 勃	53
宣州谢朓楼饯别校书叔云	李 白	58
旅夜书怀	杜 甫	60
问刘十九	白居易	61
无题	李商隐	62
相见欢	李 煜	62
八声甘州	柳 永	63
临江仙	苏 轼	64
如梦令	李清照	65
类文链接		66

生命方舟

齐物论（节选）	《庄子》	70
浣溪沙·一曲新词酒一杯	晏 殊	72
过零丁洋	文天祥	72
生如夏花	拉宾德拉纳特·泰戈尔	73
谈生命	冰 心	75
雪花的快乐	徐志摩	76
生命	沈从文	77

相信未来	食 指	79
安详	王 蒙	80
类文链接		81

家国情怀

臧僖伯谏观鱼	左丘明	86
燕歌行	高 适	87
雁门太守行	李 贺	89
破阵子·为陈同甫赋壮词以寄之	辛弃疾	90
诉衷情·当年万里觅封侯	陆 游	91
满江红·怒发冲冠	岳 飞	92
长相思	纳兰性德	93
乡愁四韵	余光中	94
故乡的胡同	史铁生	95
类文链接		97

守望担当

周易(节选)		102
大学(节选)		102
《论语》十则		106
从军行	王昌龄	110
赴戍登程口占示家人二首(其二)	林则徐	111
沁园春·长沙	毛泽东	112
类文链接		114

情义无价

上邪	佚 名	118
西洲曲	佚 名	118
越人歌	佚 名	119
卜算子·我住长江头	李之仪	120
当你老了	威廉·巴特勒·叶芝 (袁可嘉译)	121
与山巨源绝交书	嵇 康	122
祭十二郎文	韩 愈	128
类文链接		130

寄情山水

江南可采莲	汉乐府民歌	134
兰亭集序	王羲之	134

山中与裴秀才迪书	王　维	137
春江花月夜	张若虚	139
袁家渴记	柳宗元	141
三峡	郦道元	143
游黄山日记	徐霞客	145
满井游记	袁宏道	148
湖心亭看雪	张　岱	150
白马湖	朱自清	151
类文链接		152

艺术徜徉

西厢记·长亭送别	王实甫	156
牡丹亭·游园惊梦（节选）	汤显祖	159
双调·夜行船·秋思	马致远	160
红楼梦·黛玉葬花	曹雪芹	162
哈姆莱特（第三幕节选）	莎士比亚	165
美从何处寻（节选）	宗白华	176
"慢慢走，欣赏啊！"——人生的艺术化	朱光潜	177
人间词话（节选）	王国维	182
类文链接		184

参考文献

地域文化

随州,古称"汉东之国",建制历史悠久,文化源远流长。其地北接中原,南临江汉,自古为中原文化与楚文化的交汇处。

这是一片神奇的土地。这里有人文始祖炎帝神农文化,有世界奇迹编钟文化,有中国早期成熟的漆器文化,有优秀的明哲先贤文化,还有美丽的生态旅游文化。

随州,历史厚重,人文璀璨;随州,山川秀丽,物产丰富。

人文英华

概观

中国历史文化名城随州

随州市位于湖北省北部，地处桐柏山以南，大别山以西，大洪山东北部，东与孝感大悟县相接，西与襄阳枣阳、宜城毗邻，南与孝感安陆相连，北与河南信阳接壤，素有"荆豫要冲""汉襄咽喉""鄂北门户"之称。2000年6月25日国务院批准设立地级随州市。下辖曾都区、广水市、随县和随州经济开发区、大洪山风景名胜区。版图面积9636平方公里，总人口258万。随州交通便利、历史悠久、文化灿烂、地貌奇特、物产丰富，是久负盛名的"中国历史文化名城""中国改装汽车之都""中国编钟之乡"。

历史文化名城简介

随州的历史沿革

随州历史悠久，文化古老，据史籍记载和文物佐证，"随于上古为列山氏"，是炎帝神农诞生地，大舜耕耨之乡。商至春秋战国，随州地域有随、唐、厉（赖）等国。公元前569年，楚灭厉（赖），公元前505年灭唐；战国末灭随，公元前280年，楚献汉北随、唐诸地于秦，始为秦地。公元前221年秦并天下，设三十六郡，随为随县，隶属南阳郡。南北朝西魏时为随州，以后各朝为州，最多辖10县。北周大象二年(580年)杨坚袭父爵为"随国公"，建隋国（据《周书·杨忠传》载：杨坚以随地得天下后，因"随"有"随从于人之意"，又传"随的走之旁寓意江山易走"，故改"随"为"隋"），领20郡。此后为州为县不一。中华民国时期，随县先后是湖北省第五、第三行署所在地，新中国成立后设立随县。

"随"的得名，主要有三种说法：因随水得名（《水经注》曰："随水出随郡永阳县东石龙山"。）、因随山得名（《荆州记》曰："随县北界有重山，山有一穴，云是神农所生"。）、周武王封建"随国"（其意"跟随王室，服从号令，拱卫周之东南。"）。

中国历史文化名城的由来

中国历史文化名城由国务院审批。目前已公布三批及43座增补城市，共计142座。

第一批历史文化名城，1982年公布，24个：

北京、承德、大同、南京、苏州、扬州、杭州、绍兴、泉州、景德镇、曲阜、洛阳、开封、江陵、长沙、广州、桂林、成都、遵义、昆明、大理、拉萨、西安、延安。

第二批历史文化名城，1986年公布，38个：

上海、天津、沈阳、武汉、南昌、重庆、保定、平遥、呼和浩特、镇江、常熟、徐州、淮安、宁波、歙县、寿县、亳州、福州、漳州、济南、安阳、南阳、商丘、襄阳、潮州、阆中、宜宾、自贡、镇远、丽江、日喀则、韩城、榆林、武威、张掖、敦煌、银川、喀什。

第三批历史文化名城，1994年公布，37个：

正定、邯郸、新绛、代县、祁县、哈尔滨、吉林、集安、衢州、临海、长汀、赣州、青岛、聊城、邹城、临淄、郑州、浚县、随州、钟祥、岳阳、肇庆、佛山、梅州、海康、柳州、琼山、乐山、都江堰、泸州、建水、巍山、江孜、咸阳、汉中、天水、同仁。

增补城市 43 处（2001—2023）：

山海关区、凤凰县、濮阳市、安庆市、泰安市、海口市、金华市、绩溪县、吐鲁番市、特克斯县、无锡市、南通市、北海市、宜兴市、嘉兴市、太原市、中山市、蓬莱市、会理县、库车县、伊宁市、泰州市、会泽县、烟台市、青州市、湖州市、齐齐哈尔市、常州市、瑞金市、惠州市、温州市、高邮市、永州市、长春市、龙泉市、蔚县、辽阳、通海县、黟县、桐城、抚州市、九江市、剑川县。

中国历史文化名城随州的原生态及其特征

随州作为中国历史文化名城，古建筑遗存仅有文峰塔（建于清光绪年间1884年），其硬件名不副实，但其出土的文物和文化遗存是中华大地绝无仅有、无与伦比的，足以让随州名扬天下。随州作为中国历史文化名城，其文化的原生态主要体现在炎帝神农文化、编钟文化、漆器文化、明哲先贤文化、生态旅游文化等五个方面。

炎帝神农文化

炎帝神农氏，姜姓，起于湖北随州厉山，号"烈山氏"或"厉山氏"（《国语·鲁语》韦昭注曰："烈山氏，炎帝之号也，起于烈山。"生活于距今大约6000年前的新石器时代早期，他与黄帝轩辕氏同为中华民族的人文始祖，是中华民族实现由渔猎采集时代向原始农耕时代伟大转变的先驱者和创始人。

由于炎帝神农生活的时代尚未产生文字，故现阶段所见所闻的典籍和传说，都是后人记录传诵的远古传说。尽管这样，我们仍然可以从古今关于神农的传说、塑像的信息——牛头人身传说、汉代神农笔画、今人雕塑神农大像，形成对这位先祖的基本认识，了解其历史功绩和文化特征。

人们对神农的认识经历了"神、人、神农氏族标识"三个阶段。炎帝神农并不是一个具体的人，而是一个时代的标志（《世纪·帝系篇》云："神农，代号也。"），其历史功德传说是整个氏族世代创造的总结。主要包括：

一、烈山造田，教民农耕

传说人工取火是伏羲的发明。《绎史》卷三："伏羲禅于伯牛，钻木作火。"炎帝神农氏将"火"进一步推演成原始生产手段。炎帝起于烈山，故又号"烈山氏"。《说文解字》："烈，火猛。"其形态为猛火。烈山就是"烈山泽而焚之"的造田活动。烈山造田，教民农耕，使中华民族实现了由渔猎采集向原始农耕的演进。

二、制作耒耜，种植五谷

神农开创了我国农耕文明，是农业的始祖。他对我国农业的贡献最突出地表现在两个方面：一是发明耒耜，二是种植五谷。《国语·鲁语》："昔烈山氏之有天下也，其子曰柱，能殖百谷百蔬，夏之兴也，周弃继之，故祀以为稷。"三国韦昭注："烈山氏，炎帝之号也。"《增补资治纲鉴》："神农因天之时，分地之利，制耒耜，教民农作，神而化之，使民宜之，故谓之神农也。"耒，古代形状像木叉的农具；耜，古代像犁的农具。据传使用耜时，一人扶柄，两三人在前用绳拉。耒耜的使用，大大提高了劳动效率，使规模种植变成了可能。五谷的驯化和栽培种植，不可能是一人或一代人完成的，人们把发现和种植五谷的功劳都记在神农名下，寄托着一种崇拜和敬仰，也表明神农在培植和推广水稻谷物种植方面的杰出贡献。2001年发掘的浙江萧山跨湖桥新石器时代文化遗址文物证实，距今7000～8000年之间，萧山人就能使用骨耜耕作和种植稻谷。传说湖北谷城县得名，就是缘起于神农曾在此教民种稻。

三、和药济人，首创医药

神农在将植物发展为农作物的过程中，发明了中药。《世本》："神农和药济人。"司马贞《史记补三皇本纪》：神农"以赭鞭鞭草木，始尝百草，始有医药"。《淮南子》中说，神农"尝百草之滋味，水泉之甘苦，令民知所避就，当此之时，一日而遇七十毒"。神农发明医药大约经历了不经意发现、有意识总结、系统开发三个阶段，足迹遍及大江南北。据传，神农西临巴蜀，留下"神农架""神农溪"之地名；北上山西，留下尝药的"神农鼎"；南到湘水，误尝断肠草而命殒湖南炎陵。如今大家熟知的"茶""姜""甘草"都是神农发现的，就连药店供奉的獐狮，也是纪念神农用来鉴别药物的宠物的。

四、日中而市，以物易物

神农之时开始的物物交换，开创了互通有无原始贸易的先河。《周易·系辞》记载，神农"日中为市，致天下之民，聚天下之货，交易而退，各得其所"。日中为市，就是每到日中时分太阳当顶，人们就聚集在一起，以物易物，各取所需，时间一过就散市，久而久之逐渐形成集市并推广开来。这种传统，在很多地方一直保留到现在，随州称之为"白午集"。神农诞辰地——随州厉山，至今还遗存有"白午"街道名称。

五、削桐为琴，练丝为弦

炎帝神农氏对音乐的发展也做出了重要贡献。他善于用音乐来愉悦心灵、丰富生活、教化民众。桓谭《新论》记载："昔者神农氏继伏羲而王天下，上观法于天，下取法于地，于是始削桐为琴，绳丝为弦，以通神明之德，合天地之和焉。"这里"通神明之德"的音乐，其实就是巫舞活动。它是远古人类维系部族统一的重要手段，也是古代文明的重要组成部分。《世本》记载，"神农作琴"，又说"神农氏琴长三尺六寸六分，上有五弦，曰宫、商、角、徵、羽。文王增二弦，曰少宫、少商"，"昔者神农造琴以定神，禁淫僻，却邪欲，反其天真"。足见炎帝神农氏很懂运用音乐陶冶人的情操。1978年随州曾侯乙墓出土的秦汉时期失传的五弦琴，实物印证了神农造琴的传说。

典籍记载和民间传说的神农功绩还有择地造屋、作陶冶斤斧、制麻为衣等，这些都应该是神农氏族代代生生不息奋斗的结果，是整个部落的创造历史。

编钟文化

编钟是我国古代的礼乐重器，历史悠久，不仅用于祭祀天地、宴宾奉祖、祈安送福，而且用以育人、教乐。古代统治者每逢盛世或重大庆典，都冶铸钟或鼎器，以示威严祥和，故而编钟又称和钟，钟鼓之乐成为帝王诸侯的特权。

随州是"中国编钟之乡"。1978年春夏之交，在地下沉埋了2400余年的国宝编钟，随着曾侯乙墓的发现、发掘而闪亮问世，重放异彩。一时间举世瞩目，国人为之骄傲，世人为之倾倒。曾侯乙墓位于湖北随州市曾都区城西两公里的擂鼓墩东团坡上，系一座呈卜字形的大型岩坑竖穴木椁墓。1977年秋，当地驻军在扩建营房时发现该墓。1978年3月，文物考古部门组织联合勘探，5月上旬开始挖掘，6月底野外清理结束。通过出土镈钟上的铭文鉴定，这是战国早期诸侯国曾国君主名乙的墓葬，故亦称曾侯乙地宫。随葬物品有青铜礼器、乐器、兵器、车马器、金器、玉器、漆木器、竹器等八类，七千多种。曾侯乙墓共出土文物15404件，其中，国家一级文物就有143件（套），有九件（套）列为国宝级文物。钟、磬、鼓、瑟、琴、笙、箫、笛等乐器，种类繁多，排列有序，宛如一间古代乐厅。尤其是其中一套拥有64件的青铜编钟，它设计精巧，铸造精细，出土时，尚完整地悬挂在钟架之上，音域宽广，音色优美，古今乐曲均能演奏，令人叹为观止，是国宝中的国宝。

一、随州编钟是世界音乐史上的奇迹

随州曾侯乙编钟是我国目前出土数量最多、重量最重、音律最全、气势最宏伟的一套编钟，堪称"编钟王"，是中华民族文化艺术之瑰宝，世界音乐史之奇迹。同时曾侯乙编钟也是世界上已知最早最庞大的、具有十二律半音音阶关系的大型定调青铜乐器。它与国际通用的C大调七声音阶同列，音律跨五个八度，能旋宫转调演奏古今中外各类乐曲，是我国独有的"一钟双音"编钟。尤为可贵的是，钟体、钟架和挂钩上刻有错金铭文3755字，用来标明各种发音属于何律（调）的阶名，以及与楚、周、晋、齐、申等各国律（调）的对应关系，是一部不朽的音乐典籍，改写了"12音律是战国末年由希腊传来并汉化"的历史，使中国音乐史提前了四百多年。

二、随州编钟是古代铸造史上的顶峰

随州编钟及曾侯乙墓中的文物，不仅为考古学、天文学、古文字学、历史学、古代科技史、音乐史等方面提供了丰富的研究资料，还为研究古代青铜铸造史提供了大量实物。墓中出土的4640余件青铜礼器、乐器，加上青铜质地兵器、车马器在内，重达10吨之巨，消耗的铜、金、锡、铅等金属约12吨。这些青铜器物造型之复杂，纹饰装潢之精美，都是世所罕见的。通过现代科学鉴定，其在制作工艺上，综合使用了浑铸、分铸、锡焊、铜焊、雕刻、镶嵌、铆接及熔模铸造技术。尤其是编钟铸造，为保证其乐钟的音响效果及综合性能，合金原料高纯铜及铝锡的科学配比及钟壁厚度的科学设计都达到了尽善尽美的程度。这些都表明，当时我国金属冶炼和铸造的工艺水平已达"世界之巅"。

三、随州编钟是中华文明所创造的辉煌

"中国是钟的王国。"远古时代，我们的祖先就创造了世界上最早的钟，并有过"钟鸣鼎食"的灿烂文明。我国的铸钟史从原始时期到战国，经历了一千多年的发展时期。据考，钟的前身是铃，从原始的瓷甬钟到早商的扁圆形铜铃，至殷商的铙，西周中期三件一组的穆王编钟发展到八件一组，历经春秋时期的九件、十三件一组，继而发展到战国时期的大型编钟。从单音钟到按音阶编列演奏的乐钟，凝聚着古老中华民族的智慧和我国古代科学技术的结晶。史料表明，世界文明古国的埃及、巴比伦、印度也都有过铸钟的实践，但他们的钟口都是圆形，而圆形钟无论怎样敲，都是一个基音，且延续（余音）长，很难形成音律。而随州曾侯乙编钟之所以能成为乐钟，关键在于它恰当地运用合金材料，在科学配比的基础上，成功地采用了"复合陶范"铸造技术、铝锡为模料的熔模法，加上钟壁厚度的合理设计、鼓部钟腔内的音脊设置、炉火纯青的热处理技术，才能使铸件形成"合瓦形"，产生"双音区"，构成"共振腔"。所有这些，无不折射出那个遥远时代中华文明所创造的辉煌。

曾侯乙编钟以凝固的历史和千年不变的音质，印证了中华民族数千年前遥遥领先于世界的灿烂文明，被中外专家学者称为"稀世珍宝""世界奇迹"。1979年，叶剑英、李先念称赞："这是中华国宝！"1997年在香港回归祖国大型庆典音乐会上，它的卓越风采令世界惊叹。1999年5月江泽民总书记亲自挥槌试奏《渔舟唱晚》的主旋律，激情盛赞："绝了！绝了！真是绝了！""这是我们中华民族文化中的瑰宝！"2008年随州编钟演奏的《茉莉花》被指定为北京奥运会、残奥委会颁奖音乐。2009年5月20日世界华人寻根节上，随州编钟用无与伦比的演奏，陶醉了现场所有的世界华人。

已知的惊世骇俗，未知的尚待探究。随州编钟仍是浓缩青铜鼎盛时期的一只"黑匣子"，存储了我国古代最富创造性、最有价值的信息，存储了荆楚文明、曾随之谜最重要的密码。

2010年12月，湖北随州又发现西周早期最大古墓群——叶家山西周古墓群。2011年6月至2013年7月两次考古发掘，共发掘74座墓葬、6座马坑。出土青铜器、原始瓷器、陶器、玉器、漆木器等珍贵文物800多件（套），其中青铜器多达300多件，部分青铜器上见有"曾""侯""曾侯""曾侯谏"等

一类的铭文400多字。尤其是M111墓壁出土的5件套编钟，比曾侯乙编钟早500年左右。叶家山墓地的发掘，将曾国历史提前了500年，将进一步揭开了3000多年前的古曾国的神秘面纱。专家预测：叶家山考古发现或将改写世界音乐史和中国历史教科书。

漆器文化

一、历史溯源

考古工作者在距今七千年的浙江河姆渡新石器时代遗址中，发现了一只髹漆的木碗，这是我国也是世界上已知年代最早的漆器。后历经商周直至明清，工艺不断发展，达到极高水平。其中战国时期的漆器业独领风骚，形成了长达五个世纪的空前繁荣。战国时漆器生产规模已经很大，被国家列入重要的经济收入，并设专人管理。据记载，庄子年轻时曾经做过管理漆业的小官。漆器发明并应用之后，用途开始多样化，不再仅限于储存食物和水，不仅用于装饰家具、器皿、文具和艺术品，而且还应用于乐器、丧葬用具、兵器等。又因其光亮洁净、易洗、轻便、隔热、耐腐，还能嵌饰彩绘，纹饰光鲜亮丽，独具特色，很快便获得新兴贵族的青睐。于是，漆器在一定程度上取代了青铜器。这一时期，漆器一般髹朱饰黑，或髹黑饰朱，以优美的图案在器物表面构成一个绮丽的彩色世界。

1978年，位于湖北省随州的沉睡近两千多年的曾侯乙墓横空出世，出土了青铜器、陶器、瓷器、玉器以及漆器，让人们叹为观止。尤其是漆器，发现漆器墓主棺和22具陪葬棺，及乐器、演奏工具和无以数计的漆甲胄、兵器杆。日常生活漆具达230件，是先秦墓葬中发掘数量最多、保存最好的一批漆器。这些漆器品类繁多，用途广泛。有盛食盛物的盒、豆、杯、桶、衣箱，有搁置物品的案、禁、几、俎，有游戏用具小圆木饼和供陈设观赏的漆木鹿等。这批漆器均为木胎，其制胎方法多为挖制、斫制和雕刻。有很多漆器既是实用器具，又是艺术品。聪明的随州工匠利用木材的易塑性，灵活运用浮雕、透雕、圆雕等技法，将自己的艺术想象附于实用漆器上，使之具有观赏性。这批漆器数量最多、品类最全、器型大气、造型精美、纹样奇特、做工精湛、风格古朴，是楚墓中年代最早也是最为精彩的漆器。这些精美的漆器体现了曾随文化、楚文化的神韵，更向世人展示了中华民族辉煌的艺术成就。曾侯乙墓出土的漆器，在我国漆器艺术史上占据着相当重要的地位。

二、曾侯乙墓出土的主要漆器

(一)漆棺

曾侯乙华丽的漆棺，棺身硕大无比，外棺长三米多，宽度和高度也超过了两米，整个棺身都用朱黑色髹漆，然后再用黄色、红色、金色进行彩绘，画上云纹、陶纹、涡纹等精美的纹饰，整个外棺看起来富丽堂皇，为整个墓室都增添了华丽的色彩。内棺长两米多，宽度和高度超过一米，棺身是用红漆和黑漆反复刷涂而成的，整体触摸起来非常平滑，没有任何粗糙感。漆棺两侧是一些比较复杂的图案，而棺盖上的图案却比较简单，以龙凤为主，象征着主人死后能够驾神龙升天，有神兽保佑，在阴间也能享受生前的一切待遇。整个漆棺造型雍容华贵，内外交相辉映，可以说是曾侯乙墓中最具有代表性的漆器，也体现了一种视死如生的人生哲学。

(二)鸳鸯形漆盒

除了漆棺，还有食具箱、酒具箱等生活用具，它们通体用黑漆刷成，历经千年仍然光华如新，这也是最早的物品收纳盒。这些漆器主要是为贵族奢华的生活服务。

其中有一只造型精美的鸳鸯形漆盒，全身用黑漆刷成，并点缀了各种纹饰，盒身上刻着的浮雕夔龙，就像一条准备直上云霄的真龙，栩栩如生，让人叹为观止。盒肚腹处刻有"撞钟击磬图"和"击鼓舞蹈图"两幅图画，记录墓主人的日常生活。图中的人物都是鸟首人身状。"撞钟击磬图"中，整个编钟架由两端神兽支撑起来，画中只有一位鸟首人身的神人在演奏；"击鼓舞蹈图"中，击鼓和跳舞的人也都是鸟首人身状，这可能是曾人想要通过绘画表达通神的心愿，说明曾国人想象力丰富，极富浪漫主义精神。

（三）漆箱

曾侯乙墓中出土了一件漆箱，漆箱盖子上绘有二十八宿，这是我国最早出现二十八宿的文物。二十八宿是按顺时针方向排列的，箱盖上右龙左虎，这是代表东方七宿的青龙和西方七宿的白虎，右边的龙还包括了北方七宿，左边的虎也包括了南方七宿。在这里，龙和虎仅仅表示方位，龙代表东方，虎代表西方，上代表南方，下代表北方。此漆箱盖子上绘有的二十八宿，体现了曾国人朴素的天文观。

（四）彩漆木雕梅花鹿

"鹿"与"禄"音相近，在古代被视为神物，是吉祥和长寿的象征，因此鹿的形象经常出现在古人的创作题材中。曾侯乙墓出土的彩漆木雕梅花鹿为战国早期文物，形象极为逼真。这只梅花鹿四肢盘屈、神态安详，鹿身用整木雕成，头上插着真鹿角，头部可以自由转动，后腿处有一个方孔，推测孔内曾经插有一面小木鼓。全身以黑漆为底，以黄色在身上描绘瓜子形圈点纹。它眼眶、口唇、鼻孔用鲜红的浓漆点涂，显得格外生动。鹿形漆器雕刻线条流畅，尤其是圆目、鼓腮和饱满的脊肌，表现出鹿的强健和小憩时安详的神态。

（五）彩漆木雕龙纹盖豆

该文物于1978年出土于曾侯乙墓。长20.8厘米，宽18厘米，通高24.3厘米。此器仿自青铜盖豆，全器分盖、身两个部分，盘、耳、柄、座由一块整木雕成。以黑漆为底，饰以朱、金色彩绘。盖为椭圆形隆起，顶上浮雕三条相互盘绕的龙，外缘阴刻云纹，绘网纹、勾连纹。器身盘为椭圆形，胎较厚，盘较浅，两侧附加方形浮雕大耳。方耳内、外、顶及两旁五面浮雕龙纹，形成群龙蟠错，或隐或现，在斑斓的纹饰衬托下，豆的双耳远看似袅袅升腾的白云，近看华丽非凡。豆柄上粗下细，座大底平。豆盘外侧、柄、座绘菱角纹、云纹、网格纹、变异凤纹。全器带有浓重的仿铜风格，以黑漆为底，施以艳丽的红彩，勾勒出所雕各部位的形态，器身满饰网纹、菱角纹、变形凤纹等，雕龙画凤，色彩斑斓，形象生动，姿态传神。

（六）透雕漆禁

该文物诞生于战国，1978年于湖北随县曾侯乙墓出土。漆禁禁面由整块厚木板雕琢而成。禁面由"十"字横梁分成四部分，透雕成几何纹样，阴刻云纹并加朱绘，面的四边和四角浮雕为凸起的双龙和一龙双身的附饰；禁足为雕制的四只抱柱攀缘的小兽。禁座绘云纹、草叶纹，兽形禁足绘鳞纹和涡纹。全身以黑漆为底，朱绘花纹。这件用于摆放酒具的透雕漆禁造型典雅，雕刻细腻，为罕见的艺术珍品。

此外，曾侯乙墓中出土的案几做工巧妙，髹器精细、庄重典雅，是先秦早期漆木家具中的佳作。例如黑漆朱绘回旋纹几、黑漆朱绘鸟足漆案。这也体现在生活上，曾随贵族对漆器品质有较高的要求。

三、审美情趣

（一）动物纹样

曾侯乙墓中的漆器最主要的装饰纹样就是动物纹样，其中以龙纹和凤纹最为著名。龙自古以来就是中华民族的图腾，中国人自称为"龙的传人"，古代皇帝也称自己为"真龙天子"，中国人对龙的崇拜无以复加，甚至在现代家庭日常摆件中，也少不了龙的身影。曾侯乙墓漆器上的龙纹形态各异且变化多端，乍一看仿佛杂乱无章，但是仔细观察却能发现其中蕴藏着的寓意。龙纹主要装饰在内棺的棺盖上，绘制线条十分流畅，且龙的形态各不相同：有的龙做俯卧之状，似乎准备一飞冲天；有的龙缠绕在一起，似乎要双宿双飞；有的龙则已经飞到了高处，俯视下方，像神明一般保护着墓主人。这些千奇百怪的龙纹共同构成了一幅绝美的画卷，向人们展示着那个朴素时代的漆器装饰艺术。

凤纹也是曾侯乙墓漆器中的重要组成部分，它和龙纹相得益彰，二者相辅相成，缺少了任何一个都会显得漆器整体造型索然无味。因为曾国与当时南方地区最为强大的楚国是邻居，所以曾国文化不可避免地会受到楚文化的影响，楚人以凤鸟为图腾，曾文化中也融入了很多凤鸟纹装饰。曾国漆器凤鸟纹模仿了鸡、鸟、大雁的形态，在曾侯乙墓内棺中就有"双足五彩凤鸟纹"，"夸父逐日图"和"后羿射日图"中也有这种凤鸟纹。双足五彩凤鸟纹具有长足、尖爪、高冠等特征，腹部刻有精美的卷云纹，尾部如同凤凰展翅一般高高立起，一派雍容华贵之像，这只凤鸟立身于龙背，似乎要与龙一起直上云霄。

(二)"人神共存"纹样

古人都非常相信神明，他们总是希望自己能够和神生活在一起，甚至"与神共舞"，这种美好的愿望也被寄托在了漆器纹样上。在《山海经》中，神鸟是一种象征着财富的神仙，它们喜欢唱歌跳舞，如果降临某个国家，这个国家就会拥有安宁和财富。著名的鸳鸯形漆器盒上刻有"撞钟击磬图"和"击鼓舞蹈图"两种记录墓主人日常生活的图画，图中的人物都是鸟首人身状。可见曾国人对于神仙的崇拜，极富浪漫情怀。

曾随漆器古朴与神秘，自然与神怪，具有南北兼容的特征，既有中原底蕴，又有楚国特点。一般髹朱饰黑或髹黑饰朱，图案优美、纹样浪漫、想象力丰富，在器物表面构成一个绮丽的梦幻色彩。既有装饰性抽象化的动植物纹样，也有写实性的情景绘画，漆绘内容大多与器物造型相互呼应、浑然天成。曾随漆器，乃雕塑、漆绘高度之产物。其胎体造型和漆绘图案、色彩，都折射了曾随文化的审美观念和艺术品位。

四、历史意义

漆器是曾楚文化结晶。

曾国的第一任国君是与周天子有着血缘关系的南宫适，他是周武王最小的弟弟，在西周初年被分封在汉水一带，主要活动范围在湖北随州，负责替周天子守卫南方国土。曾国曾经盛极一时，在西周时代国土一直扩充到河南地区，并且还拥有随州、荆门、襄阳三个重要城池，但是到了战国时期，曾国已经成了强大楚国的附庸国。虽然在政治上是附庸关系，但是在文化方面列国都是平等的，曾国并没有因为自己的弱小就放弃了对文化的传承，他们把曾国文化与楚国文化成功地融合在一起，曾侯乙墓漆器就是曾楚文化的集中表现之一。

曾侯乙墓中出土的大量漆器，如漆器鸳鸯盒、彩绘漆鹿、漆耳杯、漆盖豆等，都与楚国墓葬中出土的器物有着明显的关系。在漆器的纹样方面，曾侯乙墓漆器纹样也与楚国有着密切的联系，楚国墓葬的内棺中也刻有很多线条流畅的龙凤图案。楚国人崇尚神鸟、凤凰、太阳、火神，曾侯乙墓漆器纹样中也有"夸父逐日"中的金太阳纹样，漆鸳鸯盒上有鸟首人身的神鸟形象，还有"扶桑凤鸟纹""双足五彩凤鸟纹""龙形凤纹"等，这些神秘而又浪漫的纹样通通带有楚文化的特点，共同构成了楚人和曾人丰富的精神文化世界。

五、艺术价值

我国出土的春秋以前的漆器几乎少之又少，一直以青铜器占据主要地位。春秋战国时期是中国漆器艺术发展的高峰期，漆器逐渐取代了不方便运输携带的青铜器，并且漆器明显比青铜器更具有实用性。漆器虽然方便实用，但是战国早期出土的漆器数量还是很少的，就连以楚国文化为代表的南方地区也几乎没有出土过漆器实物，而曾侯乙墓中出土的漆器不仅造型精美，而且种类齐全，代表了战国早期漆器发展的成熟。曾侯乙墓中的漆器纹样与楚国漆器纹样有着千丝万缕的关系，有些纹样的刻画精致程度甚至超过了楚国漆器，为现代学者研究漆器艺术提供了重要的参照价值。

曾侯乙墓中的漆器是中国漆器工艺的代表，它的纹样装饰中融入了楚国文化的特点，既神秘又浪漫，无论是龙纹、凤纹、太阳纹还是神鸟都色彩丰富，有着楚国漆器文化的特点，也代表了中国早期漆器艺术的高度成熟，神鸟更是体现了曾国人的日常生活和对于神的信仰。曾侯乙墓漆器纹样灵活多变，虽然只在红色和黑色的基础上添加色彩，但是整体构图精细，线条灵活多变，尤其是漆器中最为常见的龙纹，将龙的栩栩如生之态展现得淋漓尽致，通过这样的刻画使整个漆器都呈现出雍容华贵的效果，可见曾国工匠的纹样装饰技术的成熟。楚式漆器髹饰技艺成熟于春秋战国时期，两千多年来，这一独具东方文化特色的传统技艺，一直在随州地区世代传承。随州漆器大都以楚文化彩绘纹饰为主要图案，具有鲜明的随州地域特色，集中体现了随州古代漆器艺术的卓越成就，体现了东方文化神韵。在中国艺术的长河中，漆器艺术如同一颗颗闪亮的星星，照亮了东周时代的夜空，它永远散发着耀眼的光芒，也将照亮现代艺术的天空、随州艺术的天空。

漆器是一种非常具有代表性的中华文化艺术品。漆器的制作工艺之复杂，以及其所具备的实用价值和艺术价值，都使其成为一种非常珍贵的文化遗产。虽然漆器的制作工艺十分复杂，但是我们希望能够通过不断的传承和发展，让漆器文化得以延续，并且成为中华文化不可分割的一部分。

六、传承与创新

随州曾侯乙墓发掘后不久，随县万和镇一个名叫祝成超的年轻漆匠凭着自己祖传的精湛漆艺技术试着对曾侯乙墓中出土的漆器进行了复制，由此开启了随州曾随漆艺重生的新纪元。

30余年的匠心坚守，他使即将失传的楚式漆器手工技艺得以传承发展，不仅为我们留下了髹饰彩绘雕填根脉和可传承的曾随文化，也成为当代工匠艺术创新的新元素和现代人寻找精神家园的新寄托。

祝成超30多年如一日，深耕非遗技艺，积淀综合素养，在专业的不断精进与突破中，练就了一身绝技，凭借一双"巧手"，复活曾侯乙盖豆、曾侯乙尊盘、编钟架梁、鸳鸯盒等国宝级文物，他主导的"楚式漆器髹饰技艺"，成为珍贵的非物质文化遗产。

祝成超在"守正"的同时不忘"创新"。他和他的团队融合中国漆器古代手工艺制作方法和现代艺术表现手法，将古代彩绘艺术一件件再现于当今世人面前。在漆匠祝成超的手上，精美绝伦的复仿制文物，成为对外建立友好关系、政务商务往来、招商引资、论坛会议、友情馈赠、文旅发展的尊贵礼品。曾侯乙盖豆、鸳鸯彩盒、彩绘龙凤纹漆盘等已跻身我省对外交往的首选礼品，多次被省、市政府赠予中外嘉宾。作品"龙蛇座花瓣盘漆豆"、蟠龙漆卮等文物复仿制件，在上海世博会湖北馆公开展出，并相继走进意大利举办的"2015米兰世博会"和哈萨克斯坦举办的"2017阿斯塔纳世博会"，受到世界各国人民的青睐。

如今，祝成超带领弟子将传统漆艺的传授与现代科技相融合，加速科技成果向现实生产力转化，树立了曾楚文化品牌，形成了漆器文化产业链。为了更好地传承楚漆器工艺，祝成超积极申报"随州漆器"地理标志证明商标，他还和湖北有关院校合作，建立大学生实习实训基地。通过合作，把漆器技艺传授给更多年轻人，让非物质文化遗产得到广泛传播。

明哲先贤文化

随州是一片神奇的土地！这里人杰地灵，物美景华，得天独厚的自然条件和深厚的文化底蕴孕育了一代又一代随州人。在这片神奇的土地上，从古至今，有无数随州骄子演绎出惊天动地的壮丽篇章和流传千古的辉煌成就。春秋大贤季梁"民为神主"的哲学理念和"上思利民"的政治主张，为后来"民本"思想的诞生起到了先导作用，是当之无愧的民本思想的先驱者和倡导者；西汉末年，绿林英雄陈牧、廖湛充分体现了随州人助弱济贫、不畏权贵、不附强权的豪侠品性；唐代诗圣李太白醉心随州灵山秀水，吟就千古佳作；文宦双栖的刘随州，其七律被誉为"中唐之首"；大夏皇帝明玉珍勇武英明，新政爱民，是中国历史上唯一一个在重庆建都称帝的皇帝；晚明大臣杨涟忠君爱民，不畏强暴，舍生取义，千年之下，终究不朽……他们的思想和精神是随州的魂灵，将荫庇今天和未来的随州人创造更加绚丽的辉煌。

一、"神农之后，随之大贤"——季梁

季梁（约公元前770—前690），又称季氏梁、季仕梁，春秋初期随国（今随州市）人。杰出的思想家、政治家、军事家，被后人誉为"中国民本思想第一人"。

季梁在历史上率先提出"夫民，神之主也。是以圣王先成民而后致力于神"。"民为神主"的思想，是季梁哲学思想的精髓。

季梁对"民为神主"的解释是：民是主，神是从；如果民心背离，鬼神要降福也无能为力。所以统治者唯有"先成民而后致力于神"，才能"庶免于难"。

季梁提出民是神的主宰，尚未彻底否定神的存在，神的幻影并未从他的观念中最终消失。但是，这并不影响我们把他视为我国历史上无神论的先驱。

季梁在与随侯谈论民神关系时，提出了"修政而亲兄弟之国"的主张。所谓"修政"，即对内整顿国家政治；所谓"亲兄弟之国"，即对外与兄弟国家互相亲善。这就是季梁政治思想的集中体现。

季梁认为，要对内整顿好国家政治，必须把"道"作为行为准则。他对"道"做了解释："所谓道，忠于民而信于神也。上思利民，忠也；祝史正辞，信也。"季梁提出这一政治理论，是在公元前706年，这在我国政治思想史上前无古人。

季梁不仅是一位著名的政治家和思想家，更是一位杰出的军事家。

透过事物某些现象和假象去分析事物的实质，是季梁军事思想中的闪光之处。《左传·桓公六年》载："楚武王侵随，使薳章求成焉，军于瑕以待之。随人请少师董成。斗伯比言于楚子曰：'……汉东之国，随为大。随张，必弃小国。小国离，楚之利也。少师侈，请羸师以张之。'……少师归，请追楚师。随侯将许之。季梁止之……"季梁正是透过楚人"求成"的现象和"羸师"的假象，看出了楚人侵略的实质。因此，当随侯将要依狂妄自大的少师之意追击楚军时，他出面制止，并戳穿楚人的阴谋。他说："天方授楚，楚之羸，其诱我也，君何急焉？"季梁的这一军事思想，被后来的大军事家孙武加以总结和发挥，成为著名的战争指导原则，即"辞卑而益备者，进也；辞强而进驱者，退者；轻车先出居其侧者，陈也；无约而请和者，谋也；奔走而陈兵车者，期也；半进半退者，诱也"。

把矛盾的运动及其转化原理运用于军事之中，是季梁军事思想中十分宝贵的内容。《左传·桓公八年》载："楚子伐随，军于汉、淮之间。季梁请下之：'弗许而后战，所以怒我而急寇也。'"面对楚军的强大攻势，季梁不是应战，而是主张行卑词求和，待"弗许而后战"。季梁是基于这种考虑：随求和不许，随军便意识到唯有死战别无他路，这样一来，将士就会勇气倍增；另一方面，楚军会因为随人的求和而懈怠斗志。孙武则把季梁的这一军事思想表述得更加准确，他说，为了激怒士卒，长其斗志，必须将士卒"投之亡地然后存，陷之死地然后生"。可以说，孙武关于矛盾双方不仅相互依存，而且在一定条件下可以相互转化的军事辩证法思想，在很大程度上是季梁的军事思想的提炼和升华。

季梁军事思想的难能可贵之处，还在于他已朦胧地意识到政治是决定战争胜负的重要因素。因此，对国与国之间的战争的成败，他主张从"道"上来寻找原委。他说："臣闻小之能敌大也，小道大淫。"即以为小国之所以能够战胜大国，是由于小国有"道"，大国暴虐。虽说季梁对"道"的具体内容和确切含义未予说明，但这个"道"是指统治阶级的政治策略则是没有疑问的。

二、以"随"定国号的隋文帝杨坚

随州的"随"最早出于西周"汉东之国随为大"。当时随国为一诸侯小国，附庸在楚国之下，附近有陈国、蔡国、唐国等更小的诸侯国。自西周后，这一古地名得以流传下来。

杨坚是北周名将杨忠(官至十二大柱国之一，封随国公)的后人，聪明俊杰。《隋书·高祖上》记载，杨坚14岁就任功曹，15岁授予散骑常侍、车骑大将军、仪同三司，封成纪县公，16岁晋升骠骑大将军加开府衔。这一出身名门、少年得志的英豪，登上九五之尊的路，却充满了艰险。

(一)出生怪异，寺庙寄养

《隋书·高祖上》记载，高祖诞生于冯翊(今陕西大荔县)般若寺。当时"紫气充庭，有尼来自河东，谓皇妣曰：'此儿所从来甚异，不可于俗间处之。'尼将高祖舍于别馆，躬自抚养。皇妣尝抱高祖，忽见头上角出，遍体鳞起。皇妣大骇，坠高祖于地。尼自外入见曰：'已惊我儿，致令晚得天下。'为人龙颔，额上有五柱入顶，目光外射，有文在手曰'王'"。杨坚寄养寺庙十三年，直至入太学读书才离开。

(二)仪容超凡，几度遇险

杨坚仪表堂堂、举止超凡，连当时皇族先辈们都称赞道："此儿风骨，非世间人！"然而，这种惊世骇俗的美貌，并没给他带来仕途的幸运，反而带来的是皇族的戒心和杀戮。最危险的一次，据《隋书·高祖上》记载："明帝即位，授右小宫伯，进封大兴郡公。帝尝遣善相者赵昭视之，昭诡对曰：'不过作柱国耳。'既而阴谓高祖曰：'公当为天下君，必大诛杀而后定。善记鄙言。'"赵昭的暗中保护，使杨坚躲过了朝廷的追杀。

(三)以避求存，发迹随州

《隋书·高祖上》："武帝即位，迁左小宫伯。出为隋州刺史，进位大将军。后征还，遇皇妣寝疾三年，昼夜不离左右，代称纯孝。宇文护执政，尤忌高祖，屡将害焉，大将军侯伏、侯寿等匡护得免。其后袭爵隋国公。"这里的"隋州刺史"的"隋州"，就是现位于湖北北部、桐柏山脉以南的"随州市"。这里的"袭爵"要特别说明一下，"爵"是北周封杨坚之父杨忠"隋国公"的"爵"。武帝时，宇文家族专权，极力拉拢杨坚，但杨坚拒绝招诱。为防报复、保护自己，杨坚借卫国公独孤信之力，得以离宫赴随就任刺史，自此开始谋划大业。这也就是杨坚将国号定为"隋"的原因(杨坚夺位后立国号为"随"，但其认为随有"走"的意思或"随从"意思，恐不祥，遂改"随"为"隋")。杨坚虽在随州任刺史仅两年，但他的发迹就是从随州开始的。

三、旅居随州寿山的诗仙李白

李白(701—762)，字太白，号青莲居士，我国古代最杰出的浪漫主义诗人，素有"诗仙"之称，曾旅居随州寿山，与几个随州人结下了深厚的友谊，同时留下了多篇与随州有关的诗文，被后人称颂。

李白旅居随州寿山时，写了篇《代寿山答孟少府移文书》的文章，在描绘了寿山的旖旎风光后，就表述了他并不想当一个隐士，一旦机会来临会毫不犹豫地步入仕途的政治理想。后来发生的一切也确实印证了这一点。

当时知识分子入仕的途径有三条：一是应试，二是与名门望族结亲，三是归隐山林，走终南捷

径。应试这条路李白试了几次都没有走通,剩下的就只有攀附名门望族和归隐山林,寄望高人指点、举荐步入仕途了。所以当他27岁来到安陆时,他想娶的女子便是曾经当过宰相的许圉师的孙女,并小隐于寿山。

攀亲一事开始进行得并不顺利,一个没有功名的文人想娶一个大家闺秀谈何容易?在碰了几次壁之后,李白找到了当时名震宇中的随州道人胡紫阳。正是胡紫阳出面说媒,从中撮合,许家才答应这门婚事。

尽管有紫阳真人出面做媒,许家虽然答应了这门亲事,但条件是李白必须入赘当上门女婿。对于"倒插门",不仅在唐朝,即便几十年前的随州、安陆人都觉得不是件光彩的事,但为了理想,为了攀上这家名门,李白显然顾不了那么多,也就只有委曲求全了。

婚后的李白开始住在许家。后因与妻弟"不睦",不得已,他和许夫人只好搬出许家宅院,先后在广水的寿山和随州、安陆交界的白兆山居住。

因为与许家"不睦",所以许家人没有举荐他做官。李白后来把这段生活说成是"酒隐安陆,蹉跎十年"。十年也许只是个大概时间,有资料表明,李白从27岁来到安陆,到40岁离开,其间整整待了13年。

但李白这段时光也并非一无所获,一是以安陆为中心,开始了十年漫游,饱览云梦泽风光,韬光养晦,蓄势待发,对其后世发展产生了深远的影响;二是留下了脍炙人口的诗篇《静夜思》;三是接触著名道士胡紫阳。与胡紫阳谈禅论道让李白诗风大变,道家那想象奇诡、恣意纵情、富于哲思的内质,让李白终身受益。也许正是因为李白与紫阳真人的交流,才有了后来的"飞流直下三千尺,疑是银河落九天""君不见黄河之水天上来,奔流到海不复回"这些气势磅礴、想象奇异的千古绝唱。

四、文宦双栖的随州刺史刘长卿

刘长卿(709—791),字文房,河北河间人(一说是安徽宣城人)。曾因做过随州刺史,所以世称其为刘随州。刘长卿一生诗作颇丰,特色鲜明,被人们尊奉为"大历十才子""五言长城",其诗辑为《刘随州集》(十一卷),是典型的文宦双栖历史名人。

(一)三起三落,苍凉一生

史书记载,刘长卿于开元二十一年(734年)25岁时考中进士,33岁才出任长州(今苏州)尉。次年晋升为海盐(今浙江省海盐县)令,但随后便被罢了官,且被投进监狱,被关几个月,之后被"贬潘州南巴尉",当了个九品县尉。肃宗至德元年(756年)逢朝廷大赦并昭雪冤假错案,他被召回京都做监察御史,执掌"分察百僚,巡按郡县,纠视刑狱,肃整朝仪"等事宜,由于得罪了人,很快又被调离台阁。此后不久进入淮南转运使刘晏的幕府,协助刘晏做铸钱及盐铁转运等事宜。43岁时升任七品转运使判官兼检校殿中侍御史,两年后再升任正六品的鄂、岳二州转运留后兼检校祠部员外郎,不久又被鄂岳观察使吴仲孺诬告其犯赃二十万贯,再度被贬为睦州(今浙江省建德市)司马。此后一直在睦州司马任上。德宗建中二年(781年),72岁时才受任随州刺史。三年后因战乱离开随州。

(二)才高八斗,诗比长城

《全唐诗话》记载:"长卿以诗驰声上元、宝应间。"刘长卿悲壮苍凉的仕途生活,成就了这位伟大的诗人。清编《全唐诗》收录了刘长卿诗5卷509首。刘长卿以写作山水诗著名,其咏物诗、边塞诗、咏史诗也有一些佳作,描写安史之乱和乱后景象的诗颇有时代特色,写怀才不遇之感以及送别之情的作品情景交融,有语淡情深之感。刘长卿尤擅五言,自诩"五言长城"。刘长卿的七律被称为中唐之首,清人沈德潜在《唐诗别裁》卷14称:"七律至随州,工绝亦秀绝矣。"代表作有《逢雪宿芙蓉山主人》等。他在随州刺史任上共作诗九首,最著名的是《闻虞沔州有替,将归上都,登汉东城寄赠》。

五、荻画学书文冠天下的欧阳修

欧阳修(1007—1073),字永叔,号醉翁,又号六一居士,北宋卓越的文学家、史学家。

欧阳修不是随州人,但在随州长大,随州是他的第二故乡。欧阳修祖籍江西永丰,出生在四川绵阳。父亲欧阳观时任绵阳推官。4岁那年,父亲病故在任上,母亲郑氏只得扶携幼儿稚女远道投奔在随州任推官的欧阳修的叔叔欧阳晔。欧阳修在随州识字、读书、习文,直至22岁才离开随州,步入仕途。

欧阳修留给随州人的印记有三:一是荻画学书的历史典故;二是《李秀才东园亭记》;三是白云书院。

欧阳修的父亲和叔叔都是进士出身,朝廷命官,但廉洁自持。家里穷得没有钱买学习用的纸和笔。欧阳修的母亲就地取材,因境施教,就用河边长的芦苇秆当笔,沙土当纸,用父辈发愤苦读求得功名以及振兴家业的愿望,教育儿子读书写字、做文章。母亲就这样培养出了一个"文冠天下的大家"。从此,随州大地上就流传着一个"荻画学书"的历史典故,为后世树立了现代家庭教育"言教、身教、境教"的典范。

《李秀才东园亭记》是欧阳修1033年为随州好友李佐作,其中说:"……山泽之产无美材,土地之贡无上物。朝廷达官大人自闽陬岭徼出而显者,往往皆是,而随近在天子千里内,几百年间未出一士,岂其庳贫薄陋自古然也?予少以江南就食居之,能道其风土,地既瘠枯,民给生不舒愉,虽丰年,大族厚聚之家,未尝有树林池沼之乐,以为岁时休暇之嬉。"欧阳修认为,随州"庳贫薄陋",没有名产,没出名人,山水风物,没有值得夸耀的地方。但是,他在结语中说道:"随虽陋,非予乡,然予之长也,岂能忘情于随哉。"深情表达"长于斯"的念想。

明朝时期,随州人怀念欧阳修,修建了一座白云书院,可惜古建筑已毁,今人又重修,辟为随州市图书馆,成为随州人的精神家园。

六、大夏皇帝明玉珍

明玉珍(1329—1366),随州梅丘(今随州市曾都区柳林镇古城畈)人,中国历史上唯一一个在重庆建都称帝的大夏国皇帝。

(一)英雄少年,亮剑安民

典籍记载,明玉珍生有异相,双目重瞳,少年英雄。虽出身农家,却相貌魁梧,仪表堂堂。自小走马射猎,舞枪弄棒,知书达理,豁达大度,诚信守义,扶弱济贫,深得当地民众的钦敬。

时值元末,没落王室横征暴敛、穷奢极欲,地方官吏大肆搜刮、巧取豪夺,加之灾荒连年,瘟疫不断,神州大地遍地哀鸿,饿殍遍野。于是盗寇群起,叛乱频发,四海纷争,八方骚扰。声势浩大的红巾军起义席卷九州。明玉珍应时揭竿而起,与里中耆老团结数千人,组成民军,屯于青山一带,修械筑防,结寨自固,保家安民。

(二)归顺天完,晋封元帅

红巾军首领徐寿辉自立为帝,以蕲水为都城,国号天完,年号治平。明玉珍归顺天完,隶属倪文俊部,以元帅的名号驻节沔阳,成为西系红巾军的一支有生力量。

数年间,明玉珍驰骋疆场,能攻善守,经大小百余战阵,在抗元烽火中饱经历练,脱颖而出,积军功升任奉国上将军统兵都元帅。

(三)挥师西进,终成霸业

至正十七年(1357年)三月,明玉珍听从戴寿之策,挥师西进,长驱直入,首定夔州、万州,继袭重庆,再平泸州、叙南。大军所至,所向无敌。明玉珍号令严明,军律整肃,秋毫无犯。所至不独用武,惟以拯救为尚,故而深得民心。徐寿辉论功行赏,授明玉珍广西两江道宣慰使。次年六月,明

玉珍一鼓作气，于普州击败亳人李仲贤所部元军主力，将全蜀牢牢掌控，又被补授为陇蜀四川行省参政。

至正二十二年（1362年）春，明玉珍即皇帝位于重庆，国号大夏，建元天统。立妻彭氏为皇后，子明升为太子。并仿效周制，设六卿，以戴寿为冢宰，总理百官，辅佐皇帝；万胜为司马，掌管工程；向大亨、莫仁寿为司寇，掌管司法刑狱、纠察等事；吴友仁、邹兴为怀徒，掌管宗庙祭祀等礼仪制度。分蜀地为八道，下设府、州、县三级，分置刺史、太守、县令等官职，其疆界最盛时可东至彝陵（今湖北宜昌），西至中庆（今云南昆明），南到播州（今贵州遵义），北至兴元（今陕西南郑）。

明玉珍出自草泽，始终难脱农民式的狭隘眼光。他长于施政，短于戎行，重"文治"轻"武功"，躬行俭让，生性好学，礼贤下士，义气深重，忠于旧君，极受时人敬重，亦常被后世史官和读史者击节称赏。

《明史》称明玉珍终年三十六岁。称王二年，称帝四年，在位共六年。谥曰钦文昭武皇帝，庙号太祖。

七、忠烈奇节杨涟

杨涟（1572—1625），应山（今湖北随州广水市）人。字文孺，号大洪。明代大臣，万历进士，累官至左副都御史。

初任常熟知县，举全国廉吏第一，入朝任给事中。明神宗病危，力主太子进宫服侍皇帝。明光宗即位后，杨涟极力反对郑贵妃求封皇太后。光宗病重，召见大臣，他不属大臣，亦在召见之列，临危顾命；光宗逝世，宠妃李选侍居乾清宫挟太子欲把持朝政，他说服朝臣，挺身而出，闯进乾清宫，拥太子即位，并逼李选侍移出乾清宫，安定了朝局，并升兵科都给事中。天启四年（公元1624年）任左副都御史，因弹劾魏忠贤24大罪，被诬陷，惨死狱中，后平反昭雪，谥号"忠烈"，有《杨忠烈公文集》传世。

（一）临危顾命，力挽狂澜

杨涟青年时代深受东林党人顾宪成等人影响，逐步养成"以天下为己任、不畏权势、敢于訾议朝政"的禀性，迅速成长为东林党的后起之秀。

杨涟为人光明磊落，不畏权贵。神宗时，郑贵妃与外朝的官吏多有勾结，垄断后宫，离间神宗与太子朱常洛的骨肉之情。杨涟识破了郑贵妃的阴谋，坚决支持太子朱常洛，并力助太子朱常洛入御榻前侍药膳，接近神宗，防止郑贵妃假传圣旨，祸乱朝政。神宗死后，太子朱常洛登上帝位，是为光宗。光宗登基四天，便大病不起。当时宫中纷纷传言，说光宗之病是因为郑贵妃进美女八人致使光宗身体亏损，又唆使崔文升进泻药，使其病情加重。杨涟听此，深为光宗担忧，决心清除郑贵妃对光宗的威胁，于是便联络朝臣，共请郑贵妃移宫，终将郑贵妃从光宗身边赶走。光宗称赞杨涟："此真忠君。"下旨驱逐崔文升，收回封郑贵妃为太后的圣旨，并擢升杨涟为顾命大臣。

光宗在位仅一月，于1620年九月初一突然驾崩于乾清宫。他的宠妃李选侍阴狠狡诈，光宗在时，她便恃宠骄横，独霸后宫。朱由校的生母王氏便是被她害死的。后来她又趁光宗病重，与郑贵妃勾结，要求封郑贵妃为皇太后，封自己为皇后。一次光宗召几位大臣商量，准备封她为皇贵妃。不料躲在门幔后偷听的李选侍不满意，竟然从幕幔后伸出手来将站在光宗旁边的朱由校拉进去，耳语了一番，便将其推出。朱由校当即便跪在地上请父皇封李选侍为皇后。如此僭制违礼，不仅使在场的大臣面有怒容，连光宗也为之"色变"。明光宗驾崩后，李选侍欲学当年的郑贵妃，准备将光宗的长子朱由校藏起来，"挟皇长子自重"。如果此举得逞，必将干预朝政扰乱国体。杨涟等一批正直朝臣决意铤而走险，力挽狂澜。当天上午，杨涟、左光斗、方从哲等朝臣一齐到乾清宫。刚至乾清门，便有内宦持挺拦路，不许入内。杨涟大骂道："奴才！皇帝召我等。今已晏驾，若曹不听入，欲何为？"说完便挥手挡开枪梃，众朝臣一拥而入。大家哭灵完毕，发现长子朱由校并未在光宗灵柩前守灵，心中暗暗吃惊。问左右的宦官，皆支支吾吾，不敢作答。杨涟见光宗的心腹太监王安以目示意西暖阁，当下会意，转身对大家耳语了几句，大家便一齐向西暖阁跪下，齐呼求面见储君。李选侍拥着朱由校躲在西暖阁，哪里见过如此阵势，早已吓得六神无主。王安随即入内，假意劝说，称皇长子面见众臣后即可送回。说完便拉着朱由校出阁，等在外面的众臣连忙把朱由校拥入早已准备好的辇车，护驾退出乾清宫。李选侍这才回过神来，慌忙吩咐左右的宦官快去挡驾。宦官们追来拖住轿子，大声叫嚷："拉少主何往？主年少畏人。"杨涟大怒，大声斥骂道："殿下群臣之主，四海九州莫非臣子，复畏何人？"众宦官被骂得哑口无言，这才悻悻退去。杨涟等人将朱由校抬至文华殿，当即举行了"正东宫位"的典礼，并且议定于本月六日在乾清宫即帝位。李选侍见皇长子被拥走，十分恼怒，无奈大局已定。她决定赖在乾清宫不出，以此要挟朱由校封她为皇太后。消息传出，举朝皆愤愤不平，奏请李选侍移宫的章奏接连不断。九月初五，眼见太子登基大典将近，而李选侍仍赖在乾清宫不出。杨涟心急如焚，又联络诸大臣聚集慈庆宫，要大学士方从哲带头请太子下诏驱李选侍移宫。朱由校只好下旨遣李选侍即日移宫。李选侍只得迁出乾清宫。次日，朱由校正式登基，即熹宗。

（二）力战"阉逆"，慨然赴死

光宗驾崩到熹宗登基，前后仅六日。杨涟为辅佐太子顺利登基呕心沥血，几乎是夜夜不寝。史书上称在六天内"涟须发尽白，帝亦数称忠臣"。天启三年（1623年），拜杨涟为左佥都御史。1624年，又升为副都御史。然而，这位在杨涟等正直朝臣舍命扶持下才得以登基的皇帝，并没有像东林党所希望的那样革除万历朝弊政，相反却是变本加厉，更加荒淫奢靡，昏庸无能。宦官魏忠贤和熹宗的乳母客氏相勾结，在宫中独揽大权，肆意为虐。那些邪恶派的官吏也纷纷投靠魏忠贤，结成"阉党"，打击和排斥东林党人。杨涟怀着满腔的悲愤，决心挺身而出，讨伐魏忠贤。

天启四年（1624年）六月，杨涟奏疏列举魏忠贤二十四条罪状，揭露其迫害先帝旧臣、干预朝政、逼死后宫贤妃、操纵东厂滥施淫威等罪行。魏忠贤闻疏后惊恐万状，跑到熹宗面前哭诉其冤，又叫客氏在旁游说，为自己开脱，熹宗真假难辨，好坏不分，反而温言抚慰魏忠贤，严旨切责杨涟。自此以后，魏忠贤对杨涟恨之入骨。天启四年（1624年）十月，魏忠贤矫旨责杨涟"大不敬""无人臣礼"，将杨涟革职为民。天启五年（1625年），魏忠贤指使"阉党"大理丞徐大化弹劾杨涟、左光斗"党同伐异，招权纳贿"，借兴"汪文言之狱"谋害杨涟等人。锦衣卫北镇抚司指挥许显纯在魏忠贤的授意下对汪文言严刑逼供，要他诬陷杨涟受贿。汪文言宁死不屈。许显纯无计可施，只好自己捏造供状，诬陷杨涟、左光斗曾受辽东经略熊廷弼贿赂。魏忠贤立即遣锦衣卫缇骑前去逮捕杨涟等人来京审讯。六月，杨涟被逮押送北京，沿途群众闻讯，皆为杨涟鸣不平。他们自动夹道哭送，所过村市，"悉焚香建醮，祈祐涟生还"。六月二十八日，杨涟被下镇抚司诏狱审讯。许显纯将锦衣卫的诸多酷刑一一用于杨涟，折磨得他遍体鳞伤，气息奄奄。后来提审时杨涟被折磨得无法坐立，许显纯便让打手给杨涟带上桎梏，拖他到堂上躺在地下受审。杨涟仍不屈服，在狱中写下《绝笔》，继续陈述"移宫案"的真相，痛斥魏忠贤紊乱朝纲。魏忠贤得知后气得七窍生烟，令许显纯立即杀掉杨涟。七月庚申夜里，许显纯令缇骑在狱中处死杨涟，此贼先后以"土囊压身，铁钉贯耳"等手段加害杨涟，但杨涟并未身亡，后许显纯以一枚大铁钉钉入杨涟头部，终将其害死。临刑前，杨涟咬破手指，写下血书一封，称"欲以性命归之朝廷，不图妻子一环泣耳"！写完便仰天大笑，奔赴刑场，死时惨不忍睹。

杨涟死后，家产被没收充公，所有财产不足白银千两。老母、妻子无处可栖，由两个儿子乞讨求食供养，官府还要不断催逼"赃款"，此举引起广泛同情，乡亲们人人争着出钱帮助，甚至卖菜的人也拿出钱来。最终只凑到几千两银子，仍不能如数解送到京。

崇祯即位，魏忠贤的党羽感觉不妙，开始分化。有人再次上疏弹劾魏忠贤，魏在被发往凤阳时自缢而死。

杨涟冤案得到平反昭雪，被追赠为太子太保、兵部尚书，谥号忠烈。清顺治六年(1649年)，杨涟遗骨运回应山，棺木过河南确山，有位老者扶棺大哭，并贴赞辞于棺："先生之心，忠君之心，先生之口，嫉奸之口，忠言如铖，奸魄已褫，先生虽死，万古如生。"杨涟遗骨葬于龙兴沟天井洞(今中华山林场龙兴沟水库)。在杨涟的故里三潭杨公岭立杨涟塑像一尊，以示纪念。

《明史》称赞杨涟"为人磊落，负奇节"。杨涟受之无愧。

生态旅游文化

随州古称"随"，是个有始(始祖)有钟(编钟)、历史悠久、山奇水秀、物产丰富的地方。随州的生态旅游文化主要由"一个始祖、两张世界级文化名片、三大水库风光、四座风景名山、五朵金花"构成，素以"古、奇、美、新"而著称。古，炎帝神农故里。随州烈山已成为海内外炎黄子孙寻根问祖的圣地。奇，编钟故里。随州擂鼓墩出土的战国早期大型成套系列编钟，精美绝伦，价值连城，被海内外誉为世界奇迹。美，旅游度假胜地。大洪山风景名胜区、中华山国家森林公园、国家4A级标准建设景区玉龙温泉、湖北旅游避暑胜地徐家河等景点，堪称中原绝版。新，新型生态城市。先后荣获"中国历史文化名城""中国改装汽车之都""中国编钟音乐之乡"等称号。

一、随州风景名胜简介

(一)炎帝神农故里景区

炎帝神农故里景区，位于随州市随县厉山，为湖北省重点文物保护单位、国家4A级标准建设景区、海内外炎黄子孙寻根谒祖圣地。主要景观有：

炎帝神农大像。位于海拔113米高的九列山第七列上，底座边长56尺(约18.67米)，意为中国56个民族；底座高度为42.6尺(约14.20米)，意为炎帝神农诞生日农历四月二十六日；立像高为95尺(约31.67米)，意为九五之尊。

炎帝神农大殿。建筑面积6600平方米，坐北朝南，高台圆柱直檐，秦汉风格，古朴庄重。它位于烈山腹地，向前延伸至对面的九龙山，形成一条中轴线。景点依次是谒祖广场、圣火台、华夏始祖门、烈山湖、九拱桥、四牛石雕和照壁。

万法寺。万法寺位于烈山的耕耘山山巅，始建于唐贞观二十二年(公元648年)，是随州古代名刹、佛教圣地之一，有"百川汇海，万法朝宗"之誉。万法寺历时一千三百多年，历朝历代复修扩建，原寺已拆毁。1991年按照历史原貌修复了万法寺的"大雄宝殿"等殿堂。

功德殿古建筑群。整体占地面积10320平方米，建设面积2466平方米，由日月门、天门、碑苑和功德殿组成，用于集中展示炎帝神农对人类社会发展的突出贡献。神农井位于功德殿中心广场，为烈山九井之一。

神农碑。明代万历丁丑年(1577年)随州知州阳存愚立。碑高2米，宽1米，重数吨，距今已有四百多年的历史。

神农洞。相传炎帝神农诞生之地。

神农纪念馆。由门厅、神农生平展厅、祭祀活动展厅、五姓宗亲会馆、书法展厅、神农座像联合组成。

龙凤日月铁旗杆。位于厉山镇小学内，建于嘉庆十六年(1881年)，高五丈，重两万三千斤，至今保存完好，为湖北省重点文物保护单位。

(二)擂鼓墩风景区

擂鼓墩风景区主要由擂鼓墩古墓群遗址、随州市博物馆组成。

古墓群遗址位于随州市西北2.5千米，这里是一座地下文物宝库。除已发掘的曾侯乙墓和擂鼓墩二号墓外，初步探明现存大小古墓200多座，是全国重点文物保护单位。

主要看点：曾侯乙墓墓坑遗址、古墓建筑文物展示、古墓开采实况（纪录片）、二号墓出土文物（博物馆）。

随州市博物馆紧靠曾侯乙墓建造，占地118亩，建筑面积11000平方米，是一座集文物征集与收藏、陈列展览与宣传教育、文物保护与科学研究、考古钻探、编钟演奏于一体的综合性博物馆。擂鼓墩二号墓出土的文物是其镇馆之宝。

主要看点：炎帝神农故里、随（曾）国迷踪、曾侯乙墓、擂鼓墩二号墓、汉唐风韵五大主题展览。

(三)大洪山风景名胜区

大洪山又名绿林山，位于湖北省北部，横亘京山、钟祥、随州交界处，面积350平方千米。群峰耸立，层峦叠翠，最高峰海拔1055米，素有"楚北第一峰"之称，为国家级风景名胜区。主要景观有：

宝珠峰。大洪山主峰，海拔1055米，号称"楚北天空第一峰"。

白龙池。海拔840米，是中国四大火山口之一。

黄龙池。位于宝珠峰峰顶，泉水终年充盈，清滢透亮。

洪山寺。分上下两院，上院位于宝珠峰顶（已毁），下院位于山麓南面，上下两院统称洪山禅寺。上院奇峰寺始建于唐朝宝历二年（826年），下院万寿禅院始建于北宋绍圣年间（公元1094－1097）。洪山寺是禅宗南宗曹洞宗发祥地之一，在佛教界享有盛誉。下院寺内尚存宋、明、清石碑6通。

千年古银杏。位于洪山寺旁，树高28米，胸围8.2米，直径2.61米，树龄千年，历经沧桑，是大洪山镇山之宝，号称"华中第一树"。近旁还有五株百龄银杏树，人们称之为"五女拜寿"。

两王洞。位于斋公岩东南，海拔860米，洞长1000米，共四厅，因西汉末年绿林军首领王匡、王凤曾在此屯兵而得名。洞中钟乳各异，泉水叮咚。

绿林山风景区。位于大洪山西南，由五大区域、十大景点、几百个景观构成。绿林寨、原始生态丛林、美人谷、空山洞、鸳鸯溪是其核心景点。

黄仙洞。位于钟祥市境内，全长2000米，洞口高100米，宽70米。洞内有"洞口避风""济公仰天""屈子行吟""仙鹤顶月""大鹏展翅"等数十处景点。

此外，景区内还有剑口、筱泉湾、筱泉洞、双门洞、仙人洞、樵河古道等著名景点；还保存有"屈家岭""冷坡垭"等新石器文化遗址，绿林军起义的古战场遗址，明嘉靖皇帝之父陵墓，以及第二次国内革命战争时期李先念、陶铸等革命家活动旧址等大量文物古迹。

(四)西游记公园

西游记公园位于随州市洪山镇温泉村，占地3600亩，是国家4A级景区，有着"东方西游记，西方迪士尼"的美称，包括女儿国温泉、西游怪街、火焰山石林、红孩儿游乐场、蟠桃园、大闹天宫、八戒艺术中心、西游之夜、西游洞天等20多个景点。公园以《西游记》故事情节、场景、人物原型为背景，结合自身的地理环境特点，打造出具有西游神话色彩的神秘旅游景区。游客还可参与互动，一步跨进神话世界，体验西游文化。

(五)中国(随州)千年银杏谷

千年银杏谷，位于随县洛阳镇。现有定植银杏510万株，其中百年以上古银杏1.7万株，千年以上古银杏308株。2004年，原国家环保总局将其列为国家级古银杏自然保护区。主要景观有：

桃园湖风光风景区。桃园河水库兴建于20世纪60年代，库容7000万立方米，水源天然，清如明镜，库汊曲幽，山重水复，云雾水烟，虚实相间。四周山丘，植被茂盛，春花，夏荫，秋红，冬翠，湖光山色，美不胜收。

九口堰新四军第五师革命旧址红色旅游区。抗日战争时期的新四军第五师司令部，包括参谋处、军需处、机要科和政治部的当年原状及其他师直机关诸如抗大第十分校、五师被服厂、五师医院、兵工厂等都保存完好，形成了一个五师及直属单位旧址群。

大夏皇帝明玉珍故里，现光山相国寺历史古迹游览区。二十多里的残垣断壁，十一处的山寨废墟，不禁让人们追慕起几百年前农民领袖驰骋战场的情景。

千年银杏群落田园风光旅游景区。被誉为"千年银杏，十里画廊，世界最纯净的地方"。百年以上1.7万株、千年以上308株银杏树分布在胡家河、周氏祠一带，形成了在中国乃至全世界分布最密集、规模最大的古银杏群落。其中"银杏树王""盆闯树""五老树""银杏至尊"等古树历经沧桑，形态独特，令游客惊叹不已。

（六）西游记漂流

西游神话世界之西游记漂流是国家4A级景区，位于豫鄂交界桐柏山东区淮河镇龙潭河，是西游神话文化的发源地。西游记漂流的源头——随县淮河镇玉皇顶，海拔898米，是桐柏山东段的最高峰。玉皇顶下的龙潭河是一条原生态溪流，年径流量5000万立方米，可供漂流的长度为9千米，漂流时长约3小时，漂流全程落差110米，"S"形弯道9个，急流险滩30多处，堪称千里淮河第一漂，是全国第一个实行限量的漂流景区。桐柏山也是盘古文化和"大禹治水""禹王锁蛟"等神话传说发源地，这里山岭重叠，溪谷幽深，飞瀑流泉，林木葱茏，植被繁茂，怪石耸立，地势险峻。由于人迹罕至，因而保留着大量的原生态森林植被；又由于暖温带在此向亚热带过渡，南北动、植物交汇，四季山花烂漫。明嘉靖年间吴承恩曾在桐柏邻县新野做县令，后客居桐柏山数年创作了传世名著《西游记》。桐柏山西游记漂流西游文化丰富、浪漫，景区主要包含漂流、西游记水上公园、3D电影院魔幻剧场、西游石窟四个主题项目。

（七）中华山国家森林公园

中华山国家森林公园，位于广水市城北3千米。这里山水风光秀丽，奇峰怪石林立，寺庙历史悠久，古堡寨墙众多，是集森林旅游、疗养避暑、观光度假为一体的旅游胜地。

主要景观有：

哈哈岭。素以奇峰怪石而闻名。凌空飞起的天梁石、惟妙惟肖的鳄鱼石、缠绵浪漫的夫妻拜月石、神奇绝妙的吕洞宾试剑石、雄踞山头的"雄鹰展翅"……精妙绝伦，数不胜数。山北的古刹宝林寺，传说是朱元璋年少剃度的地方，寺前两株相依相偎的千年古银杏，增添了宝刹的古老和神秘。

金牛溪。位于高峰寺水库北，是一条生态旅游风光带，全长2.3千米，台阶千余级，沿途有金牛卧波、群牛戏水、金牛望月，游道尽头金牛石雄踞峰顶，惟妙惟肖。

青龙沟。位于公园中部，是一条植物生态景观线。十里峡谷陡峭狭窄，溪流潺潺，植物多达1200种。列为国家保护的树种就有秃杉、水杉、银杏、香果、厚朴等十余种。沟中看点有梅花桩、金元宝、栈道、冲天石、青龙潭等。

杨涟墓。位于龙兴沟天井涧，清顺治六年（1649年）建墓。

（八）其他

随州旅游度假之地还有徐家河旅游度假区、三潭风景区、黑龙潭景区、琵琶湖景区等。文峰塔是随州地区现存最古老的建筑（建于光绪年间的1884年），位于文峰都市花园小区旁。每逢初一、十五都有善男信女前往敬香。

二、"五朵金花"乡村游

（一）尚市桃花旅游节

随县尚市桃花园景区，位于随州市城西北40千米，面积80平方千米。每年3月，连绵起伏、蔓延层叠的山岗，桃花绽放，漫山遍野，一眼望不到尽头。游客置身花海，踏青赏花，品尝农家菜肴，仿佛进入"世外桃源"。自2007年以来，该景区每到3月就举办桃花旅游节，享誉省内外。

（二）万和兰花节

随州市是中国的兰花之乡。境内兰花品种120余种，总量超过1.8亿株。其中野生蕙兰存量占全国总量的80%。随县万和镇是野生兰花出产和名贵兰花培植经营活动中心，有中国"兰花之都"的美誉。2007年4月，湖北省林业局、随州市人民政府承办了首届中国随州（万和）兰花节，以后每年一届，极大弘扬了"爱美向善、求真务实、宁静淡泊、清雅高洁"的兰花文化，称誉海内外。

（三）洛阳银杏节

随县洛阳镇是著名的"中国千年银杏谷"所在地，现存千年以上古银杏308株，百年以上古银杏1.7万株。分布在南北长20千米，东西宽8千米的狭长地带，是世界四大密集成片的古银杏群落之一。2007年9月随州市人民政府举办首届银杏文化旅游节，银杏资源受到国际国内社会各界的普遍关注，前来观光的游客每年递增几万人。

（四）三里岗香菇节

随县三里岗镇是"中国香菇之乡"。三里岗人工栽培香菇起步于1964年，1978年在华中农业大学杨新美教授亲自指导下，开始了真正意义的人工栽培，经历了当地产销、内产外销、专业营销几个阶段，年产销4000多吨，创汇过亿美元，成为中南地区最大的香菇集散地。2008年12月，湖北省农业厅、中国食用菌协会、随州市人民政府主办了首届随州三里岗香菇节。到三里岗农家游，可品尝香菇宴，体验种菇乐趣。

（五）洪山茶园风光

随县洪山镇是茶叶特色镇。建有云峰山、大洪山、琵琶湖三大茶叶龙头基地和大小40多个茶园，茶树种植面积近万亩，年产茶叶40万公斤，是湖北省五大茶叶产区之一。到洪山镇旅游，看大洪山，游琵琶湖，赏茶园风光，品湖北名茶，恍如仙境。

三、随州特产、特色小吃

特产：蜜枣、泡泡青、香菇、黑木耳、三黄鸡、葛粉、白果、吉阳大蒜、厉山腐乳。

特色小吃：随州春饼、广水滑肉、马坪拐子饭。

【参考文献】

[1]湖北省随州市地方志编纂委员会．随州志[M]．北京：中国城市经济社会出版社，1988.

[2]上海古籍出版社，上海书店．二十五史·随书[M]．上海：上海古籍出版社，1986.

[3]谭维四．曾侯乙墓[M]．北京：文物出版社，2001.

[4]湖北省中国历史学会，中共随州市委宣传部．中国历史文化名城随州[M]．武汉：湖北人民出版社，1996.

[5]刘晓鸣．随州文化丛书[M]．武汉：武汉大学出版社，2009.

[6]何炳武，姚敏杰．历史文化名城黄陵[M]．西安：西北大学出版社，1995.

精品阅读

神农赞

[魏晋] 曹植

少典之胤[1]，火德承木[2]。
造为耒耜[3]，导民播谷。
正为雅琴[4]，以畅风俗。

注释

[1] 少典：《国语·晋语》记述，"昔少典娶于有蟜氏，生黄帝、炎帝"。曹植据此推断"少典"为炎黄二帝先辈。胤，后代，后嗣。

[2] 火德承木：战国邹衍创立的五德终始说，依土、木、金、火、水为次序，黄帝位列五帝之首占土德，而土色呈黄，故称黄帝。《史记·五帝本纪》载，"神农火德王而称炎帝也"。

[3] 耒耜(lěisì)：耒，古代形状像木叉的农具；耜，古代像犁的农具，据传使用耜时，一人扶柄，两三人在前用绳拉。耒耜，古代农具的代称。

[4] 正：使端正。

赏析

曹植(192—232)，字子建，沛国谯(今安徽亳县)人，汉魏之际著名文学家。前期诗歌表现出奋发有为、积极进取、希望创建不朽功业的雄心壮志。诗歌用简洁明快的语言，十分精练地概括了炎帝神农放火烧畲、制造农具、教民播种和削桐作琴以期教化等多方面的辉煌创举。本诗分为两层：前两句为第一层，交代炎帝神农来历地位不同凡响；后四句为第二层，赞美炎帝的万世功绩。

厉山

[清] 储嘉珩

庖牺生于陈[1]，神农诞于楚。
巍巍厉山高[2]，近在赐水浦。
悬岩藏石洞，异草纷难数。
下与九井通，喷泉若飞雨。
是乡帝所生，流传自上古。
爰继庖牺作，其利生民普。
耒耨教天下[3]，医药慰疾苦。
交易各得所[4]，聚宝通海宇。
有功则祀之，祭法天所许。
至今神农庙，年年赛村鼓。

注释

[1]庖牺生于陈：庖牺，即伏羲。陈，古陈州，今河南淮阳县，建有伏羲女娲庙。

[2]厉山：南朝盛弘之《荆州记》记载，随郡北界有厉乡村，村南有重山，山下有一穴，父老相传云神农所生。本诗所指厉山当在随北殷店境内。

[3]耒耨(nóu)：耒，古代农具，形似木叉。耨，锄一类的锄草工具。传说这种农具是由神农发明的。

[4]交易：《周易·系辞下传》记述，神农以"日中为市，致天下之民，聚天下之货，交易而退，各得其所"。

赏析

储嘉珩，随州人。嘉庆乙卯进士。著有《十瑞山房诗草》《随州志》。《厉山》的前十句叙写炎帝神农的诞生地厉山的山、水、洞、井等奇特景观，充满帝王之乡神秘的地望特征；中间六句盛赞炎帝神农的丰功伟绩；末四句交代祭祀神农活动的缘由和方式。整首诗蕴含丰富，文字却简洁明了。

民为神主[1]

楚武王侵随，使薳章求成焉[2]，军于瑕以待之[3]。随人使少师董成[4]。

斗伯比言于楚子曰[5]："吾不得志于汉东也[6]，我则使然。我张吾三军而被吾甲兵，以武临之，彼则惧而协以谋我，故难间也。汉东之国随为大，随张必弃小国，小国离，楚之利也。少师侈，请羸师以张之。"熊率且比曰[7]："季梁在[8]，何益？"斗伯比曰："以为后图，少师得其君。"

王毁军而纳少师。少师归，请追楚师，随侯将许之。

季梁止之，曰："天方授楚，楚之羸，其诱我也，君何急焉？臣闻小之能敌大也，小道大淫。所谓道，忠于民而信于神也。上思利民，忠也；祝史正辞[9]，信也。今民馁而君逞欲，祝史矫举以祭，臣不知其可也。"公曰："吾牲牷肥腯[10]，粢盛丰备，何则不信？"对曰："夫民，神之主也。是以圣王先成民而后致力于神。故奉牲以告曰'博硕肥腯'。谓民力之普存也，谓其畜之硕大蕃滋也[11]，谓其不疾瘯蠡也[12]，谓其备腯咸有也。奉盛以告曰'洁粢丰盛'，谓其三时不害而民和年丰也。奉酒醴以告曰'嘉栗旨酒'[13]，谓其上下皆有嘉德而无违心也。所谓馨香，无谗慝也[14]。故务其三时，修其五教[15]，亲其九族，以致其禋祀[16]。于是乎民和而神降之福，故动则有成。今民各有心，而鬼神乏主[17]，君虽独丰，其何福之有？君姑修政而亲兄弟之国[18]，庶免于难[19]。"

随侯惧而修政，楚不敢伐。

注释

[1]民为神主：节选自《左传·桓公六年》，题目是编者加的。

[2]薳(wěi)章：楚国大夫。

[3]瑕：随国地名。

[4]少师：随国官名，其人不详。董成，主持议和。董，主持。

[5]斗伯比：楚国大夫，令尹子文之父。楚子，楚武王。

[6]汉：今汉水，汉东多姬姓小国。

民为神主

〔7〕熊率且(jū)比：楚国大夫。

〔8〕季梁：随国贤臣，官名不详。

〔9〕祝史：祝愿祷告之人。

〔10〕牲牷(quān)：祭祀用的全牛等。牷，毛色纯一的牛等。

〔11〕蕃(fán)滋：繁殖滋长。

〔12〕瘯蠡(cùluǒ)：家畜病疫，瘦弱。瘯，借为瘦，蠡，借为羸。

〔13〕嘉栗旨酒：清洌的美酒。栗，一说是新收获的粮食。旨，美味。

〔14〕慝(tè)：邪恶。

〔15〕五教：即父义、母慈、兄友、弟恭、子孝五种教化。

〔16〕禋祀：洁净的祭祀。

〔17〕鬼神乏主：鬼神没有专主。

〔18〕兄弟之国：指汉水流域诸姬姓国。

〔19〕庶免于难：或许可免于祸难。

赏析

选自《左传·桓公六年》。主要记述了楚武王熊通第一次伐随，设骗局自乱军容，以诱使随国出击，伺机灭掉随国，季梁识破阴谋，阻止随军追击，并规劝随侯"修政而亲兄弟之国"，迫使"楚不敢伐"的史实。文中的主要人物季梁，是随州历史人物中有确切史料记载且无异议的第一人，是"民本"思想的首倡者。李白称赞他为"神农之后，随之大贤"。季梁在春秋初期辅佐随国国君治国安邦，提出"内修国政""外亲邻邦"的方略，使随国在群雄割据、战乱频繁的动乱年代得以自立自强，国祚延续数百年而不被强国所灭。作为内修国政重要思想的基石，季梁首次提出了"民为神主"的哲学理念和"上思利民"的政治主张，这在当时"崇尚天、信鬼神、君权高于一切"的社会背景下，无疑是一种超越历史的思想突破。季梁死后，葬于随州城东郊义地岗，建有季梁墓、季梁祠，为世代随人所景仰。

江夏送倩公归汉东序(摘句)〔1〕

[唐]李白

彼美汉东国〔2〕，川藏明月辉〔3〕。
宁知丧乱后〔4〕，更有一珠归。

注释

〔1〕江夏送倩公归汉东序：李白写给随州僧人贞倩的。江夏，今武汉市。汉东，汉水之东，指随州地域。本诗摘自序的最后五言绝句。

〔2〕汉东国：古随国，随国地域位于汉水以东。

〔3〕明月：明月珠，又称随侯珠。晋干宝《搜神记》卷二十："隋县溠水侧，有断蛇丘，隋侯出行，见大蛇被伤中断，疑其灵异，使人以药封之，蛇乃能走，因号其处'断蛇丘'。岁余，蛇衔明珠以报之。珠盈径寸，纯白，而夜有光明，如月之照，可以烛室，故谓之'隋侯珠'。亦曰'灵蛇珠'，又曰'明月珠'。丘南有隋季良大夫池。"

〔4〕丧乱：指安史之乱带来的苦难。

赏析

李白，唐代著名诗人。开元十三年，李白经友人介绍，离开四川到湖北安陆准备与故相许圉师的孙女结为秦晋之好。这一年，他到随州拜访了著名道士胡紫阳，并创作多首诗歌，赞美随州山水人物。乾元二年，59岁的李白在流放夜郎的途中获释。当他途经江夏时随州僧人贞倩专程到江夏请李白为胡紫阳撰写碑铭，于是便写了《江夏送倩公归汉东序》，序的最后作五言绝句一首（即所选诗句），借明月珠（随侯珠）的传说，赞美随州藏有人才，抒发其离乱之悲和暮年希望再展宏图的心情。

闻虞沔州有替，将归上都，登汉东城寄赠[1]

[唐] 刘长卿

淮南摇落客心悲，涢水悠悠怨别离。
早雁初辞旧关塞，秋风先入古城池。
腰章建隼皇恩赐[2]，露冕临人白发垂。
惆怅恨君先我去[3]，汉阳耆老忆旌麾[4]。

注释

[1] 虞沔州：《元和姓纂》注为虞逊，会稽余姚虞氏，历任沔州刺史。
[2] 腰章：古代官印。常系腰间，故名。
[3] 恨：既遗憾又羡慕的复杂心情。
[4] 旌麾：古代用羽毛装饰的军旗，主将用来指挥军队。亦借指军旅之事。

赏析

刘长卿，唐代著名诗人，"大历十才子"之一。建中元年（780年）出任随州刺史，三年后，因战乱离开随州。其存诗500余首，著有诗集《刘随州集》。

本诗为其在随州任刺史期间所作。抒发诗人在获悉友人虞逊（时任沔州刺史）荣迁归京的消息后顾人自怜的伤感。也表达了诗人尽管白发暮年，但也不会愧对皇恩，誓以友人为榜样，为官一任，给百姓留下美好回忆。

汉东楼[1]

[宋] 沈括

野草粘天雨未休，客心自冷不关秋。
塞西便是猿啼处，满目伤心悔上楼。

注释

[1] 汉东楼：清·同治《随州志》记载，汉东楼为随州古城南门楼。坐北朝南，下有拱形门洞，门洞上书"汉东门"，旧址已废。明知州李充嗣重建。清知州杨嘉运又重修。抗战时，南关草店子街头仍存有汉东楼，楼为三层，斗拱飞檐。该楼毁于1948年7月。

赏析

沈括(1032—1095),钱塘(今浙江杭州)人,宋代科学家。官至翰林学士、权三司使、龙图阁直学士。元丰五年,西夏举兵犯境,降任延州(今陕西延安)知州的沈括,因救援无效致使永乐城陷,被贬为均州团练副使,安置随州,困居随州三年。

《登汉东楼》是沈括来随州后触景生情,写下的一首抒怀诗。"客心自冷不关秋",因沈括是贬职"安置随州"(限制居住)的,情绪低落可想而知,实是"客心自冷"与天气无关。"塞西便是猿啼处,满目伤心悔上楼",鄂接川蜀、三峡多猿,"猿鸣三声泪沾裳"。低落的情绪,缠绵的秋雨,催泪的猿声,满目的衰肃景象,怎不叫人心酸!

留守相公移镇汉东[1]

[宋]欧阳修

周郊彻楚垧[2],旧相拥新旌。
路识青山在,人今白首行。
问农穿稻野,候节见梅英[3]。
腰组人稀识[4],偏应邸吏惊。

注释

[1]留守相公:指钱惟演。宋仁宗时,累官至枢密使,晚年贬谪随州为崇信军节度使。
[2]周郊彻楚垧:借周朝疆域远及荆楚荒野,言钱惟演自洛阳贬谪随州(春秋末年随为楚附庸);彻,达;垧,野外。
[3]候节见梅英:候节,节候,指梅雨时节;梅英,梅花。
[4]腰组:组,丝带;腰组,丝织腰带,权力、身份、地位的见证。

赏析

欧阳修(1007—1072),庐陵(今江西吉安)人。北宋文坛领袖,唐宋八大家之一。4岁时,父亲病死任上,随母投靠在随州任推官的叔父欧阳晔,直至22岁出仕,在随州学习、生活了18年。

欧阳修仕途第一站便在河南洛阳西京留守钱惟演幕府做推官,故两人关系甚密。此诗为钱惟演贬谪随州时欧阳修所作的送别诗。诗的首联交代主人的去向及新职掌管事务,场面开阔,暗含贬谪之意;颔联以青山依旧、白头行路表达对主人晚年遭贬的同情;颈联、尾联写沿途所见所遇,借乡野之人少识官服品级,只有官吏见之心惊,再次表达虎落平川的失意之情。

狱中血书

[明]杨涟

涟今死杖下矣!痴心报主,愚直仇人[1];久拼七尺,不复挂念。不为张俭[2]逃亡,亦不为杨震仰药[3],欲以性命归之朝廷,不图妻子一环泣耳。

打问之时,枉处赃私[4],杀人献媚,五日一比[5],限限严旨。家倾路远,交绝途穷,身非铁石,有命而已。雷霆雨露，莫非天恩，仁义一生，死于诏狱[6]，难言不得死所。何憾于天？何怨于人？

惟我身副宪臣[7]，曾受顾命[8]。孔子云："托孤寄命，临大节而不可夺[9]！"持此一念，终可以见先帝[10]于在天，对二祖十宗与皇天后土、天下万世矣[11]。大笑，大笑，还大笑！刀砍东风，于我何有哉？

注释

[1] 仇人：为人所仇视。

[2] 张俭：东汉高平(今属山西)人，字元节。延熹初为东部督邮，弹劾宦官侯览，为览所诬，遂遁去。望门投止，人皆重其名行，破家相容。前后受其牵连受诛者以十数，宗职并皆殄灭。

[3] 杨震：东汉华阴(今属陕西)人，字伯起。延光初为太尉。被宦官樊丰所谮，遣归本郡，于途中饮鸩而死。仰药：服毒。

[4] "打问"句：刑讯逼供，冤枉定为贪赃罪。

[5] 比：对犯人追赃。

[6] 诏狱：奉皇帝命令而成立的锦衣卫专用监狱。

[7] 宪臣：御史台又称宪台，杨涟官职为左都副御史，故称。

[8] 顾命：《尚书·序》："成王将崩，命召公、毕公率诸侯相康王，作顾命。"《传》："临终之命曰顾命。"封建社会，皇帝临终前往往召集亲信大臣托付后事，嘱咐辅佐新君。参与此事的大臣称为顾命大臣。

[9] "托孤"二句：《论语·泰伯》："曾子曰：'可以托六尺之孤，可以寄百里之命，临大节而不可夺也！'"此处引作孔子语，系作者误记。

[10] 先帝：指明光宗朱常洛。

[11] 二祖十宗：光宗以上，明朝开国以来计有太祖、成祖、仁宗、宣宗、英宗、代宗、宪宗、孝宗、武宗、世宗、穆宗、神宗十二君。皇天后土：即天地。

赏析

天启五年(1625年)七月，在历经钢针作刷、铜锤击胸、土袋压身、铁钉贯耳等毫无人性的酷刑之后，已经处于濒死状态的杨涟，咬破手指写下了这篇绝命血书。读之激昂悲壮，感天地、泣鬼神！

好一个何憾于天！好一个何怨于人！

曾有一人，不求钱财，不求富贵，不求青史留名，有慨然雄浑之气，万刃加身不改之志。

杨涟，千年之下，终究不朽！

登洪山

[明] 何宗彦

秋雨连绵到上头，风云漠漠望中收[1]。
云间指顾空三楚[2]，海岱微茫接十洲[3]。
忆昔双龙开大壑[4]，何年三釜落高邱[5]。
应知此日登临后，千载谁人说壮游。

注释

[1] 漠漠：密布貌。
[2] 指顾空三楚：指顾，指点环顾。三楚，秦汉时分战国楚地为西楚、东楚、南楚。
[3] 海岱微茫接十州：岱，泰山别名。微茫，隐约模糊。十洲，传说中仙人居住的十个岛。
[4] 双龙开大壑：传说双龙闯开一个山口，形成今天大洪山"剑口"瀑布景观。
[5] 三釜落高邱：洪山主峰宝珠峰顶原有三口大铁锅，锅高2.3米，直径3米多，重达几吨，令人称奇。邱，丘。

赏析

何宗彦（？—1624），字君美，号昆柱，明代金溪东漕(今琅琚乡)人。17岁时随父客居随州(今湖北随州市)，遂占随州籍。万历二十三年进士，曾任过詹事、礼部右侍郎、礼部尚书兼东阁大学士（宰相），卒于相位。时人评说，何宗彦澡身浴德，正色立朝，淡于求名，拙于求利。死后，奉旨在随州建立祠堂，以示纪念。

该诗的首联和颔联描绘了诗人在洪山顶云间环视楚地所见，表明随州为连结海岱十州的冲要枢纽；颈联以传说中的双龙开山形成"剑口"、宝珠峰顶三口巨型铁锅展现大洪山独有的奇特景观和早年开河造山的盛事；尾联抒发有幸登胜地洪山，是令人振奋的千年难逢的壮游，洋溢着对祖国山河的热爱。

全诗意境深远，大气磅礴，格调高昂，体现了诗人开阔的胸襟。

颂祖文[1]

今夕何夕，九天流霞；此时何时，大地飞花。千重翠色，盈峰被野，簇拥神农故里；万方赤子，寻根颂祖，齐集厉山脚下[2]。

天有浩气，其精为星；地钟灵秀，其晶为人。炎帝神农，惟我始祖。激浊扬清，缔造中华。

漫道稽古难征[3]，难续洪荒信史。还从口碑物器，景仰创世神话。磨石为斧，削木为犁，告别茹毛饮血。编麻为衣，糅泥为陶[4]，引导男婚女嫁。种桑养蚕，斫桐制琴，允为文明初创。结绳记事，煮盐烹食，智通天地历法。祛病疗伤遍尝百草，虽九死其犹未悔。披荆斩棘教化生民，行万里处处为家。

天地以风霜雨雪化育万物，圣人以礼乐文明塑造华夏。以人补天，惟炎既黄。以道启德，大爱无疆。厉山共群山而逶迤，㵐水引众水而浩荡[5]。文明发展，风驰电掣，薪火传承，凤舞龙翔。

祭我祖兮，问大魂何在，尽在华夏儿女眼中闪亮；颂我祖兮，问大德何归，尽在亿万族裔心中珍藏。湖北乃九省通衢，荆楚为始祖故乡。敬天法祖，乃中华传统美德；继往开来，促我辈奋发图强。学习炎帝创新以为先，实施弯道超越，虎踞龙蟠今胜昔；效法神农开拓以为尚，致力中部崛起，天翻地覆慨而慷！倾满腔热血，铸时代精神；用忧患之笔，写改革篇章。学以明之，诚以行之。以和为贵，多难兴邦！浩浩乎惟始祖一脉，于此衍生千秋功德，万世辉煌；巍巍乎仅炎黄二字，足可抵御千重灾难，万种风霜。

广备时馐，奉祀始祖。欣看眼前之鄂渚，人人抱荆山之玉，处处是创业之乡；瞻望今日之中华，社稷铺智能风景，民族沐希望之光！

望山瞻拜，一片吉祥；殿前礼赞，尽献心香。伏望始祖，恩被荆楚大地，永远春潮腾涌；恭祷始祖，福佑文明古国，再创盛世华章！

注释

〔1〕《颂祖文》：颂扬祖先功德的祭祀性文体。本文来自"2009年首届世界华人炎帝故里寻根节"祭祀时，湖北省省长李鸿忠宣读的颂祖文。

〔2〕厉山：通列山、烈山。

〔3〕稽：查考。

〔4〕糅：掺杂。

〔5〕漈水：亦称姜水。

赏析

每年农历四月二十六日，传说是华夏始祖炎帝的生日。农历2009年4月26日，由湖北省人民政府主办，湖北省文化厅、湖北省旅游局和随州市人民政府共同承办的首届世界华人炎帝故里寻根节，在随州厉山举行。来自海内外的各界嘉宾两万多人喜聚随州厉山，拜谒中华民族的始祖炎帝神农，共同祈福华夏繁荣昌盛。该文先交代祭祀的时间、地点、人物、环境，接着颂扬炎帝神农开启文明、奠基华夏的丰功伟绩，最后表达华夏胄裔弘扬炎帝精神、凝聚民族情感、实现中华民族伟大复兴的宏愿和决心。

类文链接

1. 曹植《黄帝赞》

少典之子，神明圣哲。土德承火，赤帝是灭。
服牛乘马，衣裳是制。氏云名官，功冠五列。

2. 朱安世《谒神农洞》

圣启炎皇氏，灵钟澨水涯。塞墟存井社，石室满烟霞。考信穹碑断，征奇旧史夸。始开民业厚，今见土风横。嘉野耕桑谱，深山巢燧家。但传神首出，莫纪洞年华。粒食功犹在，时巡迹已遐。遗风迁赖邑，典祀入长沙。世远人忘报，祠荒礼未加。愧予方讯俗，望古一咨嗟。

3. 刘彬《神农洞天》

神农生去几千年，食德于今处处然。丹灶何曾留古洞，耕耘犹自庆长天。
可知香渺原非帝，始姓鸿功即是仙。寄语烟霞三岛客，好从实地悟人先。

4.《尚书·五子之歌》

"民惟邦本，本固邦宁"。

注：中国典籍中第一次明确提出"民本"思想，比季梁约晚200年。

5. 《孟子·尽心下》第十四章

"民为贵，社稷次之，君为轻"。

6. 梁延年《夜光池》

　　　　一息微生转瞬中，敢将再造吁苍穹。亦知斗水施非易，谁念灵台惠不穷。
　　　　经寸明珠初吐丹，半圭良药早乘风。频危物命真堪惜，满眼残黎患正同。

7. 李白《题随州紫阳先生壁》

　　　　神农好长生，风俗久已成。忽闻紫阳客，早署丹台名。
　　　　喘息餐妙气，步虚吟真声。道与古仙合，将心元化并。
　　　　楼疑出蓬海，鹤似飞玉京。松雪窗外晓，池水阶下明。
　　　　忽耽笙歌乐，颇失轩冕情。终愿惠金液，提携凌太清。

8. 沈佺期《送乔随州侃》

　　　　结交三十载，同游一万里。情为契阔生，心由离别死。
　　　　拜恩前后人，从宦差池起。今尔归汉东，明珠报知己。

9. 韩愈《自袁州还京行次安陆先寄随州周员外》

　　　　行行指汉东，暂喜笑言同。雨雪离江上，蒹葭出梦中。
　　　　面犹含瘴色，眼已见华风。岁暮难相值，酣歌未可终。

10. 刘长卿《送李录事兄归襄邓》

　　　　十年多难与君同，几处移家逐转蓬。白首相逢征战后，青春已过乱离中。
　　　　行人杳杳看西月，归马萧萧向北风。汉水楚云千万里，天涯此别恨无穷。

11. 沈括《光化道中遇雨》

　　　　望远初翻叶，随风已结阴。雨篷宜倦枕，乡梦入寒衾。
　　　　莎笠侵溃俗，溪山动越吟。烟波千里去，谁识魏牟心。

12. 陈洙《厥水》

　　　　厥溳双水绕城隅，高谊曾闻季大夫。
　　　　九十九冈风俗厚，人人况已握灵珠。

13. 钱惟演《木兰花》

城上风光莺语乱，城下烟波春拍岸。绿杨芳草几时休？泪眼愁肠先已断。情怀渐变成衰晚，鸾镜朱颜惊暗换。昔年多病厌芳尊，今日芳尊惟恐浅。

14. 石悦（当年明月）《明朝那些事儿》

15. 周之仲《大洪山》

　　　　百里连山势郁蟠，直从荆郢耸奇观。云封古泗千年夜，雪积阴岩六月寒。
　　　　当日洪波翻绝顶，而今花雨著层峦。灵踪屡显传唐宋，突兀丰碑字未残。

16. 李维桢《游大洪山》

　　　　步躧随阳第一山，大开眼孔小尘寰。几宗烟火睥睨下，万里乾坤指顾间。
　　　　荆郢卧云山势乱，汉沔拖练水光环。此身恍在青霄上，不羡成都百二关。

17. 李充嗣《宿洪山寺》

　　　　百鸟窗前弄巧声，晓钟才撞客初醒。
　　　　夜来一觉超凡梦，只在洪山顶上行。

18. 《拜祖文》(节选)

　　黄河水，黄土壤，黄帝业，绩皇皇。少典子，震八方；启蒙昧，别洪荒。都有熊，创度量；教耕牧，食有粮。种蚕桑，制衣裳；筑宫室，暑寒藏。造舟车，路通畅；音律具，历数详。疗民疾，用岐黄；举贤能，整肃纲。礼仪备，文明扬；华夏一，龙头昂。古岩画，今尚存；薪火传，永流芳。

19. 《炎黄颂》

　　莽莽天宇，八万里云驰飙作；恢恢地轮，五千年治乱兴亡。邙砀(北邙，山名，在洛阳北；砀山，在安徽省)脊脉，逶迤远连昆岗；河洛清波，浩荡奔注海澨(shì，水涯)。涉彼洪荒，文明肇创；万代千秋蒙庥(音xiū，休养生息)，厥功在我炎黄。曩昔混沌未开之时，含哺而无釜甑，结绳不见文字。伐檀有人，莫及舟车；蚕桑未采，何来垂裳。《礼》云："故人者，其天地之德、阴阳之交、鬼神之会、五行之秀气也。"伟哉炎黄，据天地之大德，值阴阳之交会，通灵鬼神之际，会道五行之秀。礼行赤县(指中国)，情系苍生。仰畏天，俯畏人，惟宽人恭俭，出于自然；而忠恕诚悫(què，诚笃，忠厚)，始终如一。不蔽奸佞之谗，不用取容之士。天下咸归，百姓安乐。是以列星随旋，日月递照，风雨博施，万物得和以生，得养以成。螺祖，黄帝之妃，始创黼(fǔ，古礼服黑青相间的花纹)织；仓颉，黄帝之臣，以立文字。炎帝之女精卫，衔石而填沧海；炎帝之臣夸父，逐日以迎霞光。乃神乃人，惟载远古；是传是说，宜辅信史。岁月迁流，穷奇斯生，涿鹿风云突变，域中归于一统，百族聚为中华，自中原而滂沛十方。从兹以还，历三代二千余年而入于秦，再历二千余年而有今。天不欲亡我中华，必不亡中华之文化。中华文化，有源以之开流；神州百族，有秩以之共理。炎黄脊梁遍列九州，姓氏血脉，扬辉全球。龙从云起，先民图腾，乃往昔五千年文明之大标识，亦兹后亿万年之大旌蠹。大道之行，讲信修睦，故国之兴，端赖和谐。宇内各族，世界侨属，齐献辦香，恭祭先祖。历万万代，共众芳之所在，固信美而永驻。刻石再拜，以颂以祷，斯馨无恙。

20. 李祖春《颂炎帝文》

　　神农炎帝兮，华夏始祖。制作耒耜兮，播种五谷。教民渔猎兮，豢养禽畜。尝草辨药兮，以身试毒。烧制陶器兮，酿造蒸煮。治麻为布兮，民着衣服。遮风挡雨兮，建筑房屋。弓箭相济兮，攻防有术。倡立市场兮，以物易物。弦琴奏乐兮，淳化风俗。厘定日月兮，历法首部。昼夜操劳兮，不辞辛苦。并肩黄帝兮，天下共主。竭虑殚精兮，甘为公仆。随州厉山兮，炎帝故土。汉襄咽喉兮，鄂北门

户。银杏之都兮，千年古树。编钟悠扬兮，旧曲新谱。蕙兰飘香兮，声誉素著。花菇佳味兮，助农致富。汽车产业兮，发展支柱。文化旅游兮，魅力十足。经济转型兮，开辟新路。历史名城兮，腾飞起步。四月廿六兮，全球瞩目。炎黄子孙兮，八方来赴。祭祖大典兮，一年一度。谨陈祭礼兮，敬诵诗赋。祈我始祖兮，圣灵眷顾。国家强盛兮，百姓幸福。佑我华夏兮，金瓯永固。亿民同心兮，众族和睦。祭我始祖兮，虔诚肃穆。拜我始祖兮，情真意笃。

神话世界

　　神话是远古时代人们借助想象以反映自然和社会生活为内容的故事。神话中所表现的那种不畏艰险、不畏强权、追求光明、开拓创新、锲而不舍的伟大英雄主义精神，为民请愿的信念、厚生爱民的意识、博大坚韧的品质正是我们民族勤劳勇敢、执着坚毅的民族性格的艺术概括，它的积极浪漫主义精神和奇幻多姿的艺术表现方法，也为后代的文学所汲取，成为我国古代浪漫主义文学的源头。

鲧禹治水

《山海经·海内经》

洪水滔天，鲧[1]窃帝[2]之息壤[3]以堙[4]洪水，不待帝命[5]。帝令祝融[6]杀鲧于羽郊[7]。鲧复[8]生禹，帝乃命禹卒[9]布[10]土以定九州[11]。

注释

[1]鲧(gǔn)：人名，禹的父亲。

[2]帝：天帝。

[3]息壤：一种神土，传说这种土能够生长不息，至于无穷，所以能堵塞洪水，故名。息，生长。

[4]堙(yīn)：堵塞。

[5]不待帝命：没有得到天帝的命令。

[6]祝融：火神的名字。

[7]羽郊：羽山的近郊。

[8]复：通"腹"。传说鲧死三年，尸体不腐，鲧腹三年后自动裂开，禹乃降生。

[9]卒：率领部下。

[10]布：同"敷"，铺陈，即陈设、布置。

[11]九州：泛指全国的土地。

赏析

选自《山海经·海内经》。《山海经》是先秦典籍中包含了历史、神话、宗教、天文、地理、民俗、民族、物产、医药等诸多内容的百科全书，也可以说是最古老的地理人文志。《山海经》自古以来就被视为一部奇书，它超越了时空限制，记叙神奇人物、灵异禽兽、域内园林、海外仙山，还有奇珍异宝……形象地展现了一幅幅神奇的远古生活图卷。

鲧禹治水作为中国洪水神话的典型之作，生动形象地反映了我国人民在自然面前积极抗争的态度。他们不懈努力、前仆后继、不屈不挠，并最终战胜自然灾害的精神，是中国原始人民最生动的写照。作为神话独特的文学艺术价值，对后世产生了积极、深远、持久的影响。

夸父逐日

《山海经·海外北经》

夸父与日逐走[1]，入日[2]。渴欲得饮，饮于河渭[3]，河渭不足，北饮大泽[4]。未至，道渴而死。弃其杖，化为邓林[5]。

注释

[1]逐走：竞跑，赛跑。

[2]入日：追赶到太阳落下的地方。

[3]河渭：黄河、渭水。

[4]大泽：大湖。

[5]邓林：即"桃林"，地名，今在大别山附近河南、湖北、安徽三省交界处。

赏析

夸父使人类在生命—时间—生命的关系中，获得了相对和谐与永恒。

在中国古籍中，有不少关于"不死山""不死树""不死草""不死泉"的神话传说记载，表明了远古之时人类对生命有限、死亡恐惧以及对生命永恒的渴求和信仰。对于夸父逐日，陶渊明有诗云："夸父诞宏志，乃与日竞走；俱至虞渊下，似若无胜负。神力既殊妙，倾河焉足有。馀迹寄邓林，功竟在身后。"陶渊明不认为夸父逐日是"不量力"，而视之为与时间抗争的宏志，并且认为夸父逐日虽告失败，但由于"杖化邓林"为后人提供物质资料而可以相对延长生命长度，达到了与有限生命抗争的目的，因而是"功竟在身后"。远古人类对太阳与时间的崇拜与恐惧，构成了他们的心理因素，从而影响到他们对生命和生死的看法。远古人类，通过幻想、想象，通过逐日等神话来表现他们对生命—时间—生命的思考：超越人类生命有限束缚，追求生命永恒。

黄帝战蚩尤

《山海经·大荒北经》

蚩尤作[1]兵伐[2]黄帝，黄帝乃令应龙[3]攻之冀州之野。应龙蓄水。蚩尤请风伯雨师、纵大风雨。黄帝乃下天女曰魃[4]，雨止，遂杀蚩尤。

注释

[1]作：起，兴起。

[2]伐：征讨，攻击。

[3]应龙：中国古代神话传说中的一种龙。

[4]魃(bá)：中国古代神话传说中的旱神。

赏析

这虽然是一则神话，但实际上反映了上古时两个部落首领之间争夺权力的斗争。黄帝和蚩尤都是上古部落的首领，他们之间的战争故事，是华夏上古时代社会矛盾的艺术写照。炎黄、蚩尤所处时代是中国原始社会末期，这种部落之间的战争没有"正义"与"非正义"之分，它揭示了文明时代到来的曙光，推动了人类社会由"野蛮"走向"文明"。

有巢氏构木为巢

《韩非子·五蠹》

上古之世，人民少而禽兽[1]众，人民不胜[2]禽兽虫蛇。有圣人作，构[3]木为巢[4]以避[5]群害，而民悦之，使王天下[6]，号曰有巢氏。

注释

[1] 禽兽：飞禽走兽。
[2] 胜：受不了，抵抗不了。
[3] 构：搭建。
[4] 巢(cháo)：鸟类搭建的窝。
[5] 避：躲开，避免。
[6] 王天下：古代指统治者以仁义取得天下。

赏析

选自《韩非子·五蠹》。《韩非子》是法家学派的代表著作，共二十卷，全书由五十五篇独立的论文集辑而成。其学说的核心是以君主专制为基础的法、术、势结合的思想，秉持进化论的历史观，主张极端的功利主义，认为人与人之间主要是利害关系而仁爱教化辅之，强调以法治国、以利用人。这种学说对秦汉以后中国封建社会制度的建立产生了重大影响。

"有巢氏"是后世给"发明巢居"的人的追赠，代表的是人类从穴居到巢居发展的一个阶段，标志着原始社会的进步，但它更大的意义在于代表了先民们为了生存坚持斗争的光荣历史进程。

伏羲画卦

《古今图书集成·职方典》

上古伏羲时，龙马负[1]图出于河，其图之数[2]，一六居[3]下，二七居上，三八居左，四九居右，五十居中。伏羲则[4]之，以画八卦。

注释

[1] 负：背。
[2] 数：数字。
[3] 居：在。
[4] 则：依据。

伏羲画卦

赏析

"伏羲画卦"传说被现代易学研究者视为妄说，不为采信。然而，通过对其进行神话学考察，我们可以从伏羲创世神话中找到原始哲学的神话原型，并具体地看到从伏羲创世神话到易卦的演进轨迹。伏羲用八卦图解释了事物运行的规律，这八卦便是《易经》的起源。万物的本源即是道，道法自然，道即自然。每对卦中均含有阴阳、奇偶、顺逆。阴中含阳，阳中有阴，阴阳相错，此消彼长，这是先天八卦图中蕴含的矛盾统一关系，以相反相成的宇宙原理来推断世间万物。

伏羲八卦又称先天八卦，周文王在此基础上演变成64卦，也就是《易经》。八卦是中国最早的文字符号，里面融合了阴阳五行的原理，是用来推演空间和时间的工具。

共工怒触不周山

《淮南子·天文训》

昔者共工[1]与颛顼[2]争为帝，怒而触不周之山[3]，天柱折，地维[4]绝[5]。天倾西北，故日月星辰移焉[6]；地不满[7]东南，故水潦[8]尘埃归焉。

注释

[1]共(gòng)工：传说中的部落领袖，炎帝的后裔。
[2]颛顼：传说中的部落领袖五帝之一，黄帝的后裔。
[3]不周之山：山名，传说在西北，昆仑山附近。
[4]维：绳子。
[5]绝：断。
[6]焉：这，这里。
[7]满：塌陷。
[8]水潦(lǎo)：泛指江湖流水。潦，积水。

赏析

选自《淮南子·天文训》。《淮南子》是西汉初年淮南王刘安招集门客，于汉景帝、汉武帝之交时撰写的一部论文集。

"共工怒触不周山"的故事，是一个著名的神话典故。共工，又称共工氏，为中国古代神话中的水神，掌控洪水。在中国古书《淮南子》中记载，传说共工素来与颛顼不和，两者发生惊天动地的大战，最后共工失败而怒触不周之山。

该故事反映了远古部族间的斗争。远古的人类显然还不能解释日月、星辰运动变化的原因，便借助神话，通过大胆的想象和夸张的手法，来解释"天倾西北""地不满东南"的现象，反映了先民揭示宇宙奥秘的强烈欲望和求索精神。

女娲补天

《淮南子·览冥训》

往古之时，四极废[1]，九州裂；天不兼覆，地不周载。火爁焱[2]而不灭，水浩洋而不息；猛兽食颛民[3]，鸷鸟攫[4]老弱。

于是女娲炼五色石以补苍天，断鳌[5]足以立四极，杀黑龙以济冀州[6]，积芦灰以止淫水[7]。

苍天补，四极正；淫水涸[8]，冀州平；狡虫[9]死，颛民生。

注释

[1]四极废：天的四边塌下来。四极：天的四边。古人想象天如屋顶，认为四边都有支撑的柱子。废：坏，指柱子折断，天塌了下来。

[2] 爁焱(lànyàn)：火势蔓延的样子。

[3] 颛(zhuān)民：善良的人民。

[4] 攫(jué)：用爪子取物。

[5] 鳌(áo)：海中的大龟。

[6] 冀州：古九州之一，这里指黄河流域古代中原地带。

[7] 淫水：泛滥溢流的大水。

[8] 涸(hé)：水干，枯竭。

[9] 狡虫：凶猛的害虫。这里指猛兽。

赏析

女娲补天是我们耳熟能详的一则神话典故，但在传世文献中，到了《淮南子》才对这则典故有了比较完整而明晰的记载，对女娲补天的原因、经过和结果都做了较为具体而生动的描写。

补天的主因是"四极废，九州裂；天不兼覆，地不周载"，四根擎天大柱倾倒，导致天地都发生了灾难性的变化。对此，司马贞《史记补·三皇本纪》云："当其(女娲)末年也，诸侯有共工氏，任智以刑强，霸而不王，以水乘木，乃与祝融战，不胜而怒，乃头触不周山崩，天柱折，地维缺。"由此可知，天地崩坏虽然是天灾，但也是由人祸造成的。

女娲作为传说中人类的创造者，不计人类的过失，在天下民众遭受劫难时毫无嗔怒怪罪，义无反顾地拯救人类，足见女娲的善良与伟大。这不仅是作为一个天神，更是作为一位母亲的善良与伟大，而这亦反衬出远古人类的无知与渺小。鲁迅先生在《故事新编·补天》一文中极言人类在女娲面前的无知与渺小，这在某种程度上亦是切合女娲补天这则神话的原意的。

后羿射日

《淮南子·本经》

逮至尧之时，十日并出，焦禾稼，杀草木，而民无所食。猰貐[1]、凿齿[2]、九婴[3]、大风[4]、封豨[5]、修蛇[6]，皆为民害。尧乃使羿诛凿齿于畴华[7]之野，杀九婴于凶水之上，缴[8]大风于青丘之泽，上射十日而下杀猰貐，断修蛇于洞庭，禽[9]封豨于桑林。万民皆喜，置尧以为天子。于是天下广陕[10]、险易、远近，始有道里[11]。

注释

[1] 猰貐(yàyǔ)：神话传说中龙头虎爪的怪兽。

[2] 凿齿：神话传说中牙齿如凿的怪兽。

[3] 九婴：神话传说中的九头怪物。

[4] 大风：大鹏鸟。

[5] 封豨(xī)：大野猪。

[6] 修蛇：长蛇。

[7] 畴(chóu)华：南方泽名。

[8] 缴(zhuó)：用带绳的箭射。

[9] 禽：同"擒"。

[10]陕：同"狭"，狭窄。
[11]道里：道路和村落。

赏析

这则神话塑造了后羿的英雄形象。作者的想象力极为丰富，他想象天上有十个太阳。十个太阳一起出现在天上时的景象：草木庄稼枯死，百姓无食可吃，猛兽祸害人间……百姓们遭受着天灾人祸，凄惨之状难以尽述。就在这时，救星后羿出现了。作者把他想象得神勇非凡：他下杀猛兽，上射太阳，救万民于水火。后羿射日的壮举，千百年来为人们所称道，反映了我国古代劳动人民想要战胜自然、改造自然的美好愿望。

仓颉造字

《历代名画记·叙画之源流》

颉[1]有四目，仰观垂象。因俪乌龟之迹，遂[2]定书字之形。造化不能藏其秘，故天雨粟；灵怪不能遁其形，故鬼夜哭。是时也，书画同体而未分，象制[3]肇创[4]而犹略。无以传其意故有书，无以见其形故有画，天地圣人之意也。

注释

[1]颉(jié)：仓颉，原姓侯冈，名颉，号史皇氏，传说为黄帝的史官，汉字的创造者，被尊为中华文字始祖。
[2]遂：于是，就。
[3]象制：绘制的物象。指图画。
[4]肇创：初创。

仓颉造字

赏析

文字的产生是人类社会进入文明时期的重要标志，而中华民族所传承的汉文字是世界上至今仍在使用的最古老的文字，其历史价值不言而喻。在世界文字形成演变的漫长岁月中，很多古老的文字大都"消声匿迹"，消失在人们的视线中，唯有中华文字历久弥新，成为最富内涵与深意的人类语言。

燧人取火

《路史·发挥一》注引《拾遗记》

遂明国[1]不识四时昼夜，有火树名遂木，屈盘万顷[2]。后世有圣人，游日月之外，至于其国，息此树下。有鸟若鸮[3]，啄树则灿然火出。圣人感焉，因用小枝钻火，号燧人。

注释

[1]遂明国：亦作燧明国。
[2]屈盘万顷：屈盘起来，占的面积有一万顷。

[3]鸮(xiāo)：一种鸟类，有人认为是猫头鹰。

赏析

"燧人取火"是古代中国神话传说之一，反映了原始时代的中国人从利用自然火进化到人工取火的情况。人工取火发明后，人们不但从此获得了安全卫生的食物，也通过火驱散了夜里的黑暗，又得以御寒，同时吓退了野兽，生存质量有了巨大的提升，终于彻底摆脱了茹毛饮血的生活，并给原始人聚集提供了条件。火的发明曲折而艰辛，但充满了先民的探索精神和努力不屈的意志。燧人氏通过钻木取火掌握了用火技能，人类从此实现与兽类真正分离，走向文明之路，在人类进化史上具有里程碑式的意义。

类文链接

1. 《精卫填海》

又北二百里，曰发鸠之山，其上多柘木，有鸟焉，其状如乌，文首，白喙，赤足，名曰精卫，其鸣自詨，是炎帝之少女，名曰女娃。女娃游于东海，溺而不返，故为精卫。常衔西山之木石，以堙于东海。漳水出焉，东流注于河。

——选自《山海经·北山经》

2. 《火神祝融》

南方祝融，兽身人面，乘两龙。

——选自《山海经·海外南经》

3. 《神农尝百草》

古者民茹草饮水，采树木之实，食蠃蚌之肉，时多疾病毒伤之害。于是神农乃始教民播种五谷，相土地宜燥湿、肥墝、高下；尝百草之滋味、水泉之甘苦，令民知所辟就。当此之时，一日而遇七十毒。

——选自《淮南子》

4. 《盘古开天》

天地浑沌如鸡子，盘古生其中。万八千岁，天地开辟，阳清为天，阴浊为地，盘古在其中，一日九变，神于天，圣于地。天日高一丈，地日厚一丈，盘古日长一丈。如此万八千岁，天数极高，地数极深，盘古极长，后乃有三皇。数起于一，立于三，成于五，盛于七，处于九，故天去地九万里。

——选自《三五历纪》

5. 《嫦娥奔月》

姮娥，羿妻；羿请不死之药于西王母，未及服食之，姮娥盗食之，得仙，奔入月中为月精也。

——选自《淮南子》

6. 《干将莫邪》

文化之旅

　　文学在不同的文化中有不同的表现形式,但都反映出了一定的文化内涵和风格。例如,中国古代文学中的诗词歌赋,反映了中国古代的文化底蕴和审美观念;西方文学中的小说和戏剧,则反映了西方文化中的现实主义和人性关怀。文学与文化的相互影响,也会创造出独具特色的文化现象。文学和文化的关系是相互依存的。文学在表达文化的同时,也受到文化的影响。作家的思想观念、生活背景等都会影响作品的创作,反过来,这些作品也会影响一个时代的文化形态和文化现象。我们徜徉在文学艺术的海洋,更应发挥文化的精神力量,将其深深熔铸在我们中华民族的生命力、创造力和凝聚力中,让中华文化永远开出灿烂之花,永恒于世界的东方。

弹歌[1]

[先秦] 佚名

断竹,续竹。飞土,逐宍[2]。

注释

[1] 选自《吴越春秋·勾践阴谋外传》。这是一首原始狩猎歌。它概述了从砍竹、做弓直到发射弹丸、追猎禽兽的全过程。

[2] 宍:古"肉"字,指禽兽。

赏析

根据人类社会的生产和生活方式,我们把文化分为四种类型:一是狩猎采集文化,二是游牧文化,三是农耕文化,四是工商文化。《弹歌》是诗歌谣。所谓诗歌谣是指产生在原始社会和奴隶社会早期的民间歌谣,其在思想内容上的最大特色是与现实生活紧密联系。《弹歌》是我国远古的一首原始的狩猎歌,反映了原始社会的狩猎生活,表现了狩猎采集文化。这首歌记载的是我国原始人已发明弓箭和文字的史实,推测它产生于五千年前,是中国文化的雏形期,即史籍记载的三皇五帝时期。从这首歌的内容来看,它概述了原始集体狩猎的全过程:从砍竹子、做成外弓,一直到发射弹丸、猎取鸟兽,表现了与自然斗争的豪迈精神。从这首歌中,我们可以看到艺术美的功利目的。普列汉诺夫指出:"功用总是先于审美。"狩猎是为了人的生存需要,猎取鸟兽是为了人的吃的需要。人为了自己的需要创造了艺术,艺术又反过来给人以精神鼓舞。不论是纯精神的艺术还是与实用结合的艺术,都是为了人自身的利益和需要。它的产生,既是心灵的抒发,又能再现生产过程、传授生产经验,与科学技术(制造弓箭)是同步的。科技也是为了人的需要,它与艺术在形式和手段上虽有不同,但目的是一致的,因此,这首歌既是"真",也是"善",是真和善的统一。

从形式来说,我们明显地感到这首歌对形式美的自觉追求,如语言整齐、押韵、句短调促、节奏明快等。而且这种形式美是与原始狩猎劳动的紧张和狩猎成功后的喜悦心情紧密结合在一起的。简短的语言、急促的节奏以及简单的押韵中,蕴藏着原始人炽热的情感。这比那种自然粗朴状态的"吭育""邪许"之声,显然有了很大的区别和进步。但是,这种形式美的追求,还融化在功利要求之中,服从于经验知识的传授(如便于记忆等),距《诗经》中那种纯精神艺术的独立的形式美的追求,还有一段相当长的距离,因此它显得简单、古朴。但是这首歌已经具备语言艺术内容和形式的要素,是我国典籍记载的一首最古老的歌谣。

国风·周南·汉广

《诗经》

南有乔木[1],不可休[2]思;汉[3]有游女[4],不可求思。汉之广矣,不可泳思;江[5]之永[6]矣,不可方[7]思。

翘翘[8]错薪[9],言刈[10]其楚[11];之子于归[12],言秣[13]其马。汉之广矣,不可泳思;江之永矣,

不可方思。

翘翘错薪，言刈其蒌[14]；之子于归，言秣其驹[15]。汉之广矣，不可泳思；江之永矣，不可方思。

注释

[1]乔木：高大的树木。
[2]休：息也。指高木无荫，不能休息。
[3]汉：汉水，长江支流之一。
[4]游女：汉水之神，或谓游玩的女子。
[5]江：江水，即长江。
[6]永：水流长也。
[7]方：桴，筏。此处用作动词，意谓坐木筏渡江。
[8]翘翘(qiáo)：本指鸟尾上的长羽，比喻杂草丛生；或以为指高出貌。
[9]错薪：丛杂的柴草。古代嫁娶必以燎炬为烛，故《诗经》嫁娶多以折薪、刈楚为兴。
[10]刈(yì)：割。
[11]楚：灌木名，即牡荆。
[12]归：嫁也。
[13]秣(mò)：喂马。
[14]蒌(lóu)：蒌蒿，也叫白蒿，嫩时可食，老则为薪。
[15]驹(jū)：小马。

赏析

《诗经》是中国古代诗歌开端，是最早的一部诗歌总集，收集了西周初年至春秋中叶(前11世纪至前6世纪)的诗歌，共311篇，其中6篇为笙诗(《南陔》《白华》《华黍》《由庚》《崇丘》《由仪》)，即只有标题，没有内容，称为笙诗六篇。《诗经》的作者佚名，绝大部分已经无法考证，传为尹吉甫采集、孔子编订，讲述了劳动与爱情、战争与徭役、压迫与反抗、风俗与婚姻、祭祖与宴会，甚至天象、地貌、动物、植物等方方面面，反映了周初至周晚期约五百年间的社会面貌。

《诗经》的"六义"指的是风、雅、颂、赋、比、兴，前三个说的是内容，后三个说的是手法。

《风》出自各地的民歌，是《诗经》中的精华部分，有对爱情、劳动等美好事物的吟唱，也有怀故土、思征人及反压迫、反欺凌的怨叹与愤怒，常用复沓的手法来反复咏叹，一首诗中的各章往往只有几个字不同，表现了民歌的特色。《雅》分《大雅》《小雅》。《大雅》大部分作于西周前期，作者大都是贵族，主要歌颂周王室祖先乃至武王、宣王等的功绩，有些诗篇是反映厉王、幽王的暴虐昏乱及其统治危机或者反映人民愿望的讽刺诗；《小雅》创作于西周初年至末年，以西周末年厉、宣、幽王时期为多，其中最突出的是关于战争和劳役的作品。《颂》则为宗庙祭祀的诗歌，对考察早期历史、宗教与社会有很大的价值。

赋、比、兴的运用，既是《诗经》艺术特征的重要标志，也开启了我国古代诗歌创作的基本手法。"赋"按朱熹《诗集传》中的说法，"赋者，敷也，敷陈其事而直言之者也"。用现代的话说，所谓赋，就是陈述铺叙的意思，它是最常用、最基本的手法，多见于大雅和颂词之中，国风中使用不多，但也有以此手法见长的，如《溱洧》《静女》《芣苢》等。"比"，用朱熹的解释，是"以彼物比此物"，也就是比喻之意，明喻和暗喻均属此类。其中"或喻于声，方于貌，或拟于心，或譬喻事"(《文心雕龙·比

兴》），从而使形象更加鲜明生动。《诗经》中用比喻的地方很多，手法也富于变化。如《鹤鸣》用"他山之石，可以攻玉"来比喻治国要用贤人；《硕人》连续用"柔荑"比喻美人之手，"凝脂"比喻美人之肤，"瓠犀"比喻美人之齿等。"兴"用朱熹的解释，是"先言他物以引起所咏之辞"，也就是借助其他事物为所咏之内容作铺垫。如"关关雎鸠，在河之洲。窈窕淑女，君子好逑"就是用雎鸠鸟在河中叫起兴。《魏风·伐檀》也是用兴这种表现手法的突出例子。兴往往用于一首诗或一章诗的开头。

　　从整部《诗经》来看，"赋、比、兴"都是诗人用以构思诗的艺术形象和意境的方法。虽然某些诗侧重用"赋"或"比"或"兴"，而多数则是交互运用的。相对来说，在"国风"和"小雅"中用"比、兴"多一些，"大雅"和"颂"则多用"赋"。这些手法的运用，大大丰富了我国诗歌的表现艺术，对形成我国民歌的民族风格起了不可磨灭的作用，它可以在短小的篇章里造就动人的境界和鲜明的形象。它的作用至今仍在民歌创作中放射着异彩。

　　《诗经》关注现实、抒发现实生活触发的真情实感，这种创作态度，是中国现实主义诗歌的源头，使其具有强烈深厚的艺术魅力，是中国现实主义文学的第一座里程碑，在《诗经》中可以感悟被剥削者阶级意识的觉醒，或者愤懑的奴隶向不劳而获的统治阶级大胆地提出了正义，也描写了劳动者对统治阶级直接展开斗争，以便取得生存的权利，反映了人民意志和对美好生活的向往。

　　《国风·周南·汉广》是先秦时期的民歌。此诗写一位男子慕悦女子，而又苦于不能如愿之情。三家说《诗》，皆以游女为汉水之神。但在此诗，作者只是借以指心中所爱的女子，以神人相隔，喻佳人难求。近代学者一般都认为此诗是一个樵夫所唱。热恋着一位美丽的姑娘，却得不到她。在汉水之滨砍柴的时候，浩渺的江水触动了他的情怀，遂唱出了这支迷人的歌，倾吐了满怀惆怅的愁绪。知其不可求，而心向往之，并且无限向往，使整首诗呈现一种无限高远的境界。每章之末，均叠咏"汉之广矣，不可泳思；江之永矣，不可方思"四句，将游女迷离恍惚之形、江面浩渺迷茫之景、心中痴迷思慕之情，都融于长歌浩叹之中。

九歌·湘夫人

[先秦]屈原

帝子[1]降兮北渚，目眇眇[2]兮愁予[3]。
袅袅[4]兮秋风，洞庭波[5]兮木叶下[6]。
登白薠[7]兮骋望[8]，与佳[9]期[10]兮夕张[11]。
鸟何萃[12]兮蘋[13]中，罾[14]何为兮木上？
沅有茝[15]兮澧有兰，思公子[16]兮未敢言。
荒忽[17]兮远望，观流水兮潺湲[18]。
麋[19]何食兮庭中，蛟[20]何为兮水裔[21]？
朝驰余马兮江皋[22]，夕济兮西澨[23]。
闻佳人兮召予，将腾驾[24]兮偕逝[25]。
筑室兮水中，葺[26]之兮荷盖[27]。
荪壁[28]兮紫[29]坛[30]，播芳椒兮成堂；
桂栋[31]兮兰橑[32]，辛夷[33]楣[34]兮药[35]房。
罔[36]薜荔[37]兮为帷[38]，擗[39]蕙櫋兮既张。

九歌·湘夫人

白玉兮为镇[40]，疏[41]石兰[42]兮为芳；
芷葺兮荷屋，缭[43]之兮杜衡[44]。
合[45]百草兮实[46]庭，建芳馨[47]兮庑[48]门。
九嶷[49]缤[50]兮并迎，灵[51]之来兮如云。
捐余袂[52]兮江中，遗余褋[53]兮澧浦。
搴汀[54]洲兮杜若，将以遗兮远者[55]；
时不可兮骤得[56]，聊逍遥兮容与[57]！

注释

[1]帝子：舜妃为帝尧之女，故称帝子，也称湘夫人。

[2]眇眇：望而不见的样子。

[3]愁予：使我忧愁。

[4]袅袅：一作嫋嫋，吹拂貌，绵长不绝的样子。

[5]波：生波。

[6]下：落。

[7]薠(fán)：草名，生湖泽间。

[8]骋望：纵目而望。

[9]佳：即佳人，指湘夫人。

[10]期：期约。

[11]张：陈设，张设帷帐。

[12]萃：集。

[13]蘋(pín)：水草名。

[14]罾(zēng)：渔网。这两句是说：所愿不得，失其应处之所。

[15]茝(chǎi)：白芷，香草名。

[16]公子：同上句帝子，指湘夫人。

[17]荒忽：不分明的样子。

[18]潺湲：水流的样子。

[19]麋：兽名，似鹿而大。

[20]蛟：龙的一种。

[21]水裔：即水边。

[22]江皋：江边的高地。

[23]西澨(shì)：西方水边。澨，水边。

[24]腾驾：驾着马车奔腾飞驰。

[25]偕逝：同往。

[26]葺：编草盖房子。

[27]盖：指屋顶。

[28]荪(sūn)壁：以荪草饰壁。荪：香草名。

[29]紫：紫贝，香草。

[30]坛：中庭。

[31] 栋：屋栋。

[32] 橑(lǎo)：屋椽。

[33] 辛夷：木名，初春开花。

[34] 楣：门上横梁。

[35] 药：白芷。

[36] 罔：同"网"，作结解。

[37] 薜荔(bìlì)：一种香草，缘木而生。

[38] 帷：帷帐。

[39] 擗(pǐ)：掰开。

[40] 镇：镇压坐席之物。

[41] 疏：分布。

[42] 石兰：香草名。

[43] 缭：束缚。

[44] 杜衡：香草。

[45] 合：会合。

[46] 实：充实。

[47] 馨：香之远闻者。

[48] 庑(wǔ)：走廊。

[49] 九嶷(yí)：山名，传说中湘南舜的葬地。这里指九嶷山的神。

[50] 缤：盛貌。

[51] 灵：指神灵。

[52] 袂(mèi)：衣袖。

[53] 褋(dié)：禅衣，江淮南楚之间谓之"褋"。禅衣即女子内衣，是湘夫人送给湘君的信物。这是古时女子爱情生活的习惯。

[54] 搴：采集。汀：水中或水边平地。

[55] 远者：指湘夫人。

[56] 骤得：数得，屡得。

[57] 容与：悠闲的样子。

赏析

屈原(约前340—前278)，芈姓，屈氏，名平，字原，又自云名正则，字灵均，出生于楚国丹阳秭归(今湖北宜昌)，战国时期楚国诗人、政治家。屈原是中国历史上一位伟大的爱国诗人，中国浪漫主义文学的奠基人，"楚辞"的创立者和代表作家，开辟了"香草美人"的传统，被誉为"楚辞之祖"。楚国有名的辞赋家宋玉、唐勒、景差都受到屈原的影响。屈原作品的出现，标志着中国诗歌进入了一个由大雅歌唱到浪漫独创的新时代，其主要作品有《离骚》《九歌》《九章》《天问》等。以屈原作品为主体的《楚辞》是中国浪漫主义文学的源头之一，对后世诗歌产生了深远影响。

本篇是祭湘水女神的诗歌，和《湘君》是姊妹篇。

开篇八句是第一层，湘君望之心切所产生的幻象，描写湘君来到约会地点，急于会见湘夫人的迫切心情。"帝子"二句，湘君望之心切所产生的幻象，仿佛湘夫人降临到了北渚。

"沅有"以下八句是第二层，描写湘君等湘夫人不来而去寻求的情景。这一层以水边泽畔的香草兴起对伊人的默默思念，又以流水的缓缓而流暗示远望中时光的流逝，是先秦诗歌典型的艺术手法，其好处在于人物相感、情景合一，具有很强的感染力。

自"筑室兮水中"至"灵之来兮如云"十六句是第三层，描写湘君幻想着筑起一座共同与恋人生活的芬芳之宫迎候湘夫人到来的情景，为全诗情感发展的高潮。迎神女巫带着风传的一线希望，兴奋地为湘夫人的到来构筑美丽的"水室"。

末尾六句是第四层，描写湘君在失望之后投袂遗褋的怨愤举动。"捐余袂兮江中，遗余褋兮醴浦。"把衣服投在江水之中和醴水之畔，但是对湘夫人还怀着深深的思念，诗人通过最后的一个细微动作的渲染，表达了他情真意挚的心理状态。

全篇从召唤湘夫人的到来开端，描摹了感情波动的狂潮，有现实的等待，幸福的憧憬，失望的哀怨，心路的发展从平静到急迫，从低潮到高潮，最后以平静结束，通过深刻细腻的内心世界的描写，塑造了生动鲜明的艺术形象。诗篇富有浪漫主义的气息，想象丰富优美，情感浓烈，语言精美，韵味隽永，句式灵活多变，节奏活泼流畅，加上"兮"字的顿挫，加大了语意及语气的跳跃、转折，增添了作品的生气和节奏感。

迢迢牵牛星

《古诗十九首》

迢迢[1]牵牛星[2]，皎皎[3]河汉女[4]。
纤纤[5]擢[6]素[7]手，札札[8]弄[9]机杼[10]。
终日不成章[11]，泣涕[12]零[13]如雨。
河汉清且浅[14]，相去[15]复几许[16]。
盈盈[17]一水[18]间[19]，脉脉[20]不得语。

注释

[1]迢(tiáo)迢：遥远的样子。

[2]牵牛星：河鼓三星之一，隔银河和织女星相对，俗称"牛郎星"，是天鹰星座的主星，在银河东。

[3]皎皎：明亮的样子。

[4]河汉女：指织女星，是天琴星座的主星，在银河西，与牵牛星隔河相对。河汉，即银河。

[5]纤纤：纤细柔长的样子。

[6]擢(zhuó)：引，抽，接近伸出的意思。

[7]素：洁白。

[8]札(zhá)札：象声词，机织声。

[9]弄：摆弄。

[10]杼(zhù)：织布机上的梭子。

[11]章：指布帛上的经纬纹理，这里指整幅的布帛。此句是用《诗经·小雅·大东》语意，说织女终日也织不成布。《诗经》原意是织女徒有虚名，不会织布。而这里则是说织女因相思而无心织布。

[12]涕：眼泪。

[13]零：落下。
[14]清且浅：清又浅。
[15]相去：相离，相隔。去，离。
[16]复几许：又能有多远。
[17]盈盈：水清澈、晶莹的样子。一说形容织女，《文选》六臣注："盈盈，端丽貌。"
[18]一水：指银河。
[19]间(jiàn)：间隔。
[20]脉(mò)脉：相视无言的样子。

赏析

《古诗十九首》是汉代文人创作并被南朝萧统选录编入《文选》的十九首诗的统称。这十九首诗习惯上以首句为标题，依次为：《行行重行行》《青青河畔草》《青青陵上柏》《今日良宴会》《西北有高楼》《涉江采芙蓉》《明月皎夜光》《冉冉孤生竹》《庭中有奇树》《迢迢牵牛星》《回车驾言迈》《东城高且长》《驱车上东门》《去者日以疏》《生年不满百》《凛凛岁云暮》《孟冬寒气至》《客从远方来》《明月何皎皎》。《古诗十九首》是乐府古诗文人化的显著标志，深刻地再现了文人在汉末社会思想大转变时期，追求的幻灭与沉沦、心灵的觉醒与痛苦，抒发了人生最基本、最普遍的几种情感和思绪。全诗语言朴素自然，描写生动真切，具有浑然天成的艺术风格，被刘勰称为"五言之冠冕"。

《迢迢牵牛星》是《古诗十九首》之一。诗人抓住银河、机杼这些和牛郎织女神话相关的物象，借写织女有情思亲、无心织布、隔河落泪、对水兴叹的心态，比喻人间的离妇对辞亲远去的丈夫的相思之情。全诗想象丰富、感情缠绵、用语婉丽、境界奇特，是相思怀远诗中的新格高调。

这首诗一共十句，其中六句都用了叠音词，即"迢迢""皎皎""纤纤""札札""盈盈""脉脉"。这些叠音词使这首诗音节和谐，质朴清丽，情趣盎然，自然而贴切地表达了物性与情思。特别是后两句，一个饱含离愁的少妇形象跃然纸上，意蕴深沉，风格浑成，是极难得的佳句。

洛神[1]赋

[魏晋] 曹植

黄初[2]三年，余朝京师[3]，还济[4]洛川[5]。古人有言，斯水[6]之神，名曰宓妃。感宋玉对楚王神女之事[7]，遂作斯赋，其辞曰：

余从京域[8]，言[9]归东藩[10]，背伊阙[11]，越轘辕[12]，经通谷[13]，陵[14]景山[15]。日既西倾，车殆[16]马烦[17]。尔乃[18]税驾[19]乎蘅皋[20]，秣驷[21]乎芝田[22]，容与[23]乎阳林[24]，流眄[25]乎洛川。于是精移神骇[26]，忽焉[27]思散[28]。俯则未察，仰以殊观[29]。睹一丽人，于岩之畔[30]。乃援[31]御者[32]而告之曰："尔有觌[33]于彼者乎？彼何人斯，若此之艳也！"御者对曰："臣闻河洛之神，名曰宓妃。然则君王所见，无乃是乎？其状若何，臣愿闻之。"

注释

[1]洛神：传说古帝宓(fú)羲氏之女溺死洛水而为神，故名洛神，又名宓妃。
[2]黄初：魏文帝曹丕年号。

洛神赋

[3]京师：京城，指魏都洛阳。

[4]济：渡。

[5]洛川：即洛水，源出陕西，东南入河南，流经洛阳。

[6]斯水：此水，指洛川。

[7]宋玉对楚王神女之事：传为宋玉所作的《高唐赋》和《神女赋》，都记载宋玉与楚襄王对答梦遇巫山神女事。

[8]京域：京都地区，指洛阳。

[9]言：语助词。

[10]东藩：东方藩国，指曹植的封地。黄初三年，曹植被立为鄄（juàn）城（今山东省鄄城县）王，城在洛阳东北方向，故称东藩。

[11]伊阙：山名，又称阙塞山、龙门山，在河南洛阳南。

[12]轘（huán）辕：山名，在今河南省偃师县东南。

[13]通谷：山谷名，在洛阳城南。

[14]陵：登。

[15]景山：山名，在今偃师县南。

[16]殆：通"怠"，懈怠。一说指危险。

[17]烦：疲乏。

[18]尔乃：承接连词，于是就。

[19]税驾：停车。税，舍、置。驾，车乘总称。

[20]蘅皋：生着杜蘅的河岸。蘅，杜蘅，香草名。皋，岸。

[21]秣驷：喂马。驷，一车四马，此泛指驾车之马。

[22]芝田：种着灵芝草的田地，此处指野草繁茂之地。一说为地名，指河南省巩义市西南的芝田镇。

[23]容与：悠然安闲貌。

[24]阳林：地名。

[25]流眄：纵目四望。眄，斜视。一作"流盼"，目光流转顾盼。

[26]精移神骇：神情恍惚。骇，散。

[27]忽焉：急速貌。

[28]思散：思绪分散，精神不集中。

[29]殊观：少见的异常现象。

[30]岩之畔：山岩边。

[31]援：以手牵引。

[32]御者：车夫。

[33]觌（dí）：看见。

余告之曰：其形也，翩若惊鸿，婉若游龙[34]，荣曜秋菊，华茂春松[35]。髣髴兮若轻云之蔽月，飘飖兮若流风之回雪[36]。远而望之，皎[37]若太阳升朝霞[38]；迫而察之，灼[39]若芙蕖[40]出渌[41]波。秾[42]纤[43]得衷，修短[44]合度。肩若削成，腰如约素[45]。延[46]颈[47]秀项[48]，皓[49]质呈露[50]，芳泽无加，铅华弗御[51]。云髻[52]峨峨[53]，修眉联娟[54]，丹唇外朗，皓齿内鲜[55]。明眸[56]善睐[57]，靥[58]辅[59]承权[60]，瓌[61]姿艳逸[62]，仪静体闲[63]。柔情绰[64]态，媚于语言。奇服[65]旷世[66]，骨像[67]应图[68]。披罗衣之璀粲[69]兮，珥[70]瑶碧[71]之华琚[72]。戴金翠之首饰，缀明珠以耀躯。践[73]远游[74]之文履[75]，曳雾绡[76]之轻裾。微幽兰之芳蔼[77]兮，步踟蹰[78]于山隅。于是忽焉纵体，以遨以嬉[79]。左倚采旄[80]，右荫桂旗[81]。攘[82]皓腕于神浒[83]兮，采湍濑[84]之玄芝[85]。

注释

[34]"翩若"二句：翩然若惊飞的鸿雁，蜿蜒如游动的蛟龙。翩：鸟疾飞的样子，此处指飘忽摇曳的样子。惊鸿：惊飞的鸿雁。婉：蜿蜒曲折。

[35]"荣曜(yào)"二句：容光焕发如秋日下的菊花，体态丰茂如春风中的松树。荣：丰盛。曜：日光照耀。华茂：华美茂盛。这两句是写洛神容光焕发，充满生气。

[36]"髣髴"(fǎngfú)二句：时隐时现像轻云遮住月亮，浮动飘忽似回风旋舞雪花。髣髴：若隐若现的样子。飘飖：飞翔貌。回：回旋，旋转。这两句是写洛神的体态婀娜，行动飘忽。

[37]皎：洁白光亮。

[38]太阳升朝霞：太阳升起于朝霞之中。

[39]灼：鲜明，鲜艳。

[40]芙蕖：一作"芙蓉"，荷花。

[41]渌(lù)：水清貌。以上两句是说，不论远观还是近望，洛神都是姿容绝艳。

[42]秾：花木繁盛。此指人体丰腴。

[43]纤：细小。此指人体苗条。

[44]修短：长短，高矮。以上两句是说洛神的高矮胖瘦都恰到好处。

[45]"肩若"二句：肩窄如削，腰细如束。削成：形容两肩瘦削下垂的样子。约素：一束白绢。素：白细丝织品。这两句是写洛神的肩膀和腰肢线条圆美。

[46]延：同后"秀"，均指长。

[47]颈：脖子的前部。

[48]项：脖子的后部。

[49]皓：洁白。

[50]呈露：显现，外露。

[51]"芳泽"二句：既不施脂，也不敷粉。泽：润肤的油脂。铅华：粉。古代烧铅成粉，故称铅华。弗御：不施。御：用。

[52]云髻：发髻如云。

[53]峨峨：高耸貌。

[54]联娟：微曲貌。

[55]"丹唇"二句：红唇鲜润，牙齿洁白。朗：明润。鲜：光洁。

[56]眸：目中瞳子。

[57]睐(lài)：顾盼。

[58]靥(yè)：酒窝。

[59]辅：面颊。

[60]承权：在颧骨之下。权，颧骨。

[61]瓌(guī)：同"瑰"，奇妙。

[62]艳逸：艳丽飘逸。

[63]闲：娴雅。

[64]绰：绰约，美好。

[65]奇服：奇丽的服饰。

[66]旷世：举世唯有。旷，空。

[67]骨像：骨骼形貌。

[68]应图：指与画中人相当。

[69]璀粲：鲜明貌。一说为衣动的声音。

[70]珥：珠玉耳饰。此用作动词，作佩戴解。

[71]瑶、碧：均为美玉。

[72]华琚：刻有花纹的佩玉。琚：佩玉名。

[73]践：穿，着。

[74]远游：鞋名。

[75]文履：饰有花纹图案的鞋。

[76]雾绡：轻薄如雾的绡。绡，生丝。裾：裙边。

[77]芳蔼：香气。

[78]踟蹰：徘徊。

[79]"于是"二句：忽然又飘然轻举，且行且戏。纵体：身体轻举貌。遨：游。

[80]采旄(máo)：彩旗。采，同"彩"。旄，旗杆上旄牛尾饰物，此处指旗。

[81]桂旗：以桂木做旗杆的旗，形容旗的华美。

[82]攘：此指挽袖伸出。

[83]神浒：为神所游之水边地。浒，水边泽畔。

[84]湍濑：石上急流。

[85]玄芝：黑色芝草，相传为神草。

余情悦其淑美兮，心振荡而不怡[86]。无良媒以接欢兮，托微波而通辞[87]。愿诚素[88]之先达兮，解玉佩以要[89]之。嗟佳人之信修[90]兮，羌习礼[91]而明诗[92]。抗琼珶[93]以和予兮，指潜渊而为期[94]。执眷眷之款实兮，惧斯灵[95]之我欺。感交甫[96]之弃言[97]兮，怅犹豫而狐疑。收和颜而静志兮，申[98]礼防以自持。

于是洛灵感焉，徙倚[99]彷徨。神光离合，乍阴乍阳[100]。竦[101]轻躯以鹤立[102]，若将飞而未翔。践椒涂[103]之郁烈，步蘅薄而流芳。超长吟以永慕兮，声哀厉而弥长[104]。尔乃众灵杂沓[105]，命俦啸侣[106]。或戏清流，或翔神渚。或采明珠，或拾翠羽。从南湘之二妃[107]，携汉滨之游女。叹匏瓜之无匹兮，咏牵牛之独处[108]。扬轻袿[109]之猗靡[110]兮，翳[111]修袖以延伫[112]。体迅飞凫，飘忽若神。凌波微步，罗袜生尘[113]。动无常则，若危若安。进止难期，若往若还。转眄流精[114]，光润玉颜。含辞未吐，气若幽兰[115]。华容婀娜，令我忘餐。

注释

[86]"余情"二句：我喜欢她的淑美，又担心不被接受，不觉心旌摇曳而不安。振荡：形容心动荡不安。怡：悦。

[87]"无良媒"二句：没有合适的媒人去通接欢情，就只能借助微波来传递话语。微波：一说指目光。

［88］诚素：真诚的情意。素，同"愫"，情愫。

［89］要：同邀，邀请。

［90］信修：确实美好。修，美好。

［91］习礼：懂得礼法。

［92］明诗：善于言辞。

［93］琼珶（dì）：美玉。

［94］"指潜渊"句：指深水发誓，约期相会。潜渊：深渊，一说指洛神所居之地。期：会。

［95］斯灵：此神，指宓妃。

［96］交甫：郑交甫。《文选》李善注引《神仙传》："切仙一出，游于江滨，逢郑交甫。交甫不知何人也，目而挑之，女遂解佩与之。交甫行数步，空怀无佩，女亦不见。"

［97］弃言：背弃承诺。

［98］申：施展。

［99］徙倚：流连徘徊。

［100］"神光"二句：洛神身上放出的光彩忽聚忽散，忽明忽暗。

［101］竦（sǒng）：耸。

［102］鹤立：形容身躯轻盈飘举，如鹤之立。

［103］椒涂：涂有椒泥的道路，一说指长满香椒的道路。椒，花椒，有浓香。

［104］"超长吟"二句：怅然长吟以表示深沉的思慕，声音哀婉而悠长。超：惆怅。永慕：长久思慕。厉：疾。弥：久。

［105］杂沓：纷纭，多而乱的样子。

［106］命俦啸侣：招呼同伴。俦，伙伴、同类。

［107］南湘之二妃：指娥皇和女英。据刘向《列女传》载，尧以长女娥皇和次女女英嫁舜，后舜南巡，死于苍梧。二妃往寻，自投湘水而死，为湘水之神。

［108］"叹匏瓜"二句：为匏瓜星的无偶而叹息，为牵牛星的独处而哀咏。匏（páo）瓜：星名，又名天鸡，在河鼓星东。无匹：无偶。牵牛：星名，又名天鼓，与织女星各处天河之旁。相传每年七月七日才得一会。

［109］袿（guī）：妇女的上衣。

［110］猗（yī）靡：随风飘动貌。

［111］翳（yì）：遮蔽。

［112］延伫：久立。

［113］"凌波"二句：在水波上细步行走，溅起的水沫附在罗袜上如同尘埃。凌：踏。尘：指细微四散的水沫。

［114］"转眄"句：转眼顾盼之间流露出奕奕神采。流精：形容目光流转而有光彩。

［115］"气若"句：形容气息香馨如兰。

于是屏翳[116]收风，川后[117]静波。冯夷[118]鸣鼓，女娲清歌。腾文鱼以警乘，鸣玉鸾以偕逝[119]。六龙俨其齐首，载云车之容裔。鲸鲵[120]踊而夹毂[121]，水禽翔而为卫。于是越北沚，过南冈，纡素领，回清扬[122]，动朱唇以徐言，陈交接之大纲。恨人神之道殊兮，怨盛年之莫当。抗罗袂以掩涕兮，泪流襟之浪浪[123]。悼良会之永绝兮，哀一逝而异乡[124]。无微情以效爱兮，献江南之明珰。虽潜处于太阴，长寄心于君王[125]。忽不悟其所舍，怅神宵而蔽光[126]。

于是背下陵高，足往神留。遗情想象，顾望怀愁。冀灵体[127]之复形，御轻舟而上溯。浮长川而忘反，思绵绵而增慕。夜耿耿[128]而不寐，沾繁霜而至曙。命仆夫而就驾，吾将归乎东路。揽騑辔以抗策，怅盘桓而不能去[129]。

注释

[116]屏翳：传说中的众神之一，司职说法不一，或以为是云师，或以为是雷师，或以为是雨师，在此篇中被曹植视作风神。

[117]川后：传说中的河神。

[118]冯（píng）夷：传说中的水神。

[119]"腾文鱼"二句：飞腾的文鱼警卫着洛神的车乘，众神随着叮当作响的玉鸾一齐离去。腾：升。文鱼：神话中一种能飞的鱼。警乘：警卫车乘。玉鸾：鸾鸟形的玉制车铃，动则发声。偕逝：俱往。

[120]鲸鲵：鲸鱼，雄者称鲸，雌者称鲵。

[121]毂（gǔ）：车轮中用以贯轴的圆木，这里指车。

[122]"纡素领"二句：洛神不断回首顾盼。纡：回。素领：白皙的颈项。清扬：形容女性清秀的眉目。

[123]"抗罗袂"二句：举起罗袖掩面而泣，止不住的泪水涟涟沾湿了衣襟。抗：举。袂：衣袖。浪浪：水流不断貌。

[124]"悼良会"二句：痛惜这样美好的相会永不再有，哀叹长别从此身处两地。

[125]"虽潜"二句：虽然幽居于神仙之所，但将永远怀念着君王。潜处：深处，幽居。太阴：众神所居之处。君王：指曹植。

[126]"忽不悟"二句：洛神说毕忽然不知去处，我为众灵一时消失隐去光彩而深感惆怅。不悟：不见，未察觉。所舍：停留、止息之处。宵：通"消"，消失。蔽光：隐去光彩。

[127]灵体：指洛神。

[128]耿耿：心神不安的样子。

[129]"揽騑辔"二句：当手执马缰，举鞭欲策之时，却又怅然若失，徘徊依恋，无法离去。騑（fēi）：车旁之马，古代驾车称辕外之马为騑或骖，此泛指驾车之马。辔：马缰绳。抗策：犹举鞭。盘桓：徘徊不进貌。

赏析

曹植（192—232），字子建，三国魏谯（今安徽亳州）人，曹操子，封陈王，谥曰思，故世称陈思王，自称"生乎乱，长乎军"。三国时期文学家、诗人、音乐家。天资聪颖，才思敏捷，深得曹操喜爱，几乎被立为太子，终因"任性而行，不自雕励，饮酒不节"而失宠。他是建安文学成就最高者，是第一位大力写作五言诗的文人，现存诗歌九十余首。曹植此赋据序所言，系其于魏文帝黄初三年（222年）入朝京师洛阳后，在回封地鄄城途中经过洛水时，"感宋玉对楚王神女之事"而作。

《洛神赋》全篇大致可分为六个段落，第一段写作者从洛阳回封地时，看到"丽人"宓妃伫立山崖，这段类似话本的"入话"。第二段写"宓妃"容仪服饰之美。第三段写"我"非常爱慕洛神，既识礼仪又善言辞，虽已向她表达了真情，赠以信物，有了约会，却担心受欺骗，极言爱慕之深。第四段写洛神为"君王"之诚所感后的情状。第五段"恨人神之道殊"以下两句，是此赋的寄意之所在。第六段写别

后"我"对洛神的思念。对《洛神赋》的思想、艺术成就前人都曾予以极高的评价,最明显的是常把它与屈原的《九歌》和宋玉的《神女》诸赋相提并论。其实,曹植此赋兼二者而有之,它既有《湘君》《湘夫人》那种浓厚的抒情成分,又具宋玉诸赋对女性美的精妙刻画。此外,完整的情节、多变的手法和隽永的形式等,又为以前的作品所不及。因此,它在历史上有着非常广泛和深远的影响。晋代大书法家王献之和大画家顾恺之,都曾将《洛神赋》的神采风貌形诸楮墨,为书苑和画坛增添了不可多得的精品。到了南宋和元明时期,一些剧作家又将其搬上了舞台,汪道昆的《陈思王悲生洛水》就是其中比较著名的一出。至于历代作家以此为题材,见咏于诗词歌赋者,则更是多得难以计数。由此可见,曹植《洛神赋》的艺术魅力是经久不衰的。

咏怀(其一)

[魏晋]阮籍

夜中不能寐,起坐弹鸣琴。
薄帷[1]鉴[2]明月,清风吹我襟。
孤鸿号[3]外野,翔鸟[4]鸣北林[5]。
徘徊将何见[6]?忧思独伤心。

注释

[1]薄帷:薄薄的帐幔。
[2]鉴:照。这是个倒装句,意思是说月光照在薄帷上。
[3]号:鸣叫。
[4]翔鸟:飞翔盘旋的鸟;鸟在夜里飞翔,正因为月明。
[5]北林:《诗经·秦风·晨风》中有"鴥彼晨风,郁彼北林。未见君子,忧心钦钦。如何如何,忘我实多!"后人往往用"北林"表示忧伤。
[6]徘徊将何见:这里指人也兼指鸟,孤鸿、翔鸟也和人一样,中夜不寐而徘徊,好像心中有些不安和感伤。

赏析

阮籍(210—263),三国魏文学家、思想家。字嗣宗,陈留尉氏(今属河南)人。"竹林七贤"之一,阮瑀之子,曾任步兵校尉,世称阮步兵。著有《咏怀诗》《大人先生传》等。

本诗为阮籍八十二首五言《咏怀诗》中的第一首。诗歌表达了诗人内心的愤懑、悲凉、落寞、忧虑等复杂感情。诗人将"忧思独伤心"的长叹,蕴含在形象的描写中。冷月、清风、旷野、孤鸿、深夜不眠的弹琴者,无一在写"忧思",却无一不在诉说着"忧思"。这忧思是什么,作者没有具体言明,但整个明月清宵、中夜鸣琴的情境,都由此沉浸在一种生命的忧思里,这种忧思就在这明月之中,就在这清风之中,就在这清宵的琴声里,随月照临,随风吹至,随琴声直抵心里。

饮酒（其五）

[东晋]陶渊明

结庐[1]在人境，而无车马喧[2]。
问君[3]何能尔[4]？心远地自偏。
采菊东篱下，悠然[5]见[6]南山[7]。
山气日夕[8]佳，飞鸟相与还[9]。
此中有真意，欲辨已忘言。

注释

[1]结庐：建造住宅，这里指居住的意思。
[2]车马喧：指世俗交往的喧扰。
[3]君：指诗人自己。
[4]何能尔：为什么能这样。
[5]悠然：自得的样子。
[6]见(jiàn)：看见，动词。
[7]南山：泛指山峰，一说指庐山。
[8]日夕：傍晚。
[9]相与还：结伴而归。

赏析

陶渊明（约365—427），一名潜，字元亮，私谥靖节，别号五柳先生，浔阳柴桑（今江西九江）人。东晋诗人，著有《陶渊明集》。

本诗主要描写诗人弃官归隐田园后悠然自得的心态，体现出陶渊明决心摒弃浑浊的世俗功名回归自然，陶醉于自然，乃至步入得意忘言境界的人生态度。本诗以"心远"纲领全篇，并分三层揭示"心远"的内涵。首四句写身居"人境"而精神超脱世俗的虚静忘世。中四句写静观周围景物而沉浸自然韵致的物化忘我心态。最后两句又更进一层，写"心"在物我浑化中体验到了难以言传的生命真谛。本诗意境从虚静忘世，到物化忘我，再到得意忘言，层层推进，是陶渊明归隐后适意自然人生哲学和返璞归真诗歌风格最深邃、最充分的体现。王国维在《人间词话》中说："无我之境、以物观物，故不知何者为我，何者为物。"这首诗就是陶渊明"以物观物"所创造的"无我之境"的代表作。

滕王阁序

[唐]王勃

豫章故郡，洪都新府[1]。星分翼轸[2]，地接衡[3]庐[4]。襟[5]三江[6]而带五湖[7]，控蛮荆[8]而引瓯越[9]。物华天宝[10]，龙光射牛斗之墟[11]；人杰地灵，徐孺[12]下陈蕃之榻。雄州雾列，俊采[13]星驰。台隍枕夷夏之交，宾主尽东南之美[14]。都督阎公之雅望[15]，棨戟[16]遥临；宇文新州之懿范[17]，襜帷暂驻。十旬休假[18]，胜友[19]如云；千里逢迎，高朋满座。腾蛟起凤[20]，孟学士之词宗；紫电清霜[21]，王将军之武库[22]。家君作宰[23]，路出名区[24]；童子何知，躬逢胜饯[25]。

时维[26]九月，序属三秋[27]。潦水[28]尽而寒潭清，烟光凝而暮山紫。俨骖騑[29]于上路，访风景于崇阿[30]。临帝子之长洲[31]，得天人之旧馆[32]。层[33]峦耸翠，上出重霄；飞阁流丹[34]，下临[35]无地。鹤汀凫渚[36]，穷岛屿之萦回[37]；桂殿兰宫，即冈峦之体势[38]。

注释

[1]豫章故郡，洪都新府：豫章是汉朝设置的郡，治所在南昌，所以说"故郡"。唐初把豫章郡改为"洪州"，所以说"新府"。"豫章"，一作"南昌"。唐高祖李渊之子滕王李元婴任洪州都督时修建了滕王阁。滕王阁旧址在今江西南昌江之滨。

[2]星分翼轸(zhěn)：古人习惯以天上星宿与地上区域对应，称为"某地在某星之分野"。据《晋书·天文志》，豫章属吴地，吴越扬州当牛斗二星的分野，与翼轸二星相邻。翼、轸，星宿名，属二十八宿。

[3]衡：衡山，此代指衡州(治所在今湖南省衡阳市)。

[4]庐：庐山，此代指江州(治所在今江西省九江市)。

[5]襟：以……为襟。因豫章在三江上游，如衣之襟，故称。

[6]三江：泛指长江中下游。

[7]五湖：一说指太湖、鄱阳湖、青草湖、丹阳湖、洞庭湖。以此借为南方大湖的总称。南昌在五湖之间。

[8]蛮荆：古楚地，今湖北、湖南一带。

[9]瓯(ōu)越：就是东瓯，今浙江永嘉一带。

[10]物华天宝：地上的宝物焕发为天上的宝气。

[11]龙光射牛斗之墟：宝剑的光气直射(天上)牛、斗二星所在的区域。龙光，指宝剑的光辉。牛、斗，星宿名。墟、域，所在之处。

[12]徐孺：徐孺子的省称。徐孺子名稚，东汉豫章南昌人，当时隐士。

[13]采："采"同"寀"，官员，这里指人才。

[14]东南之美：泛指各地的英雄才俊。

[15]雅望：崇高声望。

[16]棨戟(qǐjǐ)：有套的戟，古代大官出行时用。这里代指仪仗。

[17]懿(yì)范：美好的风范、好榜样。

[18]十旬休假：恰好赶上休假的日子，唐制，十日为一旬，遇旬日则官员休沐，称为"旬休"。

[19]胜友：才华出众的友人。

[20]腾蛟起凤：宛如蛟龙腾跃、凤凰起舞，形容人很有文采。

[21]紫电清霜：紫电，宝剑名；清霜，也指剑。

[22]武库：武器库。

[23]家君作宰：王勃之父担任交趾县的县令。

[24]路出名区：(自己因探望父亲)路过这个有名的地方(指洪州)。

[25]童子何知，躬逢胜饯：年幼无知，(却有幸)参加这场盛大的宴会。何知，知何，懂什么。

[26]维：句中语气词。

[27]三秋：季秋，这里指秋天的第三个月，即九月。序：时序。属(zhǔ)：适值、恰好。

[28]潦(lǎo)水：雨后的积水。

[29]骖騑(cānfēi)：驾车的马匹。俨：使整齐，整治。

[30]崇阿：高大的山陵。

[31]长洲：滕王阁前的沙洲。

[32]旧馆：指滕王阁。

[33]层：重叠。

[34]飞阁流丹：凌空架起的阁道上，涂饰的朱红色油彩鲜艳欲滴。飞阁：架空建筑的阁道。流：形容彩画鲜艳欲滴。丹：丹漆，泛指彩绘。

[35]临：从高处往下探望。

[36]鹤汀凫渚(zhǔ)：鹤所栖息的水边平地，野鸭聚处的小洲。汀：水边平地。凫：野鸭。渚：水中小洲。

[37]萦回：曲折。

[38]即冈峦之体势：(高低起伏)像冈峦的样子。

披绣闼[39]，俯雕甍[40]，山原旷其盈视[41]，川泽纡其骇瞩[42]。闾阎[43]扑地，钟鸣鼎食[44]之家；舸[45]舰弥津，青雀黄龙[46]之舳。云销雨霁[47]，彩[48]彻区明。落霞与孤鹜齐飞，秋水共长天一色。渔舟唱晚，响穷[49]彭蠡之滨；雁阵惊寒，声断衡阳[50]之浦[51]。

遥襟甫畅，逸兴遄[52]飞。爽籁[53]发而清风生，纤歌凝而白云遏[54]。睢园[55]绿竹，气凌[56]彭泽之樽；邺水[57]朱华，光照临川之笔[58]。四美[59]具，二难[60]并。穷睇眄于中天[61]，极娱游于暇日。天高地迥[62]，觉宇宙[63]之无穷；兴尽悲来，识盈虚之有数[64]。望长安于日下，目吴会[65]于云间。地势极而南溟[66]深，天柱高而北辰远[67]。关山[68]难越，谁悲失路[69]之人？萍水相逢[70]，尽是他乡之客。怀帝阍[71]而不见，奉宣室[72]以何年？

注释

[39]绣闼(tà)：绘饰华美的门。

[40]雕甍(méng)：雕饰华美的屋脊。

[41]盈视：极目远望，满眼都是。

[42]骇瞩：对所见的景物感到惊骇。

[43]闾阎：里门，这里代指房屋。

[44]钟鸣鼎食：古代贵族鸣钟列鼎而食，所以用钟鸣鼎食指代名门望族。

[45]舸：船。

[46]青雀黄龙：船的装饰形状，船头作鸟头型，龙头型。

[47]霁：雨过天晴。

[48]彩：日光。

[49]穷：穷尽，引申为"直到"。

[50]衡阳：今属湖南省，境内有回雁峰，相传秋雁到此就不再南飞，待春而返。

[51]浦：水滨。

[52]遄(chuán)：迅速。

[53]爽籁：清脆的排箫音乐。籁，排箫。

[54]遏：阻止，引申为"停止"。

[55]睢(suī)园：西汉梁孝王在睢水旁修建的竹园，梁孝王曾在园中聚集文人饮酒赋诗。

[56]凌：超过。

[57]邺水：在邺下(今河北省临漳县)。邺下是曹魏兴起的地方，三曹常在此雅集作诗。曹植在此作《公宴诗》。

[58]临川之笔：代指谢灵运。

[59]四美：这里是指良辰、美景、赏心、乐事。

[60]二难：指贤主、嘉宾难得。

[61]穷睇眄于中天：极目远望天空。睇眄(dìmiǎn)：看。中天：长天。

[62]迥：远。

[63]宇宙：喻指天地。

[64]识盈虚之有数：知道万事万物的消长兴衰是有定数的。盈虚：消长，指变化。数：定数，命运。

[65]吴会(kuài)：古代绍兴的别称，绍兴古称吴会、会稽，是三吴之首(吴会、吴郡、吴兴)。

[66]南溟：南方的大海。

[67]天柱高而北辰远：天柱高耸，北极星远悬。天柱：传说中昆仑山高耸入天的铜柱。《神异经》："昆仑之山，有铜柱焉。其高入天，所谓天柱也。"北辰：北极星，比喻国君。《论语·为政》："为政以德，譬如北辰，居其所而众星共(拱)之。"

[68]关山：险关和高山。

[69]失路：仕途不遇，比喻不得志。

[70]萍水相逢：浮萍随水漂泊，聚散不定。比喻向来不认识的人偶然相遇。

[71]帝阍(hūn)：原指天帝的守门人，此处借指皇帝的宫门。

[72]奉宣室：代指入朝做官。贾谊迁谪长沙四年后，汉文帝复召他回长安，于宣室中问鬼神之事。宣室，汉未央宫正殿，为皇帝召见大臣议事之处。

嗟乎！时运不齐[73]，命途多舛。冯唐易老[74]，李广难封[75]。屈贾谊于长沙[76]，非无圣主[77]；窜梁鸿[78]于海曲，岂乏明时[79]？所赖君子见机[80]，达人知命[81]。老当益壮[82]，宁移白首之心？穷且益坚，不坠青云之志[83]。酌贪泉而觉爽[84]，处涸辙[85]以犹欢。北海虽赊，扶摇可接[86]；东隅已逝，桑榆非晚[87]。孟尝[88]高洁，空余报国之情；阮籍[89]猖狂，岂效穷途之哭！

勃，三尺微命[90]，一介[91]书生。无路请缨，等终军之弱冠[92]；有怀投笔[93]，慕宗悫[94]之长风。舍簪笏[95]于百龄，奉晨昏[96]于万里。非谢家之宝树[97]，接孟氏之芳邻[98]。他日趋庭，叨陪鲤对[99]；今兹捧袂[100]，喜托龙门[101]。杨意不逢，抚凌云而自惜[102]；钟期既遇，奏流水以何惭[103]？

注释

[73]时运不齐：命运不好。不齐：有蹉跎、有坎坷。

[74]冯唐易老：冯唐有才能却一直不被重用，汉武帝时被举荐，已是九十多岁。

[75]李广难封：李广多次与匈奴作战，军功卓著，却始终未获封爵。

[76]屈贾谊于长沙：贾谊在汉文帝时被贬为长沙王太傅。

[77]圣主：指汉文帝，泛指圣明的君主。

[78]梁鸿：东汉人，因作诗讽刺君王，得罪了汉章帝，避居齐鲁、吴中。

[79]明时：泛指政治昌明的时代。

[80]机："机"通"几"，预兆，细微的征兆。见机：事前调查事物的动向。

[81]达人知命：通达事理的人，知道命运。

[82]老当益壮：年纪虽大，但志气更旺盛，干劲更足。《后汉书·马援传》："丈夫为志，穷当益坚，老当益壮。"

[83]不坠青云之志：不放弃远大的志向。坠：坠落，引申为"放弃"。青云之志：比喻远大崇高的志向。

[84]酌贪泉而觉爽：喝下贪泉的水仍觉得心境清爽。贪泉，在广州附近的石门，传说饮此水会贪得无厌，吴隐之喝下此水操守反而更加坚定。

[85]处涸辙：原指鲋鱼处在干涸的车辙里，比喻人陷入危急之中。

[86]北海虽赊，扶摇可接：北海虽然遥远，乘着旋风还可以到达。

[87]东隅已逝，桑榆非晚：早年的时光消逝，如果珍惜时光，发愤图强，晚年并不晚。东隅，日出处，表示早晨，引申为"早年"。桑榆，日落处，表示傍晚，引申为"晚年"。古人有"失之东隅，收之桑榆"的说法。

[88]孟尝：据《后汉书·孟尝传》，孟尝字伯周，东汉会稽上虞人。曾任合浦太守，以廉洁奉公著称，后因病隐居。桓帝时，虽有人屡次荐举，终不见用。

[89]阮籍：字嗣宗，晋代名士，不满世事，佯装狂放，常驾车出游，路不通时就痛哭而返。

[90]三尺微命：指地位低下。三尺：衣带下垂的长度，指幼小。古时服饰制度规定束在腰间的绅的长度，因地位不同而有所区别，士规定为三尺。古人称成人为"七尺之躯"，称不大懂事的小孩儿为"三尺童儿"。微命：即"一命"，周朝官阶制度是从一命到九命，一命是最低级的官职。

[91]一介：一个。天路清缨。

[92]无路请缨，等终军之弱冠：自己和终军的年龄相同，却没有请缨报国的机会。请缨：请求皇帝赐给长缨（长绳），后指投军报国。等：相同，用作动词。终军：据《汉书·终军传》，终军字子云，汉代济南人。武帝时出使南越，自请"愿受长缨，必羁南越王而致之阙下"，时仅二十余岁。弱冠，古人二十岁行冠礼，表示成年，称"弱冠"。

[93]投笔：指投笔从军，用汉班超投笔从戎的故事。

[94]宗悫(què)：据《宋书·宗悫传》，宗悫字元干，南朝宋南阳人，年少时向叔父自述志向，云"愿乘长风破万里浪"。

[95]簪笏(hù)：冠簪、手板，官吏用物，这里代指官职地位。

[96]奉晨昏：侍奉父母。

[97]非谢家之宝树：自己并不是像谢玄那样出色的人才。

[98]接孟氏之芳邻：结交各位名士。"接"通"结"，结交。

[99]他日趋庭，叨陪鲤对：过些时候，自己将到父亲那里陪侍和聆听教诲。鲤，孔鲤，孔子之子。趋庭，受父亲教诲。

[100]捧袂(mèi)：举起双袖作揖，表示恭敬的姿势。

[101]喜托龙门：（受到阎公的接待）十分高兴，好像登上龙门一样。

[102]杨意不逢，抚凌云而自惜：没有遇到杨得意那样引荐的人，虽有文才也（只能）独自叹惋。杨意，杨得意的省称。凌云，指司马相如作《大人赋》。

[103]钟期既遇，奏流水以何惭：既然遇到钟子期那样的知音，演奏高山流水的乐曲又有什么羞

惭呢？意思是说，遇到阎公这样的知音，自己愿意在宴会上赋诗作文。钟期，钟子期的省称。

呜呼！胜[104]地不常，盛筵难再，兰亭[105]已矣，梓泽[106]丘墟。临别赠言[107]，幸承恩于伟饯；登高作赋，是所望于群公。敢竭鄙怀，恭疏短引[108]，一言均赋，四韵俱成[109]。请洒潘江，各倾陆海云尔[110]。

滕王高阁临江渚，佩玉鸣鸾罢歌舞。
画栋朝飞南浦云，珠帘暮卷西山雨。
闲云潭影日悠悠，物换星移几度秋。
阁中帝子今何在？槛外长江空自流。

注释

[104]胜：名胜。

[105]兰亭：位于中国绍兴。晋穆帝永和九年(353)三月三日上巳节，王羲之与群贤宴集于此，行修禊礼，祓除不祥。

[106]梓泽：金谷园的别称，故址在今河南省洛阳市西北。

[107]临别赠言：临别时赠送正言以互相勉励，在此指本文。

[108]恭疏短引：恭敬地写下一篇小序，在此指本文。

[109]一言均赋，四韵俱成：这二句是说自己。意思是，我这首诗铺陈出来，成为四韵。一言，指一首诗。赋，铺陈。

[110]请洒潘江，各倾陆海云尔：请各位宾客竭尽文才，写出好作品。

赏析

王勃(649—676)，字子安，绛州龙门(今山西河津)人，初唐文学家，与杨炯、卢照邻、骆宾王并称"初唐四杰"。王勃在诗歌体裁上擅长五律和五绝，代表作品有《送杜少府之任蜀州》等，主要文学成就是骈文，代表作品有《滕王阁序》等。

《滕王阁序》重点描绘滕王阁雄伟壮丽的景象以及宴会高雅宏大的气势，抒发自己的感慨情怀。文章先写滕王阁的壮丽，眺望的旷远，紧扣秋日，景色鲜明；再从宴会娱游写到人生遇合，抒发身世之感；接着写作者的遭遇并表明要自励志节，最后以应命赋诗和自谦之辞作结。全文表露了作者的抱负和怀才不遇的愤懑心情。

文章除少数虚词以外，通篇对偶。句法以四字句、六字句为多，对得工整；又几乎是通篇用典，用得自然、恰当，显得典雅而工巧。此外，文章化静为动，以物拟人。作者善于选词炼字，运用拟人化的手法，将客观静止的事物写得富有动态之感，这种活化物态的手法，有画龙点睛之妙，形象描绘出滕王阁雄伟壮丽的景象。

宣州谢朓楼饯别校书叔云[1]

[唐]李白

弃我去者，昨日之日不可留；
乱我心者，今日之日多烦忧。
长风万里送秋雁，对此[2]可以酣高楼。

蓬莱文章建安骨[3]，中间小谢又清发[4]。
俱怀[5]逸兴[6]壮思[7]飞，欲上青天览[8]明月。
抽刀断水水更流，举杯消愁愁更愁。
人生在世不称意[9]，明朝散发[10]弄扁舟。

注释

[1]选自《李太白全集》，唐玄宗天宝十二年(753年)，李白从汴州梁园(今河南开封)到宣州(治所在今安徽宣城)，本篇作于逗留宣州期间。谢朓楼：一名北楼，又称谢公楼。南齐谢朓为宣城太守时所建。唐懿宗咸通年间，改名为叠嶂楼。校(jiào)书：秘书省校书郎的省称。叔云：李白的族叔李云。题名一作《陪侍御叔云登楼歌》。

[2]此：指上句所写的长风秋雁的景色。

[3]蓬莱文章建安骨：赞美李云的文章风格刚健。汉代官家著述和藏书之所称为东观，学者又称之为"老氏藏书屋，道家蓬莱山"。唐人则多以蓬山、蓬阁指秘书省，李云是秘书省的校书郎，所以这里用"蓬莱文章"借指李云的文章。建安骨：建安风骨，指刚健遒劲的诗文风格。

[4]中间小谢又清发：意思说，自己的诗歌也像谢朓一样清新秀逸。中间：指从建安到唐之间的南齐时代。小谢：即谢朓，南朝齐梁间著名诗人。世称南朝宋谢灵运为大谢，而称谢朓为小谢。清发：清新秀逸。

[5]俱怀：两人都怀有。

[6]逸兴(xìng)：高远的兴致。

[7]壮思：豪壮的情思。

[8]览：通"揽"，摘取。

[9]不称意：不如意。

[10]散发：不束发、不戴冠，有狂放不羁和隐逸不仕的意思。

赏析

李白(701—762)，字太白，号青莲居士，是唐代最具个性特色的浪漫主义诗人。有"诗仙"之美誉，与杜甫并称"李杜"。李白的诗以抒情为主，表现出蔑视权贵的傲岸精神，对人民疾苦表示同情，又善于描绘自然景色，表达对祖国山河的热爱。李白的诗风雄奇豪放，想象丰富，语言流转自然，音律和谐多变，善于从民间文艺和神话传说中吸取营养和素材，构成其特有的色彩。存世诗文千余篇，代表作有《蜀道难》《行路难》《静夜思》等。

这首诗约作于安史之乱前不久的天宝十二载(753年)秋，时作者在宣城。李白于天宝元年(742年)怀着远大的政治理想来到长安，任职于翰林院。天宝三载(744年)，因被谗言击中而离开朝廷，内心十分愤慨地重新开始了漫游生活。大约在天宝十二载(753年)的秋天，李白来到宣州，客居宣州不久，他的一位故人李云至此，很快又要离开，李白陪他登谢朓楼，设宴送行。李白要送行的李云，又名李华(此诗《文苑英华》题作《陪侍御叔华登楼歌》)，是当时著名的古文家，任秘书省校书郎，专门负责校对图书。李白称他为叔，但并非族亲关系。天宝十一载(752年)李云任监察御史。独孤及《检校尚书吏部员外郎赵郡李公中集序》中记载："(天宝)十一年拜监察御史。会权臣窃柄，贪猾当路，公入司方书，出按二千石，持斧所向，列郡为肃。"可见李云为官的刚直、清正和不畏权贵。这首诗是在李云行至宣城与李白相遇并同登谢朓楼时，李白为之饯行而作。

本诗名为"饯别",却重在咏怀。不仅抒写了对族叔李云的饯别之情,而且抒发了诗人有志难伸、怀才不遇的抑郁苦闷以及对现实不满但又不屈服于现实和命运的情绪。

这首抒情诗在艺术表现上的一个显著特点是作者情感活动的变化急遽,不可端倪。起首即波澜突起,以两个排偶长句一气鼓荡,喷射出胸中的抑郁之气。三四两句却陡作折转,写即席所见的清秋景色及由此而激发的逸兴豪情。五、六、七、八四句顺势而下,描绘主客双方的才气兴致,情思激越。末四句突然又一落千丈,由"欲上青天览明月"的逸兴壮思折回现实人生的牢骚困顿,直抒胸中的苦闷与激愤。整首诗的情感活动起止无端,断续无迹,大起大落,变化剧烈,既满怀豪情逸兴,又郁闷与不平,同时还将希望寄托在明朝,生动体现出李白抒情诗的艺术个性。

旅夜书怀

[唐]杜甫

细草微风岸[1],危樯[2]独夜舟。
星垂[3]平野阔,月涌[4]大江流。
名[5]岂文章著,官应老病休[6]。
飘飘[7]何所似,天地一沙鸥。

注释

[1]岸:指江岸边。
[2]危樯(qiáng):高竖的桅杆。危,高。樯,船上挂风帆的桅杆。独夜舟:是说自己孤零零的一个人夜泊江边。
[3]星垂平野阔:星空低垂,原野显得格外广阔。
[4]月涌:月亮倒映,随水流涌。大江:指长江。
[5]名:名声。
[6]官应老病休:官倒是因为年老多病而被罢退。应,认为是、是。
[7]飘飘:飞翔的样子,这里含有"飘零""漂泊"的意思,因为这里是借沙鸥以写人的漂泊。

赏析

杜甫(712—770),字子美,自号少陵野老,唐代现实主义诗人,与李白合称"李杜"。杜甫共有约1500首诗歌被保留了下来,大多集于《杜工部集》。大历五年(770年)冬病逝,享年五十九岁。杜甫在中国古典诗歌中的影响非常深远,被后世尊称为"诗圣",他的诗被称为"诗史"。后世称其杜拾遗、杜工部,也称他杜少陵、杜草堂。

本诗是一首五言律诗,是杜甫于唐代宗永泰元年(765年)离开四川成都草堂以后在旅途中所作。诗中既写了旅途风情,又表达了感伤老年多病、漂泊无依的心境。首联写江夜近景,刻画了孤舟月夜的寂寞境界。颔联写远景,雄浑阔大,"星垂"烘托出原野之广阔,"月涌"渲染出江流的气势,以乐景写哀情,反衬出他孤苦伶仃的形象和颠连无告的凄怆心情。颈联正话反说,抒发休官的忧愤。诗人的名声因文章而显赫,告病辞官,皆是由于远大的政治抱负长期被压抑而不能施展。尾联诗人以沙鸥自比,转徙江湖,漂泊无依,声声哀叹,一字一泪,感人至深。全诗前二联写点明"旅夜",后二联紧扣"书怀",景中有情,融情于景,内容深刻,格调清丽,结构严谨。全诗情景交融,景中有情。整首诗意境雄浑,气象万千。用景物之间的对比,烘托出一个独立于天地之间的飘零形象,使全诗弥漫着深沉凝重的孤独感,正是诗人身世际遇的写照。

问刘十九[1]

[唐]白居易

绿蚁[2]新醅酒,红泥小火炉。
晚来天欲雪,能饮一杯无[3]?

注释

[1]刘十九:指刘轲,河南登封人,隐居庐山,是作者在江州所结识的朋友。
[2]绿蚁:没有过滤的酒,浮起的绿色泡沫,其细如蚁,故曰"绿蚁"。后又以"绿蚁"代酒。
[3]无:表疑问的助词,与"否""吗"同义。

赏析

白居易(772—846),唐代诗人。字乐天,晚年号香山居士。其先太原(今山西太原西南)人,后迁居下邽(今陕西渭南东北)。贞元进士,授秘书省校书郎。元和年间任左拾遗及左赞善大夫。后因上表请求严缉刺死宰相武元衡的凶手,得罪权贵,贬为江州司马。长庆初年任杭州刺史,宝历初年任苏州刺史,后官至刑部尚书。在文学上,主张"文章合为时而著,歌诗合为事而作",是新乐府运动的倡导者。其诗语言通俗,有"诗魔"和"诗王"之称。和元稹并称"元白",和刘禹锡并称"刘白"。有《白氏长庆集》传世。

本诗是白居易在江州时写给隐居庐山的刘轲的一首五言绝句。诗题中的"问",实际上是邀请的委婉说法。第一句开门见山写酒,诗人通过形象的比喻,描绘了"绿蚁"似的"新醅"。冬天天气寒冷,所饮之酒需要加温,而加温需要炉子,"红泥小火炉"便与酒联系在一起了。从这两句中,我们可以看出,不仅酒是新酿造的泛着细细如蚁的绿色酒渣的佳酿,就连火炉也是象征温暖的红色火炉。而"小"则表明火炉样式玲珑,造型别致。这样的火炉正好供几个朋友围坐在一起饮酒取暖。这里渲染酒和火炉的美来衬托主人热情好客,珍视友谊。表现手法格外亲切动人,生活情趣特别乐观向上。第三句是对冬天环境的描写。冬天的黄昏,天气寒冷,眼看就要下雪了。在这种环境里,诗人产生了饮酒驱寒的强烈愿望。邀一二知己对坐围炉而饮,不是人生一大乐事吗?于是诗人直抒胸臆,脱口吟出:"能饮一杯无?"全诗妙就妙在这最后一句,一个问句虽有商榷之意,却无虚假之情。而且从中我们可以领悟到诗人是带着强烈真挚的感情向友人发出"请帖"的。末句这一问号,有问无答,照应诗题,言未尽而意更浓,令人浮想联翩、回味无穷。全诗充满了生活的情调,字里行间洋溢着生活的诗意美和情感的真挚美。

无题

[唐]李商隐

昨夜星辰昨夜风，画楼[1]西畔桂堂[2]东。
身无彩凤双飞翼，心有灵犀[3]一点通。
隔座送钩[4]春酒暖，分曹射覆[5]蜡灯红。
嗟余听鼓应官[6]去，走马兰台[7]类转蓬[8]。

注释

[1]画楼：泛指雕饰华丽的高楼，比喻富贵人家的屋舍。
[2]桂堂：泛指华美的厅堂。
[3]灵犀：旧说犀牛有神异，角中有白纹如线，直通两头。借喻相爱双方心灵的感应和暗通。
[4]送钩：也称藏钩。古代腊日的一种游戏，分二曹以较胜负。把钩互相传送后，藏于一人手中，令人猜。
[5]分曹射覆：未必是实指，只是借喻宴会时的热闹。分曹：分组。射覆：在覆器下放着东西令人猜。
[6]听鼓应官：到官府上班，古代官府卯刻击鼓，召集僚属，午刻击鼓下班。应官，犹上班。鼓，指更鼓。
[7]兰台：即秘书省，掌管图书秘籍。李商隐曾任秘书省正字。
[8]转蓬：身如蓬草飞转。

赏析

李商隐(813—858)，唐代诗人。字义山，号玉溪生。怀州河内(今河南沁阳)人，开成进士。曾任县尉、秘书郎和东川节度使判官等职。因受牛李党争影响，被人排挤，潦倒终身。所作咏史诗多托古以讽时政，无题诗很有名。擅长律绝，富于文采，构思精密，情致婉曲，具有独特风格。著有《李义山诗集》。

《无题》是唐代诗人李商隐的组诗作品，着重抒写相爱却受到重重阻碍不能如愿的怅惘之情。首联交代时间和地点，即昨夜身处星辰高挂的静谧幽深的夜空下、画楼桂堂中；颔联抒写今夕对意中人的思念，表现了诗人对这段美好情缘的珍视和自信；颈联写送钩射覆酒暖灯红之乐，衬托出萧索孤独之情绪；尾联回忆今晨离席应差时的情景和感慨，自叹事业无成而身不由己。全诗以心理活动为出发点，诗人的感受细腻而真切，将一段可意会不可言传的情感描绘得扑朔迷离而又入木三分。

相见欢

[唐]李煜

无言独上西楼，月如钩。寂寞梧桐深院锁清秋[1]。
剪[2]不断，理还乱，是离愁[3]。别是一般[4]滋味在心头。

注释

[1] 锁清秋：深深被秋色所笼罩。清秋，一作深秋。

[2] 剪，一作翦。

[3] 离愁：指亡国之愁。

[4] 别是一般：另有一种意味。别是，一作别有。

赏析

李煜(937—978)，原名从嘉，字重光，号钟隐，世称李后主。

这首词是李煜被囚于宋国时所作，词中的缭乱离愁不过是他宫廷生活结束后的一个插曲，由于当时已经归降宋朝，这里所表现的是他离乡去国的锥心怆痛。这首词感情真实，是宋初婉约派词的开山之作。

"无言独上西楼"将人物引入画面。"月如钩。寂寞梧桐深院锁清秋"，清秋、缺月、梧桐、深院，渲染出一种凄凉的境界，让词人不禁"寂寞"情生。一个"锁"字，不仅锁住了凄惨秋色，也锁住了落魄的人，孤寂的心，思乡的情和亡国的恨，词人的内心岂是一个"愁"能道尽的呀。"剪不断，理还乱，是离愁。"用丝喻愁，新颖而别致，写出了离愁之纷繁。"别是一般滋味在心头"，是词人对愁的体验与感受。曾是九五之尊，今是亡国奴、阶下囚，身份的转换，其所遭受的痛苦，所尝遍的人生滋味，自与常人不同，心头所交集的是悔、是恨、是思、是苦、是愁……欲说，则从何说起？欲诉，则与何人诉？真的是"别是一般滋味"。

李煜的这首词上片选取典型的景物为感情的抒发渲染铺垫，下片借用形象的比喻委婉含蓄地抒发真挚的感情，整首词情景交融，感情沉郁。

八声甘州

[宋]柳永

对潇潇[1]暮雨洒江天，一番洗清秋[2]。渐[3]霜风[4]凄紧[5]，关河冷落，残照[6]当楼。是处[7]红衰翠减[8]，苒苒[9]物华[10]休[11]，惟有长江水，无语东流。

不忍登高临远，望故乡渺邈[12]，归思难收。叹年来踪迹，何事苦淹留[13]？想佳人[14]、妆楼颙望[15]，误几回、天际识归舟[16]。争[17]知我，倚阑干处[18]，正恁[19]凝愁[20]。

注释

[1] 潇潇：形容风雨急骤。

[2] 清秋：清冷的秋天景色。

[3] 渐：紧跟着，宋代白话。

[3] 霜风：秋风。

[5] 凄紧：凄凉得很。形容秋风的寒冷逼人。紧：很，表程度，宋代白话。

[6] 残照：落日的余晖。

[7] 是处：到处、处处。

[8] 红衰翠减：万花纷谢，花叶凋零。

[9]苒苒:同冉冉,(时间)渐渐过去。

[10]物华:美好的景物。

[11]休:衰残。

[12]渺邈:渺茫遥远。

[13]淹留:长期停留。

[14]佳人:美女,也常代指自己深深怀念的对象。

[15]颙(yóng)望:长久地凝望。颙是向慕、仰望的意思,颙望,即举头凝望。

[16]误几回、天际识归舟:多少次错把远处驶来的船当作心上人回家的船。天际:天边,目力所能达到的最远处。

[17]争:怎。

[18]处:这里表示时间。

[19]恁:如此。

[20]凝愁:愁肠凝结不能排解的忧愁。

赏析

柳永(约987—约1053),北宋著名词人,婉约派代表词人。原名三变,字景庄,后改名永,字耆卿,排行第七,又称柳七。代表作《雨霖铃》《八声甘州》。

这首望乡词通篇贯串一个"望"字,作者的羁旅之愁、漂泊之恨,尽从"望"中透出。上片是登楼凝望中所见,无论风光、景物、气氛,都笼罩着悲凉的秋意,触动着抒情主人公的归思。下片是望中所思,从自己的望乡想到意中人的望归:她不但"妆楼颙望",甚至还"误几回、天际识归舟",望穿秋水之际,对自己的迟迟不归已生怨恨。如此着笔,便把本来的独望变成了双方关山远隔的千里相望,见出两地同心,俱为情苦。虽然这是想象之辞,却反映了作者对独守空闺的意中人的关切之情,似乎在遥遥相望中互通款曲,进行心与心的交流,从而暗示读者其人未归而其心已归,这就更见归思之切。

另外,全词多用双声叠韵词,以声为情,声情并茂。双声如"清秋""冷落""渺邈"等,叠韵如"长江""无语""阑干"等。它们层见错出,相互配合,时而嘹亮,时而幽咽。这自然有助于增强声调的亢坠抑扬,更好地表现心潮的起伏不平。全词一层深一层,一步接一步,以铺张扬厉的手段,曲折委婉地表现了登楼凭栏、望乡思亲的羁旅之情。通篇结构严密,跌宕开阖,呼应灵活,首尾照应,很能体现柳永词的艺术特色。

临江仙[1]

[宋]苏轼

夜饮东坡[2]醒复醉,归来仿佛三更。家童鼻息已雷鸣。敲门都不应,倚杖听江声[3]。

长恨此身非我有,何时忘却营营[4]。夜阑[5]风静縠纹[6]平。小舟从此逝,江海寄余生。

注释

[1]临江仙:唐教坊曲名,后用作词牌名。字数有五十二字、五十四字、五十八字、五十九字、六十字、六十二字六种,平韵格。

[2]东坡：在湖北黄冈市东。苏轼谪贬黄州时，友人马正卿助其垦辟的游息之所，筑雪堂五间。

[3]听江声：苏轼寓居临皋，在湖北黄县南长江边，故能听长江涛声。

[4]营营：周旋、忙碌，内心躁急之状，形容奔走钻营，追逐名利。

[5]夜阑：夜尽。

[6]縠（hú）纹：比喻水波细纹。縠，绉纱类丝织品。

赏析

苏轼（1037—1101），字子瞻，号东坡居士，眉州眉山（今四川省眉山市）人。北宋文学家、书法家、美食家、画家。苏轼是北宋中期文坛领袖，在诗、词、文、书、画等方面取得很高成就。诗题材广阔，清新豪健，善用夸张比喻，独具风格，与黄庭坚并称"苏黄"；词开豪放一派，与辛弃疾同是豪放派代表，并称"苏辛"；散文著述宏富，纵横恣肆，豪放自如，与欧阳修并称"欧苏"，与韩愈、柳宗元、欧阳修、苏洵、苏辙、王安石、曾巩合称"唐宋八大家"；善书法，与黄庭坚、米芾、蔡襄合称"宋四家"；擅长文人画，尤擅墨竹、怪石、枯木等。作品有《东坡全集》《东坡志林》《东坡七集》《东坡易传》《东坡乐府》《潇湘竹石图》《枯木怪石图》等。

这首词作于神宗元丰五年，即东坡黄州之贬的第三年。全词风格清旷而飘逸，写作者深秋之夜在东坡雪堂开怀畅饮，醉后返归临皋住所的情景。

上片交代了作者夜里在外饮酒，醉了又喝，喝了又醉，反反复复直至深夜。及至回家，家里人早就睡下了，家童鼻息如雷，怎么也叫不醒。被关在门外的作者，只好挂着手杖站在江边聆听奔流的江水声。

下片写作者望着江水，想到自己人在官场，身不由己的无奈。追问"何时才能放下一切，乘上一叶小船，从此在烟波浩渺的江湖中自由自在地了度余生"？

此时的苏轼，45岁。刚刚遭受过牢狱折磨，正戴罪流放，深陷命运低谷，内心愀然，有余悸。"夜饮"和"醒复醉"都在隐晦地描述内心的痛苦。

家人睡着了不开门，他没有暴怒发泄，而是默默"倚杖听江声"来自我消解。"长恨此身非我有，何时忘却营营"是苏轼的自我追问和自我反省。庄子倡导"吾身非吾有"，强调"至人无己"，力主不为外物所控。苏轼意识到自己还是没能忘记人世间的功名利禄。"夜阑风静縠纹平"是眼前的真实客观的景象，也是作者挣扎之后想开了的内心写照。困厄面前，他看破了人生表面的虚幻，得到了灵魂深处的终极平静。于是，他发出了"小舟从此逝，江海寄余生"的理想展望。

如梦令[1]

[宋] 李清照

昨夜雨疏风骤[2]，浓睡不消残酒[3]。试问卷帘人[4]，却道海棠依旧。知否，知否？应是绿肥红瘦[5]。

注释

[1]如梦令，词牌名。又名"忆仙姿""宴桃源"。五代时后唐庄宗自制曲。三十三字，五仄韵，一叠韵。

[2]雨疏风骤：雨点稀疏，晚风急猛。疏：指稀疏。

[3] 浓睡不消残酒：虽然睡了一夜，仍有余醉未消。浓睡：酣睡。残酒：尚未消散的醉意。

[4] 卷帘人：此指侍女。

[5] 绿肥红瘦：绿叶繁茂，红花凋零。

赏析

李清照（1084—约1155），南宋女词人，号易安居士，婉约词派的代表人物。李清照工书能文，通晓音律，她的前期作品，词风旖旎，多为相思爱情之作，后期词风迥异，更多地表现身世之悲，中有无限感慨。形式上善用白描手法，另辟蹊径，语言清丽。论词强调协律，崇尚雅致，提出词"别是一家"之说，反对以诗文之法作词。并能作诗，留存不多，部分篇章感时咏史，情辞慷慨，与其词风不同。有《易安居士文集》《易安词》，已散佚。现存诗文及词为后人所辑，有《漱玉词》传世。

本词是李清照的早期词作，借宿酒醒后询问花事的描写，委婉地表达了作者怜花惜花的心情，充分体现出作者对大自然、对春天的热爱，也流露了内心的苦闷。全词篇幅虽短，但含蓄蕴藉，意味深长，以景衬情，委曲精工，轻灵新巧，对人物心理情绪的刻画栩栩如生，以对话推动词意发展，跌宕起伏，轻灵新巧而又凄婉含蓄，极尽传神之妙，显示出作者深厚的艺术功力。后人对此词评价甚高，尤其是"绿肥红瘦"一句，更为历代文人所激赏。

类文链接

1. 《诗经·秦风·蒹葭》《诗经·邶风·击鼓》《诗经·周南·桃夭》

《诗经·秦风·蒹葭》

蒹葭苍苍，白露为霜。所谓伊人，在水一方。溯洄从之，道阻且长。溯游从之，宛在水中央。

蒹葭萋萋，白露未晞。所谓伊人，在水之湄。溯洄从之，道阻且跻。溯游从之，宛在水中坻。

蒹葭采采，白露未已。所谓伊人，在水之涘。溯洄从之，道阻且右。溯游从之，宛在水中沚。

《诗经·邶风·击鼓》

击鼓其镗，踊跃用兵。土国城漕，我独南行。

从孙子仲，平陈与宋。不我以归，忧心有忡。

爰居爰处？爰丧其马？于以求之？于林之下。

死生契阔，与子成说。执子之手，与子偕老。

于嗟阔兮，不我活兮。于嗟洵兮，不我信兮。

《诗经·周南·桃夭》

桃之夭夭，灼灼其华。之子于归，宜其室家。

桃之夭夭，有蕡其实。之子于归，宜其家室。

桃之夭夭，其叶蓁蓁。之子于归，宜其家人。

2. 屈原《离骚》（节选）

长太息以掩涕兮，哀民生之多艰。余虽好修姱以鞿羁兮，謇朝谇而夕替。既替余以蕙纕兮，又申之以揽茝。亦余心之所善兮，虽九死其犹未悔。怨灵修之浩荡兮，终不察夫民心。众女嫉余之蛾眉兮，谣诼谓余以善淫。固时俗之工巧兮，偭规矩而改错。背绳墨以追曲兮，竞周容以为度。忳郁邑余侘傺兮，吾独穷困乎此时也。宁溘死以流亡兮，余不忍为此态也。鸷鸟之不群兮，自前世而固然。何方圜之能周兮，夫孰异道而相安？屈心而抑志兮，忍尤而攘诟。伏清白以死直兮，固前圣之所厚。悔相道之不察兮，延伫乎吾将反。回朕车以复路兮，及行迷之未远。步余马于兰皋兮，驰椒丘且焉止息。进不入以离尤兮，退将复修吾初服。制芰荷以为衣兮，集芙蓉以为裳。不吾知其亦已兮，苟余情其信芳。高余冠之岌岌兮，长余佩之陆离。芳与泽其杂糅兮，唯昭质其犹未亏。忽反顾以游目兮，将往观乎四荒。佩缤纷其繁饰兮，芳菲菲其弥章。民生各有所乐兮，余独好修以为常。虽体解吾犹未变兮，岂余心之可惩。

3. 《涉江采芙蓉》《古诗十九首》

　　涉江采芙蓉，兰泽多芳草。采之欲遗谁？所思在远道。
　　还顾望旧乡，长路漫浩浩。同心而离居，忧伤以终老。

4. 陶渊明《归园田居·其一》

　　少无适俗韵，性本爱丘山。误落尘网中，一去三十年。
　　羁鸟恋旧林，池鱼思故渊。开荒南野际，守拙归园田。
　　方宅十余亩，草屋八九间。榆柳荫后檐，桃李罗堂前。
　　暧暧远人村，依依墟里烟。狗吠深巷中，鸡鸣桑树颠。
　　户庭无尘杂，虚室有余闲。久在樊笼里，复得返自然。

5. 李白《将进酒》

　　君不见黄河之水天上来，奔流到海不复回。
　　君不见高堂明镜悲白发，朝如青丝暮成雪。
　　人生得意须尽欢，莫使金樽空对月。
　　天生我材必有用，千金散尽还复来。
　　烹羊宰牛且为乐，会须一饮三百杯。
　　岑夫子，丹丘生，将进酒，杯莫停。
　　与君歌一曲，请君为我倾耳听。
　　钟鼓馔玉不足贵，但愿长醉不复醒。
　　古来圣贤皆寂寞，惟有饮者留其名。
　　陈王昔时宴平乐，斗酒十千恣欢谑。
　　主人何为言少钱，径须沽取对君酌。
　　五花马，千金裘，呼儿将出换美酒，与尔同销万古愁。

6. 杜甫《登高》

　　风急天高猿啸哀，渚清沙白鸟飞回。无边落木萧萧下，不尽长江滚滚来。
　　万里悲秋常作客，百年多病独登台。艰难苦恨繁霜鬓，潦倒新停浊酒杯。

7. 刘禹锡《酬乐天扬州初逢席上见赠》

    巴山楚水凄凉地，二十三年弃置身。怀旧空吟闻笛赋，到乡翻似烂柯人。
    沉舟侧畔千帆过，病树前头万木春。今日听君歌一曲，暂凭杯酒长精神。

8. 李商隐《锦瑟》

    锦瑟无端五十弦，一弦一柱思华年。庄生晓梦迷蝴蝶，望帝春心托杜鹃。
    沧海月明珠有泪，蓝田日暖玉生烟。此情可待成追忆，只是当时已惘然。

9. 李煜《浪淘沙令·帘外雨潺潺》

    帘外雨潺潺，春意阑珊。罗衾不耐五更寒。梦里不知身是客，一晌贪欢。
    独自莫凭栏，无限江山。别时容易见时难。流水落花春去也，天上人间。

10. 欧阳修《醉翁亭记》

11. 晏殊《蝶恋花·槛菊愁烟兰泣露》

    槛菊愁烟兰泣露，罗幕轻寒，燕子双飞去。明月不谙离恨苦，斜光到晓穿朱户。
    昨夜西风凋碧树，独上高楼，望尽天涯路。欲寄彩笺兼尺素，山长水阔知何处？

12. 柳永《蝶恋花·伫倚危楼风细细》

    伫倚危楼风细细，望极春愁，黯黯生天际。草色烟光残照里，无言谁会凭阑意。
    拟把疏狂图一醉，对酒当歌，强乐还无味。衣带渐宽终不悔，为伊消得人憔悴。

13. 苏轼《念奴娇·赤壁怀古》

  大江东去，浪淘尽，千古风流人物。故垒西边，人道是，三国周郎赤壁。乱石穿空，惊涛拍岸，卷起千堆雪。江山如画，一时多少豪杰。
  遥想公瑾当年，小乔初嫁了，雄姿英发。羽扇纶巾，谈笑间，樯橹灰飞烟灭。故国神游，多情应笑我，早生华发。人生如梦，一尊还酹江月。

14. 辛弃疾《青玉案·元夕》

    东风夜放花千树，更吹落、星如雨。宝马雕车香满路。凤箫声动，玉壶光转，一夜鱼龙舞。
    蛾儿雪柳黄金缕，笑语盈盈暗香去。众里寻他千百度，蓦然回首，那人却在，灯火阑珊处。

生命方舟

  人类是自然生命与文化生命的双重存在,既要受制于作为"自然之子"的某些本能欲望,又在追求文化形态的超越。同样,人类的诗人、作家、艺术家的生命中,既燃烧着源于本能的生命之火,又闪耀着超越本能的诗性之光。文艺作品的永恒魅力恰在于:既能满足人类本原性的生命渴求,又能以优雅、高贵与圣洁的诗性向往为人类生活增加温度,为人类的精神世界添加亮色。而我们则在增加生命的温度中尽情去挥洒生命的亮色。

齐物论（节选）

《庄子》

今且有言于此，不知其与是类乎？其与是不类[1]乎？类与不类，相与为类，则与彼无以异矣。虽然，请尝[2]言之：有始也者[3]，有未始有始也者，有未始有夫未始有始也者；有有也者，有无也者，有未始有无也者，有未始有夫未始有无也者。俄而[4]有无矣，而未知有无之果孰有孰无也。今我则已有有谓矣，而未知吾所谓之其果有谓乎？其果无谓[5]乎？

夫天下莫大于[6]秋豪之末[7]，而太山[8]为小；莫寿乎殇子[9]，而彭祖为夭[10]。天地与我并生，而万物与我为一。既已为一矣，且得有言乎？既已谓之一矣，且得无言乎？一与言为二，二与一为三。自此以往，巧历[11]不能得，而况其凡[12]乎！故自无适[13]有，以至于三，而况自有适有乎！无适焉，因[14]是已！

夫道未始有封[15]，言未始有常[16]，为是而有畛[17]也。请言其畛：有左有右，有伦[18]有义[19]，有分有辩，有竞有争，此之谓八德[20]。六合之外，圣人存而不论；六合之内，圣人论而不议；春秋[21]经世[22]先王之志[23]，圣人议而不辩。

故分也者，有不分也；辩也者，有不辩也。曰："何也？""圣人怀[24]之，众人辩之以相示也。故曰：辩也者，有不见也。"夫大道不称，大辩不言，大仁不仁，大廉不嗛[25]，大勇不忮[26]。道昭而不道，言辩而不及，仁常而不成，廉清而不信，勇忮而不成。五者圆而几[27]向方[28]矣！故知止其所不知，至矣。孰知不言之辩，不道之道？若有能知，此之谓天府。注焉而不满，酌焉而不竭，而不知其所由来，此之谓葆光[29]。

注释

[1]类：同类、相同。

[2]尝：试。

[3]有始也者：宇宙万物有它的开始。

[4]俄而：突然。

[5]谓：评说、议论。

[6]于：比。

[7]末：末梢。秋豪之末比喻事物的细小。

[8]太山：泰山。

[9]殇子：未成年而死的人。

[10]夭：夭折，短命。

[11]巧历：善于计算的人。

[12]凡：平凡，这里指普通的人。

[13]适：往，到。

[14]因：顺应。

[15]封：界限。

[16]常：定见，定论。

[17]畛(zhěn)：田地里的界路，这里泛指界限。

齐物论

[18]伦：次序。
[19]义：通"仪"，规则。
[20]八德：八类、八种才能。
[11]春秋：这里泛指古代历书。
[22]经世：经纶世事，这是用调理织物来喻指治理社会。
[23]志：记载。
[24]怀：囊括于胸，指不去分辨物我和是非，把物与我、是与非都容藏于身。
[25]嗛(qiān)：通谦，谦让。
[26]忮：伤害。
[27]几：近，近似。
[28]方：道。
[29]葆：藏，隐蔽。"葆光"即潜隐光亮而不露。

赏析

庄子(约公元前369—约公元前286)，姓庄，名周，战国时期宋国蒙人。庄子是战国中期著名的思想家、哲学家和文学家，创立了华夏重要的哲学学派庄学，是继老子之后，战国时期道家学派的代表人物。

庄子强调人和宇宙的对话，他的精神便是"天地与我并生，而万物与我为一"。大道遍及万物，既不要自我封闭，也不要以人类为中心。在天地之间，众生平等，是为"齐物"。在庄子看来，人世间的种种价值都是偶然的，会随着不同的判断标准而改变，所以应该去除"成心"，打破事物间的对立，最终达到"同一"，物与物之间本也没有差别，人与自然本也没有矛盾，是非异同都是我们一点一滴找出来的，认同的人多了，也就成了所谓的"标准"，但天地万物的本性并不因此有丝毫的增损。

在庄子的心中，古人的智慧达到了完美的境界，能体悟大道根源于未始有物之前，而后人有了是非、彼此的观念，则使大道日益亏损而隐没了，即所谓"道昭而不道"，圣人总能含光敛耀，以不辩为怀；而众人则喋喋不休，以争辩夸示于世。庄子怀着纯然之心想"齐物论"，却也说自己既要开口，便和他们是同一类了。思维总是难以突破语言的边界。因为懂得所以慈悲，可是一度叹息，孰会听之？庄子是"情到深处人孤独"，遗世独立其外，放眼于更广的宇宙人生。

《齐物论》是《庄子·内篇》的第二篇。节选内容中庄子提出"大道不称，大辩不言"的观点，认为真理无须用语言来表达，高明的言论无须言说，仁、谦、勇等美德也一样，不需要特意去夸耀。庄子以此来告诫大家，人生在世，做人要收敛锋芒，包容万象，不盈不枯；为人处世应保持低调，不要刻意显示自己的德行。因为人一旦产生炫耀之心，行为举止就会偏激，就会给自己带来祸患。

大道虽不能明说，却没有人能否认它的博大深奥，美好的德行并不是用来展示给人看的，将光芒收敛，光芒本身依然存在。真正的美无须用言语来描述，真正的仁义无须标榜，真正的圣人也是不需要在意圣人之名的。我们要用圣人之智来对待世间万物，不贪图大贡献，不计较小利益，这样才能成就大事。真正有大智慧的人，胸怀大志却能够坦然做事，在生活中不计较一时的得失，忘却外物的羁绊，这样才能成就真正的大道，做出超人的成就。

浣溪沙·一曲新词酒一杯

[宋]晏殊

一曲新词酒一杯，去年天气旧亭台[1]。夕阳西下几时回？
无可奈何花落去，似曾相识燕归来。小园香径[2]独徘徊。

注释

[1]亭台：亦作池台。话本郑谷诗："流水歌声共不同，去年天气旧池台。"
[2]香径：铺满落花的园中小路。

赏析

浣溪沙·一曲新词酒一杯

晏殊(991—1055)，字同叔，江南西路抚州临川县(今江西进贤)人，北宋政治家、文学家。晏殊以词著名文坛，尤擅小令，风格含蓄婉丽，亦工诗善文，其文章又能"为天下所宗"。今存作品有《珠玉词》《晏元献遗文》《类要》残本。

《浣溪沙·一曲新词酒一杯》是晏殊词中最为脍炙人口的篇章。此词虽含伤春惜时之意，却实为感慨抒怀之情。词之上片绾合今昔，叠印时空，重在思昔；下片则巧借眼前景物，重在伤今。词人由眼前之景生出人生之思，基调潇洒淡然，含蓄典雅。词中对宇宙人生的深思，给人以哲理性的启迪和美的艺术享受。对酒听歌的现境让人适意安闲，但同时分明又给人伤感"人非昨"。但"无可奈何花落去，似曾相识燕归来"，却令人欣慰，给予美好希望。花凋谢，春逝去，美好的事物无法阻止其消逝，是"无可奈何"但同时"燕归来"，活泼可爱的生命——美好的事物又再现。生活就是这样，一切必然要消逝，哪怕是美好事物也难阻其消逝，但消逝的同时，仍然会有美好的事物再现，生活不会因消逝而变得一片虚无，总有希望在。词中对宇宙人生的深思，给人以哲理性的启迪和美的艺术享受。全词语言圆转流利，通俗晓畅，清丽自然，意蕴深沉，启人神智，耐人寻味。

过零丁洋[1]

[宋]文天祥

辛苦遭逢[2]起一经[3]，干戈[4]寥[5]落四周星[6]。
山河破碎风飘絮[7]，身世浮沉雨打萍[8]。
惶恐滩[9]头说惶恐，零丁洋里叹零丁[10]。
人生自古谁无死？留取丹心[11]照汗青[12]。

注释

[1]零丁洋：水名，即"伶仃洋"，现在广东省珠江口外。1278年底，文天祥率军在广东五坡岭与元军激战，兵败被俘，囚禁船上曾经过零丁洋。
[2]遭逢：遇到朝廷选拔。
[3]起一经：因为精通一种经书，通过科举考试而被朝廷起用做官。文天祥二十岁考中状元。

[4]干戈：指抗元战争。

[5]寥(liáo)落：荒凉冷落。一作"落落"。

[6]四周星：四周年。文天祥从1275年起兵抗元，到1278年被俘，一共四年。

[7]絮：柳絮。

[8]萍：浮萍。

[9]惶恐滩：在今江西省万安县，是赣江中的险滩。1277年，文天祥在江西被元军打败，所率军队死伤惨重，妻子儿女也被元军俘虏。他经惶恐滩撤到福建。

[10]零丁：孤苦无依的样子。

[11]丹心：红心，比喻忠心。

[12]汗青：同汗竹，史册。古代用简写字，先用火烤干其中的水分，干后易写而且不受虫蛀，也称汗青。

赏析

文天祥(1236年6月6日—1283年1月9日)，字履善，又字宋瑞，自号文山，浮休道人。吉州庐陵(今江西吉安县)人，南宋末大臣，文学家，民族英雄。宝祐四年(1256年)进士，官到右丞相兼枢密使。被派往元军的军营中谈判，被扣留。后脱险经高邮嵇庄到泰县塘湾，由南通南归，坚持抗元。祥兴元年(1278年)兵败被张弘范俘虏，在狱中坚持斗争三年多，后在柴市从容就义。著有《过零丁洋》《文山诗集》《指南录》《指南后录》《正气歌》等作品。

《过零丁洋》一诗约作于祥兴二年(1279)正月。文天祥于前年兵败被俘，元军追击在崖山(今广东新会)的宋幼主赵昺时，强使文天祥随船同往，此诗在经过零丁洋时所写。

诗的前四句回顾了自己的一生，将个人身世与国家存亡紧紧地结合在一起，慨叹国家的不幸和自己悲惨遭遇，感情真挚沉痛。五、六句概写起兵抗元的始末，再度展示国家灭亡和自己遭危难的痛苦心灵。"惶恐滩"在江西万安的赣江中，急流险恶，是文天祥起兵抗元之始；"零丁洋"在广东中山市南，是他抗元之末。结尾两句写出了宁死不屈的壮烈誓词，以磅礴气势收敛全篇。这首诗饱含沉痛悲凉之情，既叹国运又叹自身，把家国之恨、个人遭遇艰危困厄之痛渲染到极致，但在最后却由悲而壮、由郁而扬，迸发出"人生自古谁无死，留取丹心照汗青"的情怀，慷慨激昂、掷地有声，以磅礴的气势、高亢的语调显示了诗人的民族气节和舍生取义的生死观。

生如夏花

[印度]拉宾德拉纳特·泰戈尔

生命，一次又一次轻薄过
轻狂不知疲倦
——题记

一

我听见回声，来自山谷和心间
以寂寞的镰刀收割空旷的灵魂
不断地重复决绝，又重复幸福
终有绿洲摇曳在沙漠

我相信自己
生来如同璀璨的夏日之花
不凋不败，妖冶如火
承受心跳的负荷和呼吸的累赘
乐此不疲

二

我听见音乐，来自月光和胴体
辅极端的诱饵捕获飘渺的唯美
一生充盈着激烈，又充盈着纯然
总有回忆贯穿于世间
我相信自己
死时如同静美的秋日落叶
不盛不乱，姿态如烟
即便枯萎也保留丰肌清骨的傲然
玄之又玄

三

我听见爱情，我相信爱情
爱情是一潭挣扎的蓝藻
如同一阵凄微的风
穿过我失血的静脉
驻守岁月的信念

四

我相信一切能够听见
甚至预见离散，遇见另一个自己
而有些瞬间无法把握
任凭东走西顾，逝去的必然不返
请看我头置簪花，一路走来一路盛开
频频遗漏一些，又深陷风霜雨雪的感动

五

般若[1]波罗蜜[2]，一声一声
生如夏花，死如秋叶
还在乎拥有什么

注释

[1]般若：智慧。
[2]波罗蜜：到彼岸。

赏析

拉宾德拉纳特·泰戈尔（Rabindranath Tagore，1861年5月7日—1941年8月7日），印度诗人、文学家、哲学家，代表作有《吉檀迦利》《飞鸟集》《眼中沙》《最后的诗篇》等。

"生如夏花"出自《飞鸟集》第82首。这首诗语言优美、清丽，让人在欣赏美的同时，也给了人无限的启迪。没有经历过"生如夏花"的绚烂的人何尝体味得到"死如秋叶"的静美？"死如秋叶"是一种对生活的满足，一种对生命的感激，一种由感激和满足衍生出的豁达。生命要像夏季的花朵那般绚烂夺目，努力去盛开，这是一种辉煌灿烂的生命状态。而"生如夏花"的另一层意思就是生命如夏花般灿烂，但生命也短暂匆忙，所以就应更值得珍惜。可除了生命中的美丽，人生也难免会有不完美的地方和不如意的结局，即使是悲伤如死亡，淡然地看待，就像秋叶般静美地接受所有的结局，最美的已尽力去争取、经历过了，那便没有遗憾了。

谈生命

冰 心

我不敢说生命是什么，我只能说生命像什么。

生命像向东流的一江春水，他从生命最高处发源，冰雪是他的前身。他聚集起许多细流，合成一股有力的洪涛，向下奔注，他曲折地穿过了悬崖峭壁，冲倒了层沙积土，挟卷着滚滚的沙石，快乐勇敢地流走，一路上他享受着他所遭遇的一切：有时候他遇到巉（chán）岩前阻，他愤激地奔腾了起来，怒吼着，回旋着，前波后浪地起伏催逼，直到冲倒了这危崖，他才心平气和地一泻千里。有时候他经过了细细的平沙，斜阳芳草里，看见了夹岸红艳的桃花，他快乐而又羞怯，静静地流着，低低地吟唱着，轻轻地度过这一段浪漫的行程。有时候他遇到暴风雨，这激电，这迅雷，使他的心魂惊骇，疾风吹卷起他，大雨击打着他，他暂时浑浊了，扰乱了，而雨过天晴，只加给他许多新生的力量。有时候他遇到了晚霞和新月，向他照耀，向他投影，清冷中带些幽幽的温暖：这时他只想休憩，只想睡眠，而那股前进的力量，仍催逼着他向前走……终于有一天，他远远地望见了大海，啊！他已经到了行程的终结，这大海，使他屏息，使他低头，她多么辽阔，多么伟大！多么光明，又多么黑暗！大海庄严的伸出臂儿来接引他，他一声不响地流入她的怀里。他消融了，归化了，说不上快乐，也没有悲哀！也许有一天，他再从海上蓬蓬的雨点中升起，飞向西来，再形成一道江流，再冲倒两旁的石壁，再来寻夹岸的桃花。然而我不敢说来生，也不敢信来生！

生命像一棵小树，他从地底聚集起许多生力，在冰雪下欠伸，在早春润湿的泥土中，勇敢快乐地破壳出来。他也许长在平原上、岩石上、城墙上，只要他抬头看见了天，呵！看见了天！他便伸出嫩叶来吸收空气，承受日光，在雨中吟唱，在风中跳舞。他也许受着大树的荫遮，也许受着大树的覆压，而他青春生长的力量，终使他穿枝拂叶地挣脱了出来，在烈日下挺立抬头！他遇着骄奢的春天，他也许开出满树的繁花，蜂蝶围绕着他飘翔喧闹，小鸟在他枝头欣赏唱歌，他会听见黄莺清吟，杜鹃啼血，也许还听见枭鸟的怪鸣。他长到最茂盛的中年，他伸展出他如盖的浓荫，来荫庇树下的幽花芳草，他结出累累的果实，来呈现大地无尽的甜美与芳馨。秋风起了，将他叶子，由浓绿吹到绯红，秋阳下他再有一番的庄严灿烂，不是开花的骄傲，也不是结果的快乐，而是成功后的宁静和怡悦！终于有一天，冬天的朔风，把他的黄叶干枝，卷落吹抖，他无力的在空中旋舞，在根下呻吟，大地庄严地伸出臂儿来接引他，他一声不响的落在她的怀里。他消融了，归化了，他说不上快乐，也没有悲哀！也许有一天，他再从地下的果仁中，破裂了出来，又长成一棵小树，再穿过丛莽的严遮，再来听黄莺的歌唱。然而我不敢说来生，也不敢信来生！

宇宙是一个大生命，我们是宇宙大气风吹草动之一息。江流入海，叶落归根，我们是大生命中之一叶，大生命中之一滴。在宇宙的大生命中，我们是多么卑微，多么渺小，而一滴一叶的活动生长合成了整个宇宙的进化运行。要记住：不是每一道江流都能入海，不流动的便成了死湖；不是每一粒种子都能成树，不生长的便成了空壳！生命中不是永远快乐，也不是永远痛苦，快乐和痛苦是相生相成的。等于水道要经过不同的两岸，树木要经过常变的四时。在快乐中我们要感谢生命，在痛苦中我们也要感谢生命。快乐固然兴奋，苦痛又何尝不美丽？我曾读到一个警句，是"愿你生命中有够多的云翳，来造成一个美丽的黄昏"。世界、国家和个人的生命中的云翳没有比今天再多的了。

赏析

冰心（1900—1999），原名谢婉莹，福建省福州市长乐区人。中国诗人、现代作家、翻译家、儿童文学作家、社会活动家、散文家。笔名冰心取自"一片冰心在玉壶"。

《谈生命》作者把抽象的"生命"理念化为具体的物象，描绘出一幅幅生命的图画，让我们从这些可视可感的画面中去领悟、认识生命的真谛。本文说理的深刻与作者的人生感悟是分不开的，正是凭着对生活的激情，对生命的思考，作者从一个独特的视角，用两个新颖的比喻，揭示出生命的真谛，真可谓"喻巧而理至"，这两个恰到好处的比喻，能于极小中独见其大，把一个既简单又复杂的问题阐释得深入浅出，形象生动。"一江春水"东流入海本是自然现象，"一棵小树"的生长从植物学的角度看也很普通，但由于烙上作者感情的印记，不断流动的"春水"，不断生长的"小树"就获得了生命，给人一种积极向上、不断进取的活力。文章用优美的语句描绘出的不仅仅是一幅幅立体感很强的画面，更像是一首首生命的赞歌。

雪花的快乐

徐志摩

假如我是一朵雪花，
翩翩的在半空里潇洒，
我一定认清我的方向
——飞扬，飞扬，飞扬，
这地面上有我的方向。

不去那冷寞的幽谷，
不去那凄清的山麓，
也不上荒街去惆怅
——飞扬，飞扬，飞扬，
——你看，我有我的方向！

在半空里娟娟的飞舞，
认明了那清幽的住处，
等着她来花园里探望
——飞扬，飞扬，飞扬，

——啊,她身上有朱砂梅的清香!

那时我凭藉我的身轻,
盈盈的,沾住了她的衣襟,
贴近她柔波似的心胸
——消溶,消溶,消溶
——溶入了她柔波似的心胸。

赏析

徐志摩(1897—1931),原名章垿[xù],字槱[yǒu]森,留学美国时改名志摩,曾用过的笔名有南湖、诗哲、海谷、谷等,浙江海宁硖石人(今嘉兴市海宁市硖石街道人),中国现代诗人、作家、散文家、新月派诗人、新月诗社成员、景星学社社员。

《雪花的快乐》这篇诗歌,作者借雪花的纯洁、飘逸、潇洒、自由等特点,表达自己的思想情感,抒写了诗人对美好生活的执着追求和向往。"飞扬,飞扬,飞扬""我有我的方向",坚定地追求、欢快地执着,人生不就是这样吗?全诗综合运用了借物抒情、对比、拟人等表达手法,把对理想和爱情的追求等主观感情与客观的自然景象交融互渗,从而化实景为虚境,创造出了一个优美的意境,显示了飞动飘逸的艺术风格。

生命

沈从文

我好像为什么事情很悲哀,我想起"生命"。

每个活人都像是有一个生命,生命是什么,居多人是不曾想起的,就是"生活"也不常想起。我说的是离开自己生活来检视自己生活这样事情,活人中就很少那么做,因为这么做不是一个哲人,便是一个傻子了。"哲人"不是生物中的人的本性,与生物本性那点兽性离得太远了,数目稀少正见出自然的巧妙与庄严。因为自然需要的是人不离动物,方能传种。虽有苦乐,多由生活小小得失而来,也可望从小小得失得到补偿与调整。一个人若尽向抽象追究,结果纵不至于违反自然,亦不可免疏忽自然,观念将痛苦自己,混乱社会。因为追究生命"意义"时,即不可免与一切习惯秩序冲突。在同样情形下,这个人脑与手能相互为用,或可能成为一思想家、艺术家,脑与行为相互为用,或可成为一革命者,若不能相互为用,引起分裂现象,为了这个人就变成疯子。其实哲人或疯子,在违反生物原则,否认自然秩序上,将脑子向抽象思索,意义完全相同。

我正在发疯。为抽象而发疯。我看到一些符号,一片形,一把线,一种无声的音乐,无文字的诗歌。我看到生命一种最完整的形式,这一切都在抽象中好好存在,在事实前反而消灭。

有什么人能用绿竹作弓矢,射入云空,永不落下?我之想象,犹如长箭,向云空射去,去即不返。长箭所注,在碧蓝而明静之广大虚空。

明智者若善用其明智,即可从此云空中,读示一小文,文中有微叹与沉默,色与香,爱和怨。无著者姓名。无年月。无故事。无……然而内容极柔美。虚空静寂,读者灵魂中如有音乐。虚空明蓝,读者灵魂上却光明净洁。

人文英华

　　大门前石板路有一个斜坡，坡上有绿树成行，长干弱枝，翠叶积叠，如翠翟，如羽葆，如旗帜。常有山灵，秀腰白齿，往来其间。遇之者即喑哑。爱能使人喑哑——一种语言欢呼之死亡。"爱与死为邻"。

　　夜梦极可怪。见一淡绿百合花，颈弱而花柔，花身略有斑点青渍，倚立门边微微动摇。在不可知的地方好像有极熟悉的声音在招呼：

　　"你看看好，应当有一粒星子在花中。仔细看看。"

　　于是伸手触之。花微抖，如有所怯。亦复微笑，如有所恃。因轻轻摇触那个花柄，花蒂，花瓣。近花处几片叶子全落了。

　　如闻叹息，低而分明。

　　雷雨刚过。醒来后闻远处有狗吠，吠声如豹。半迷糊中卧床上默想，觉得惆怅之至。因百合花在门边动摇，被触时微抖或微笑，事实上均不可能！

　　起身时因将经过记下，用半浮雕手法，如玉工处理一片玉石，琢刻割磨。完成时犹如一壁炉上小装饰。精美如瓷器，素朴如竹器。

　　一般人喜用教育身份来测量一个人道德程度。尤其是有关乎性的道德。事实上这方面的事情，正复难言。有些人我们应当嘲笑的，社会却常常给以尊敬，有些人我们应当赞美的，社会却认为罪恶，如诚实。多数人所表现的观念，照例是与真理相反的。多数人都乐于在一种虚伪中保持安全或自足心境。因此我焚了那个稿件。我并不畏惧社会，我厌恶社会，厌恶伪君子，不想将这个完美诗篇，被伪君子眼目所污渎。

　　百合花极静。在意象中尤静。

　　山谷中应当有白中微带浅蓝色的百合花，弱颈长蒂，无语如语，香清而淡，躯干秀拔。花粉作黄色，小叶如翠珰。

　　法朗士曾写一《红百合》故事，述爱欲在生命中所占地位，所有形式，以及其细微变化。我想写一《绿百合》，用形式表现意象。

赏析

　　沈从文（1902—1988），原名沈岳焕，乳名茂林，字崇文，笔名休芸芸、甲辰、上官碧、璇若等，湖南凤凰县人，中国著名作家、历史文物研究者。1924年开始进行文学创作，撰写出版了《长河》《边城》等小说。

　　《生命》充分向我们展示了生命的意义：虽然生命短暂，但是，我们却可以让有限的生命体现出无限的价值。运用多种写作手法形象地写出了生命的赞歌，表达了作者歌颂生命之美、赞叹生命之伟大的情感，同时也深深地体现了作者热爱生命、热爱生活的思想感情。沈从文是一个有着丰富生命经验的人，拥有真诚、善良，还有那么点儿"憨劲儿"，所以这样的生命更朴实，接近具体的生活与生命的象征。

相信未来

食 指

当蜘蛛网无情地查封了我的炉台,
当灰烬的余烟叹息着贫困的悲哀,
我依然固执地铺平失望的灰烬,
用美丽的雪花写下:相信未来!

当我的紫葡萄化为深秋的露水,
当我的鲜花依偎在别人的情怀,
我依然固执地用凝霜的枯藤,
在凄凉的大地上写下:相信未来!

我要用手指那涌向天边的排浪,
我要用手掌那托住太阳的大海,
摇曳着曙光那枝温暖漂亮的笔杆,
用孩子的笔体写下:相信未来!

我之所以坚定地相信未来,
是我相信未来人们的眼睛,
她有拨开历史风尘的睫毛,
她有看透岁月篇章的瞳孔。

不管人们对于我们腐烂的皮肉,
那些迷途的惆怅、失败的苦痛,
是寄予感动的热泪、深切的同情,
还是给以轻蔑的微笑、辛辣的嘲讽。

我坚信人们对于我们的脊骨,
那无数次的探索、迷途、失败和成功,
一定会给予热情、客观、公正的评定。
是的,我焦急地等待着他们的评定。

朋友,坚定地相信未来吧。
相信不屈不挠的努力,
相信战胜死亡的年轻,
相信未来,热爱生命!

赏析

食指(1948—),本名郭路生,中国著名诗人,因母亲在行军途中分娩,所以起名路生。小学开始热爱诗歌,20岁时写的名作《相信未来》《海洋三部曲》《这是四点零八分的北京》等以手抄本的形式在社会上广为流传。著有诗集《相信未来》《食指、黑大春现代抒情诗合集》《诗探索金库·食指卷》《食指的诗》。

　　这首诗构思巧妙，前三节写"我"是怎样"相信未来"的，后三节写为什么要"相信未来"，最后一节呼唤人们带着对未来的信念去努力，去热爱，去生活。用语质朴，而思想深刻；性格鲜明，又令人折服。全诗基本上遵从了四行一节，在轻重音不断变化中求得感人效果的传统方式；以语言的时间艺术，与中国画式的空间艺术相结合，实现了诗人所反复讲述的"我的诗是一面窗户，是窗含西岭千秋雪"的艺术。通读该诗，虽然感受更多的不是轻松而是压抑，不是快乐而是痛苦，但从诗人那压抑和痛苦的吟哦中，也真切地感受到了诗人那撼人心魄的信念——无时不在渴望和憧憬着光明的未来以及为理想和光明而奋斗挣扎。《相信未来》的外在形式和思维框架，虽然仍是一般的政治抒情诗的范式，但已经挣脱了那个年代诗歌沦为政治传声筒的羁绊，因此此诗一问世就被人们谱成歌曲，传唱四方。

安 详

王　蒙

　　我很喜欢、很向往的一种状态，叫作安详。

　　活着是件麻烦的事情，焦灼、急躁、忿忿不平的时候多，而安宁、平静、沉着有定的时候少。

　　常常抱怨旁人不理解自己的人糊涂了。人人都渴望理解，这正说明理解并不容易，被理解就更难。用无止无休的抱怨、辩论、大喊大叫去求得理解，更是只会把人吓跑。

　　不理解本身应该是可以理解的。理解"不理解"，这是理解的初步，也是寻求理解的前提。你连别人为什么不理解你都理解不了，又怎么能理解别人？一个不理解别人的人，又怎么要求旁人的理解呢？

　　不要过分地依赖语言。不要总是企图在语言上占上风。语言解不开的，事实可以解开。语言解开了而事实没有解开的话，语言就会失去价值，甚至于只能添乱。动辄想到让事实说话的人比起动不动就想说倒一大片的人更安详。

　　不要以为有了这个就会有那个。不要以为有了名声就有了信誉。不要以为有了成就就有了幸福。不要以为有了权力就有了威望。不要以为这件事做好了下一件事也一定做得好。

　　有人崇拜名牌，有人更喜欢挑剔名牌。有人承认成就，更有人因为旁人的成就而虎视眈眈。有人渴望权力，也有无数双眼睛盯着你对权力的运用。一个成功可以带来一连串成功，也可以因为你的狂妄恣肆而大败特败。没有这一面的道理，只有那一面的道理，就没有戏看了。

　　安详属于强者，骄躁流露幼稚。安详属于智者，气急败坏显得可笑。安详属于有信心者，大吵大闹暴露了他其实没有多少底气。

　　安详也有被破坏的时候，喜怒哀乐都是人之常情。问题是，喜完了怒完了哀完了乐完了能不能及时回到安详的状态上来，如果动不动就闹腾，动不动就要拽住每一个人，论述自己的正确，如果要求自己的配偶自己的孩子自己的下属无休止地夸赞是多么多么的好，如果看到花没有按自己的意愿开，果没有按自己要求的尺寸长就伤心顿足，您应该寻求心理医生的帮助。

　　安详方能静观。观察方能判断。明断方能行动。有条有理，不慌不乱，如烹小鲜，庶几可以谈学问矣。

　　童年常听到一句俗话，形容一个人气急败坏为"急得抓蝎子"。如果您对，急什么？如果您差劲。越急越没有用。动不动就摆出一副抓蝎子的样子，以为这种样子可以动人唬人，实属可叹可恶。《红楼梦》里的赵姨娘就是个动辄"抓蝎子"的人，我要以她为戒。一个人的能力有大小，至少不必自己活得那么痛苦，也给旁人带来那么多不快。

赏析

王蒙(1934—)，河北南皮人，祖籍河北沧州，中国当代作家、学者。

《安详》是王蒙的散文作品。作者从理解"不理解"说起，罗列了几种不"安详"的表现，指出"安详属于强者，骄躁流露幼稚。安详属于智者，气急败坏显得可笑。安详属于有信心者，大吵大闹暴露了他其实没有多少底气"，得出的结论是"安详方能静观。观察方能判断。明断方能行动。有条有理，不慌不乱，如烹小鲜，庶几可以谈学问矣"。唯有安详，才能坚守内心的明净澄澈；唯有安详，才有洞明世事的淡定从容。这无疑是对浮躁现实生活的冷静审视，对安详恬淡的生命状态的深情呼唤，是作者在喧嚣的尘世中的"清醒与觉悟"，是对社会人生的"深刻感悟"。

类文链接

1. 庄子《秋水》

2. 欧阳修《秋声赋》

3. 苏轼《定风波·莫听穿林打叶声》
三月七日，沙湖道中遇雨，雨具先去，同行皆狼狈，余独不觉。已而遂晴，故作此词。
莫听穿林打叶声，何妨吟啸且徐行。竹杖芒鞋轻胜马，谁怕？一蓑烟雨任平生。
料峭春风吹酒醒，微冷，山头斜照却相迎。回首向来萧瑟处，归去，也无风雨也无晴。

4. 苏轼《蝶恋花·春景》
花褪残红青杏小。燕子飞时，绿水人家绕。枝上柳绵吹又少。天涯何处无芳草。
墙里秋千墙外道。墙外行人，墙里佳人笑。笑渐不闻声渐悄。多情却被无情恼。

5. 毕淑敏《我很重要》

6. 史铁生《我与地坛》(第一部分)

7. 查理·卓别林《当我真正开始爱自己》
当我真正开始爱自己，
我才认识到，所有的痛苦和情感的折磨，
都只是提醒我：活着，不要违背自己的本心。
今天我明白了，这叫做"真实"。
当我真正开始爱自己，
我才懂得，把自己的愿望强加于人，
是多么的无礼，就算我知道，时机并不成熟，
那人也还没有做好准备，

就算那个人就是我自己。
今天我明白了，这叫做"尊重"。
当我开始真正爱自己，
我不再渴求不同的人生，
我知道任何发生在我身边的事情，
都是对我成长的邀请。
如今，我称之为"成熟"。
当我开始真正爱自己，
我才明白，我其实一直都在正确的时间，
正确的地方，发生的一切都恰如其分。
由此我得以平静。
今天我明白了，这叫做"自信"。
当我真正开始爱自己，
我不再牺牲自己的自由时间，
不再去勾画什么宏伟的明天。
今天我只做有趣和快乐的事，
做自己热爱，让心欢喜的事，
用我的方式、我的韵律。
今天我明白了，这叫做"单纯"。
当我开始真正爱自己，
我开始远离一切不健康的东西。
不论是饮食和人物，还是事情和环境，
我远离一切让我远离本真的东西。
从前我把这叫做"追求健康的自私自利"，
但今天我明白了，这是"自爱"。
当我开始真正爱自己，
我不再总想着要永远正确，不犯错误。
我今天明白了，这叫做"谦逊"。
当我开始真正爱自己，
我不再继续沉溺于过去，
也不再为明天而忧虑，
现在我只活在一切正在发生的当下，
今天，我活在此时此地，
如此日复一日。这就叫"完美"。
当我开始真正爱自己，
我明白，我的思虑让我变得贫乏和病态，
但当我唤起了心灵的力量，
理智就变成了一个重要的伙伴，
这种组合我称之为，"心的智慧"。

我们无须再害怕自己和他人的分歧，
矛盾和问题，因为即使星星有时也会碰在一起，
形成新的世界，今天我明白，这就是"生命"。

8. 泰戈尔《萤火虫》

小小流萤，在树林里，在黑沉沉暮色里，
你多么欢乐地展开你的翅膀！
你在欢乐中倾注了你的心。
你不是太阳，你不是月亮，
难道你的乐趣就少了几分？
你完成了你的生存，
你点亮了你自己的灯；
你所有的都是你自己的，
你对谁也不负债蒙恩；
你仅仅服从了
你内在的力量。
你冲破了黑暗的束缚，
你微小，然而你并不渺小，
因为宇宙间一切光芒，
都是你的亲人。

家国情怀

"家是最小国,国是最大家",人们对国家的感情与对家是一样的,充满了热爱。

在战乱的年代,多少男儿奔赴沙场,奋勇杀敌,保卫着心中的国家。"黄沙百战穿金甲,不破楼兰终不还"是男儿们奋勇杀敌的壮志;"僵卧孤村不自哀,尚思为国戍轮台"是空有爱国情怀却难上战场杀敌的孤寂和落寞;"死去元知万事空,但悲不见九州同"是面临死亡却仍心系国家的热忱与忧伤。

家是国的基础,国是家的延伸。在中国人的精神谱系里,那种与国家民族休戚与共的壮怀,以天下为己任的使命感,就来自那个叫作"家"、叫作"故园"的人生开始的地方。

臧僖伯谏观鱼

左丘明

春，公[1]将如棠[2]观鱼[3]者。

臧僖伯[4]谏曰："凡物不足以讲[5]大事[6]，其材[7]不足以备器用[8]，则君不举[9]焉。君将纳民于轨物[10]者也。故讲事以度轨量[11]，谓之'轨'；取材以章物采，谓之'物'。不轨不物，谓之'乱政'。乱政亟行，所以败也。故春蒐、夏苗、秋狝、冬狩[12]，皆于农隙以讲事也。三年而治兵[13]，入而振旅[14]，归而饮至[15]，以数军实。昭文章[16]，明贵贱，辨等列，顺少长，习威仪也。鸟兽之肉不登于俎[17]，皮革、齿牙、骨角、毛羽不登于器，则君不射，古之制也。若夫山林川泽之实，器用之资，皂隶[18]之事，官司之守，非君所及也。"

公曰："吾将略地[19]焉。"遂往，陈鱼而观之。僖伯称疾[20]不从。

书曰："公矢[21]鱼于棠。"非礼也，且言远地也。

注释

[1] 公：指鲁隐公。《春秋》和《左传》的体例，以鲁国国君纪年，凡鲁国国君都直接称"公"。

[2] 棠：鲁地名，在今山东鱼台县东。

[3] 鱼：通"渔"，捕鱼。

[4] 臧僖伯：鲁孝公之子，名彄(kōu)，字子臧，封于臧(今山东郯城县)，谥号僖。

[5] 讲：讲习、训练。

[6] 大事：指祭祀和军事活动等。

[7] 材：材料，原料。

[8] 器用：专指用于祭祀和兵戎大事的器物。

[9] 举：指行动。

[10] 轨物：法度和准则。

[11] 度(duó)轨量：校正法度。度：衡量。轨量：规则，法度。

[12] 春蒐(sōu)：春天打猎。蒐：搜寻，搜寻猎取未怀孕的禽兽。夏苗：夏天打猎，猎取为害庄稼的禽兽。秋狝(xiǎn)：秋天打猎。狝，杀，谓顺秋天肃杀之气，进行捕猎活动。冬狩：冬天打猎。狩，围守，谓冬天各种禽兽都已长成，可以不加选择地加以围猎。这四季打猎，说明我们的先民在狩猎的活动中已有生态平衡意识，也同时说明大凡有组织的狩猎活动都带有军事演习的性质，并不单单是为狩猎而狩猎。

[13] 治兵：指练兵、比武等军事演习活动。

[14] 振旅：整顿军队。

[15] 饮至：诸侯朝拜、会盟、征伐完毕，在宗庙饮酒庆贺的一种仪式。

[16] 昭文章：展示服饰、旌旗等的颜色花纹。

[17] 俎(zǔ)：祭祀时用来盛祭品的礼器。

[18] 皂隶：古代对贱役的称呼，这里泛指地位低下的人。

[19] 略地：巡视边境。

[20] 称疾：推脱说有病。古代"疾"指小病，"病"为大病，重病。

[21]矢：通"施"，陈设。

赏析

左丘明(约公元前546—前452)，鲁国都君庄(今肥城市石横镇衡鱼村)人，春秋著名史学家，儒学奠基人之一，著有《左传》《国语》两部文学巨著。

本文是一篇臣子规谏君王的谏辞短文。记叙了臧僖伯用当时社会的礼制去劝阻鲁隐公去棠地观看捕鱼一事。本篇谏辞的最大特点是紧紧围绕着一个"礼"字展开劝谏，从观点到为阐明观点所举述的诸多理由及作为论据的事物和行为，都没有离开"礼"。另一特点是，劝谏的缘起虽然是"公将如棠观鱼"，劝谏的直接目的也是阻止鲁隐公"如棠观鱼"，但谏辞中对此事却不着一语。这不单单是婉言法，更重要的是，这种表达法反映出进谏者进谏的着眼点，并不在于鲁隐公"如棠观鱼"这一具体行为，而是当时的整个礼制。

文章短小精悍，说理层层推进，直言不讳，不容辩驳。面对臧僖伯的谏阻，鲁隐公也自知理亏，但竟然还是不愿纳谏，一意孤行。读者通过臧僖伯的谏言，可以看到一个头脑清醒、坚持原则、公心为国的忠臣楷模。相形之下，一句"吾将略地焉"，极为生动形象地揭示出鲁隐公刚愎自用的性格特征。文章虽然不见对人物外貌、个性等的直接描绘和刻画，但通过人物的对话及行为，却也能使读者看到人物的独特面貌以及内心思想。

燕歌行[1]

[唐]高适

开元二十六年，客有从元戎出塞而还者，作《燕歌行》以示，适感征戍之事，因而和焉。

汉家[2]烟尘[3]在东北，汉将辞家破残贼。
男儿本自重横行[4]，天子非常赐颜色[5]。
摐[6]金[7]伐[8]鼓下榆关[9]，旌旆[10]逶迤[11]碣石[12]间。
校尉[13]羽书[14]飞瀚海[15]，单于[16]猎火[17]照狼山[18]。
山川萧条极[19]边土，胡骑凭陵[20]杂风雨[21]。
战士军前半死生[22]，美人帐下犹歌舞。
大漠穷秋塞草腓[23]，孤城落日斗兵稀[24]。
身当恩遇[25]恒轻敌，力尽关山未解围。
铁衣远戍辛勤久，玉箸[26]应啼别离后。
少妇城南[27]欲断肠，征人蓟北[28]空回首。
边庭飘飖[29]那可度[30]，绝域[31]苍茫无所有[32]。
杀气三时[33]作阵云[34]，寒声一夜[35]传刁斗[36]。
相看白刃血[37]纷纷，死节[38]从来岂顾勋[39]。
君不见沙场征战苦，至今犹忆李将军[40]。

燕歌行——高适

注释

[1]燕歌行：古乐府曲名，属平调。

[2]汉家：汉朝，唐人诗中经常借汉说唐。

[3]烟尘：代指战争。

[4]横行：纵横驰骋，无所阻挡。

[5]非常赐颜色：超过平常的厚赐礼遇。颜色：脸面，荣誉。

[6]摐(chuāng)：击打。

[7]金：指钲一类的铜制打击乐器。

[8]伐：敲击。

[9]榆关：山海关，今河北秦皇岛市东北。

[10]旌旆：指军中的各种旗帜。旌是竿头饰羽的旗，旆是末端状如燕尾的旗。

[11]逶迤：延续不绝的样子。

[12]碣石：山名，今河北昌黎县东北。

[13]校尉：次于将军的武官。

[14]羽书：(插有鸟羽的，军用的)紧急文书。

[15]瀚海：大沙漠。这里指内蒙古东北西拉木伦河上游一带的沙漠。

[16]单于：匈奴首领称号，也泛指北方少数民族首领。

[17]猎火：打猎时点燃的火光。古代游牧民族出征前，常举行大规模校猎，作为军事性的演习。

[18]狼山：又称狼居胥山，在今内蒙古西北部。这里泛指交战前线。

[19]极：穷尽。

[20]凭陵：仗势侵凌。

[21]杂风雨：形容敌人来势凶猛，如风雨交加。一说，敌人乘风雨交加时冲过来。

[22]半死生：意思是半生半死，伤亡惨重。

[23]腓(一作衰)：指枯萎。隋虞世基《陇头吟》："穷秋塞草腓，塞外胡尘飞。"

[24]斗兵稀：作战的士兵越打越少了。

[25]身当恩遇：指主将受朝廷的恩宠厚遇。

[26]玉箸：白色的筷子(玉筷)，比喻思妇的眼泪。

[27]城南：唐代长安城住宅区在城南。

[28]蓟北：泛指今河北东北部边地。

[29]边庭飘飖：形容边塞战场动荡不安。庭，一作"风"。飘飖，形容长风万里。

[30]度：越过相隔的路程，回归。

[31]绝域：极远之地。

[32]无所有：更加荒凉不毛。

[33]三时：指晨、午、晚，即从早到晚。

[34]阵云：战场上象征杀气的云，即战云。

[35]一夜：即整夜，彻夜。

[36]刁斗：军中夜里巡更敲击报时用的、煮饭时用的两用铜器。

[37]血：一作"雪"。

[38]死节：指为国捐躯的志节。

[39]岂顾勋：难道还顾及自己的功勋。

[40]李将军：指汉朝李广，他能捍御强敌，爱抚士卒，匈奴称他为汉之飞将军。

赏析

高适(约702—765)，字达夫、仲武，渤海蓨(今河北沧县)人，唐代大臣、诗人。作为著名边塞诗人，高适与岑参并称"高岑"，与岑参、王昌龄、王之涣合称"边塞四诗人"。其边塞诗感情激昂，意境雄浑，气势奔放，洋溢着盛唐时期所特有的奋发进取、蓬勃向上的时代精神，其代表作有《高常侍集》十卷。

《燕歌行》是一个乐府旧题，属于《相和歌》中的《平调曲》，这个曲调以前没有记载，据说是曹丕开创的。曹丕的《燕歌行》有两首，写的是妇女愁思，所以后人多学他如此用燕歌行曲调作闺怨诗。高适的《燕歌行》写的是边塞将士生活，用燕歌行曲调写此题材他是第一人。

《燕歌行》不仅是高适的"第一大篇"(近人赵熙评语)，而且是整个唐代边塞诗中的杰作，千古传诵，良非偶然。此诗所讽刺对象是受张守珪派遣，前往征讨奚、契丹的平卢讨击使、左骁卫将军安禄山。

诗意在慨叹征战之苦，谴责将领骄傲轻敌，荒淫失职，造成战争失利，使战士受到极大痛苦和牺牲，反映了士兵与将领之间苦乐不同，庄严与荒淫迥异的现实。诗虽叙写边战，但重点不在民族矛盾，而是讽刺和愤恨不恤战士的将领。同时，也写出了士兵为国御敌之辛勤和舍身杀敌的豪情。主题雄健激越，慷慨悲壮。

雁门太守行[1]

[唐]李贺

黑云[2]压城城欲摧[3]，甲光[4]向日[5]金鳞[6]开。
角[7]声满天秋色里，塞上燕脂凝夜紫[8]。
半卷红旗临[9]易水[10]，霜重鼓寒声不起[11]。
报[12]君黄金台[13]上意[14]，提携玉龙[15]为君[16]死。

注释

[1]雁门太守行：古乐府曲调名。雁门，郡名。古雁门郡大约在今山西省西北部，是唐王朝与北方突厥部族的边境地带。

[2]黑云：形容战争烟尘铺天盖地，弥漫在边城附近，气氛十分紧张。

[3]摧：毁。

[4]甲光：铠甲迎着太阳闪出的光。甲，指铠甲，战衣。

[5]向日：迎着太阳。亦有版本写作"向月"。

[6]金鳞：是说像金色的鱼鳞。

[7]角：古代军中一种吹奏乐器，多用兽角制成，也是古代军中的号角。

[8]塞上燕脂凝夜紫：边塞上将士的血迹在寒夜中凝为紫色。燕脂，即胭脂，色深红。"燕脂""夜紫"皆形容战场血迹。

[9]临：逼近，到，临近。

[10]易水：河名，大清河上源支流，源出今河北省易县，向东南流入大清河。易水距塞上尚远，此借荆轲故事以言悲壮之意。

[11] 霜重鼓寒：天寒霜降，战鼓声沉闷而不响亮。声不起：形容鼓声低沉；不响亮。此句一作"霜重鼓声寒不起"。

[12] 报：报答。

[13] 黄金台：黄金台亦称招贤台，战国时期燕昭王筑，为燕昭王尊师郭隗之所。其真正的故址位于河北省定兴县高里乡北章村台上（台上隶属于北章村，由黄金台在此而得名），遗址尚存。用来形容招纳贤才的地方或人才荟萃之地。

[14] 意：信任，重用。

[15] 玉龙：宝剑的代称。

[16] 君：君王。

赏析

李贺（790—816），唐代诗人。字长吉，福昌（今河南宜阳西）人。其诗长于乐府，多表现政治上不得意的悲愤。善于熔铸词采，驰骋想象，运用神话传说，创造出新奇瑰丽的诗境，在诗史上独树一帜，严羽《沧浪诗话》称为"李长吉体"。有些作品情调阴郁低沉，语言过于雕琢。

中唐时期藩镇之间和讨伐藩镇的战火此起彼伏，从未终止。关心着国家命运的诗人李贺，自然关心各地的战事，当他离开京城，到雁门时，写下了这首传诵千古的著名诗篇。

这首诗中，诗人运用"黑""金""紫""红"等鲜明的色彩、浓重的笔墨，表现了悲壮惨烈的战斗场面、勾勒出将士们以死报国的英雄形象。辽阔粗犷的边塞风光和风云变幻的战争风云在画面中融合统一，创造了真切、浓艳又奇诡的意境。诗人就像一位高明的画家，特别善于着色，以色示物，以色感人。诗人借助想象给事物涂上各种各样新奇浓重的色彩，有效地显示了它们的多层次性，为了使画面变得更加鲜明，诗人还把一些性质不同甚至互相矛盾的事物糅合在一起，让它们并行错出，形成强烈的对比。例如用压城的黑云暗喻敌军气焰嚣张，借向日之甲光显示守城将士雄姿英发，两相比照，色彩鲜明，爱憎分明。

破阵子·为陈同甫[1]赋壮词以寄之

[宋] 辛弃疾

醉里挑灯看剑，梦回[2]吹角连营。八百里[3]分麾下炙[4]，五十弦翻塞外声[5]，沙场秋点兵。马作的卢[6]飞快，弓如霹雳弦惊。了却[7]君王天下事，赢得生前身后名。可怜[8]白发生！

注释

[1] 陈同甫：陈亮，字同甫，南宋爱国词人，辛弃疾挚友。

[2] 梦回：梦中回到。

[3]《世说新语·汰侈》载："晋王恺有良牛，名'八百里驳'。"八百里驳，后人用"八百里"指大牛。这里语意双关，兼指抗金义军的营寨分布之广。

[4] 麾：古代指军队的旗帜。麾下：部下。炙：烤熟的肉食。

[5] 五十弦翻塞外声：各种乐器奏出雄壮的歌曲。翻：演奏。

[6] 的卢：形容快马。相传刘备在襄阳遇险时，曾骑的卢马越过三丈宽的檀溪而脱险。

[7] 了却：完成。

[8]可怜：可惜。

赏析

辛弃疾(1140—1207)，南宋词人。字幼安，号稼轩，历城(今山东济南)人。出生时，中原已为金兵所占。二十一岁参加抗金义军，不久归南宋。历任湖北、江西、湖南、福建、浙东安抚使等职，一生坚决主张抗金。曾上《美芹十论》与《九议》，条陈战守之策，显示其卓越军事才能与爱国热忱，但提出的抗金建议均未被采纳，并遭到打击，曾长期落职闲居于江西上饶、铅山一带。韩侂胄当政时一度起用，不久病卒。其词抒写力图恢复国家统一的爱国热情，倾诉壮志难酬的悲愤，对当时执政者的屈辱求和颇多谴责；也有不少吟咏祖国河山的作品。艺术风格多样，以豪放为主，热情洋溢，慷慨悲壮，笔力雄厚，与苏轼并称为"苏辛"。

这是辛弃疾寄好友陈亮(陈同甫)的一首词，词中回顾了他当年在山东和耿京一起领导义军抗击金兵的情形，描绘了义军雄壮的军容和英勇战斗的场面，也表现了作者不能实现收复中原的理想的悲愤心情。

上片写军容的威武雄壮。开头两句写他喝酒之后，兴致勃勃，拨亮灯火，拔出身上佩戴的宝剑，仔细地抚视着。在睡梦中，四面八方的军营里，接连响起号角声。将士们分享着大块的牛肉，乐队在边塞演奏起悲壮苍凉的军歌，在秋天的战场上，检阅着全副武装、准备战斗的部队。

下片前两句写义军在作战时，奔驰向前，英勇杀敌，弓弦发出霹雳般的响声。终于"了却君王天下事"，完成恢复了中原的大业。也"赢得生前身后名"，即博得生前和死后的英名。可是一句"可怜白发生"，悲愤幽咽，遗响千古。

这首词音调铿锵、气势磅礴、意境阔大，充满了鼓舞人心的壮志豪情。矢志报国，但又壮志难酬，使得词人豪情中有悲凉，壮志中有愤慨。壮中寓悲，是英雄之悲壮也。

诉衷情[1]·当年万里觅封侯

[宋]陆游

当年万里觅封侯[2]，匹马戍[3]梁州[4]。关河[5]梦断[6]何处？尘暗旧貂裘[7]。胡[8]未灭，鬓[9]先秋[10]，泪空流。此生谁料，心在天山[11]，身老沧洲[12]。

注释

[1]诉衷情：词牌名。
[2]万里觅封侯：奔赴万里外的疆场，寻找建功立业的机会。
[3]戍(shù)：守边。
[4]梁州：治所在汉中南郑。陆游著作中，称其参加四川宣抚使幕府所在地，常杂用以上地名。
[5]关河：关塞、河流。一说指潼关黄河之所在。此处泛指汉中前线险要的地方。
[6]梦断：梦醒。
[7]尘暗旧貂裘：貂皮裘上落满灰尘，颜色为之暗淡。这里借用苏秦典故，说自己不受重用，未能施展抱负。据《战国策·秦策》载：苏秦游说秦王，书十上而说不行，黑貂之裘敝，黄金百斤尽，资用乏绝，去秦而归。
[8]胡：古泛称西北各族为胡，亦指来自彼方之物。南宋词中多指金人。此处指金入侵者。

[9]鬓：鬓发。

[10]秋：秋霜，比喻年老鬓白。

[11]天山：在中国西北部，是汉唐时的边疆。这里代指南宋与金国相持的西北前线。

[12]沧洲：靠近水的地方，古时常用来泛指隐士居住之地。这里是指作者位于镜湖之滨的家乡。

赏析

陆游(1125—1210)，字务观，号放翁，越州山阴(今浙江绍兴)人，南宋文学家、史学家、爱国诗人。创作诗歌今存九千多首，内容极为丰富。与王安石、苏轼、黄庭坚并称"宋代四大诗人"，又与杨万里、范成大、尤袤合称"南宋四大家"。著有《剑南诗稿》《渭南文集》《南唐书》《老学庵笔记》等。

这首词作于宋孝宗淳熙八年(1181年)至淳熙十二年(1185年)陆游家居山阴期间。乾道八年(1172年)，陆游应四川宣抚使王炎之邀，从夔州前往当时西北前线重镇南郑军中任职，度过了八个多月的戎马生活，那是他一生中最值得怀念的一段岁月。陆游家居山阴时，常常回首往事，梦游梁州，写下了一系列爱国诗词。这首《诉衷情》是其中的一篇。

此词描写了作者一生中最值得怀念的一段岁月，通过今昔对比，反映了一位爱国志士的坎坷经历和不幸遭遇，表达了作者壮志未酬、报国无门的悲愤不平之情。

上片开头追忆作者昔日戎马疆场的意气风发，接写当年宏愿只能在梦中实现的失望。"梦断"化慷慨为悲凉，"暗"则饱含惆怅。

下片抒写敌人尚未消灭而英雄却已迟暮的感叹。"未""先""空"层层推进，诉尽平生不得志。放眼河山，西北未定；回首人生，人事消磨，沉思往事，壮志难酬。敌人未灭，岁月无多，功业未成，真是"男儿到死心如铁"，无奈却是"报国欲死无战场""事无成，两鬓霜"啊！怎不令人悲愤，怎不令人浩叹？炽热中尽显悲凉。

全词格调苍凉悲壮，用典自然，不着痕迹，不加雕饰，如叹如诉，有较强的艺术感染力。陆游这首词，饱含着人生的秋意，但由于词人"身老沧洲"的感叹中包含了更多的历史内容，他的阑干老泪中融汇了对祖国炽热的感情，所以，词的情调体现出幽咽而又不失开阔深沉的特色，比一般仅仅抒写个人苦闷的作品显得更有力量，更为动人。

满江红·怒发冲冠

[宋]岳飞

怒发冲冠[1]，凭阑处、潇潇[2]雨歇。抬望眼，仰天长啸[3]，壮怀激烈。三十功名尘与土[4]，八千里路云和月[5]。莫等闲[6]、白了少年头，空悲切。

靖康耻[7]，犹未雪；臣子恨，何时灭？驾长车、踏破贺兰山[8]缺。壮志饥餐胡虏肉，笑谈渴饮匈奴血。待从头、收拾旧山河，朝天阙[9]。

注释

[1]怒发冲冠：形容愤怒至极，头发竖了起来。《史记·刺客列传》："士皆瞋目，发尽上指冠。"

[2]潇潇：形容雨势急骤。

[3]长啸：感情激动时撮口发出清而长的声音，为古人的一种抒情举动。

满江红·怒发冲冠

[4]三十功名尘与土：年已三十，建立了一些功名，不过很微不足道。

[5]八千里路云和月：形容南征北战、路途遥远、披星戴月的战场艰苦生活。八千是概数，凸显沙场征战行程之远。

[6]等闲：轻易，随便。

[7]靖康耻：宋钦宗靖康二年(1127年)，金兵攻陷汴京，虏走徽、钦二帝。靖康，宋钦宗赵恒年号。

[8]贺兰山：贺兰山脉位于宁夏回族自治区与内蒙古自治区交界处。

[9]朝天阙：朝见皇帝。天阙，本指宫殿前的楼观，此指皇帝生活的地方。

赏析

岳飞(1103—1142)，字鹏举，相州汤阴(今河南省汤阴县)人。南宋初期抗金名将、军事家、战略家、民族英雄、书法家、诗人，位列南宋"中兴四将"之首。

岳飞此词，激励着中华民族的爱国心。抗战期间这首词曲以其低沉但却雄壮的歌声，感染了中华儿女。前四字，即司马迁写蔺相如"怒发冲冠"的妙，表明这是不共戴天的深仇大恨。此仇此恨，因何愈思愈不可忍？正缘独上高楼，自倚阑干，纵目乾坤，俯仰六合，不禁热血满怀沸腾激昂。而此时秋霖乍止、风澄烟净、光景自佳，翻助郁闷之怀，于是仰天长啸，以抒此万斛英雄壮志。"潇潇雨歇"四字，笔锋微顿，方见气度渊静。开头凌云壮志，气盖山河，写来气势磅礴。再接下去，作者以"三十功名尘与土，八千里路云和月"十四个字，出乎意料，令人叫绝，此十四字，如见将军抚膺自理半生壮志，九曲刚肠，英雄正是多情人物。功名是其所期，岂与尘土同埋；驰驱何足言苦，堪随云月共赏。不仅如此，他还号召世人，"莫等闲"，用自己的行动来护卫河山，不要等到头发花白，才独自嗟叹。其力挽大厦之既倒的豪迈和悲壮，像那面"精忠岳飞"锦旗一样，感召着无数正义之士。

词的下片伊始，直接说出"靖康耻，犹未雪"的现状，提醒人们勿忘"国耻"。他更进一步指出宋廷内部的矛盾，这不仅仅是主战派和主和派的分歧，更多的是"私恨"。岳飞用这样的疑问，呼吁众臣形成"文不爱财，武不惜死，臣子愿恨"的局面，一心御外敌。果能如此，则内部安定，他将直驾战车，"踏破贺兰山缺，壮志饥餐胡虏肉，笑谈渴饮匈奴血"。尽管"餐胡虏肉""饮匈奴血"看似残忍、野蛮，但这也是战争的残酷，更为重要的是，作者通过这样最原始的描述，表达的是收复故土的强烈愿望！

这首词代表了岳飞"精忠报国"的英雄之志，词里句中无不透出雄壮之气，显示了作者忧国报国的壮志胸怀。它作为爱国将领的抒怀之作，情调激昂，慷慨壮烈，充分表现了中华民族不甘屈辱，奋发图强，雪耻若渴的精神，从而成为反侵略战争的名篇。

长相思[1]

[清]纳兰性德

山一程，水一程[2]，身向榆关[3]那畔[4]行，夜深千帐灯[5]。

风一更，雪一更[6]，聒[7]碎乡心梦不成，故园[8]无此声。

注释

[1]长相思：词牌名，又名"吴山青""山渐青""相思令""长思仙""越山青"等。双调三十六字，前后段各四句三平韵一叠韵。

[2]山一程，水一程：即山长水远。程，道路、路程。

[3]榆(yú)关：即山海关，在今河北秦皇岛东北。

[4]那畔：即山海关的另一边，指身处关外。

[5]千帐灯：皇帝出巡临时住宿的行帐的灯火，千帐言军营之多。

[6]风一更，雪一更：即整夜风雪交加。更，旧时一夜分五更，每更大约两小时。

[7]聒(guō)：声音嘈杂，这里指风雪声。

[8]故园：故乡，这里指北京。

赏析

纳兰性德(1655—1685)，本名成德，字容若，号楞伽山人。其词以"真"取胜，写景逼真传神，词风"清丽婉约，哀感顽艳，格高韵远，独具特色"。著有《通志堂集》《侧帽集》《饮水词》等。其文学成就以词为最，以小令见长。

康熙二十一年(1682年)二月十五日，康熙帝因云南平定，出关东巡，祭告奉天祖陵。词人随从康熙帝诣永陵、福陵、昭陵告祭，二十三日出山海关。塞上风雪弥漫，苦寒的天气引发了词人对京师中家的思念，于是写下了这首词。

这首词由外而内，由大到小，写出了作为军人和普通人的内心独白。

词的上下片的首句运用反复的手法，一程又一程，一更又一更分别强调了路途的遥远和风雪弥漫的场景，形象生动，如临其境。上片描写军队跋山涉水，来到关外，离家越来越远。"身向榆关那畔行"，身向山海关进发，心却向京师，向家园。一路前行，却又步步回首，思乡之情跃然纸上。"夜深千帐灯"显现的是皇家气派，苦寒的天气，露营在塞外，营外凛冽寒风暴雪让万千将士夜不能眠，思乡心切。下片由外部写到词人自己内心的复杂心境，急风骤雪夜宿之时，在这荒寒的地方，让人百感千肠，夜不能寐，连绵不绝的风雪聒噪之声，让词人更加思念京师的家人，交代了迟迟不能进入梦乡的真实原因。"无情未必真豪杰"，这首小词，不同于其他的边塞诗词，大都展现宏大的征战场景，而是通过对山、水、风、雪、千帐灯等物像的描绘，来烘托作者细腻婉转的思绪，起承转合自然，缠绵而不骄矜造作，在柔情中不失男儿的阳刚之气，自然雅致，能引起读者的共鸣。词中表达出来的纵使寂寞难耐，思乡情切，也必须要履行军人戍守边塞职责的朴素情怀，提升了整首词的思想境界。

这首词以白描手法，朴素自然的语言，表现出真切的情感。词人在写景中寄寓了思乡的情怀。格调清淡朴素，自然雅致，直抒胸臆，毫无雕琢痕迹。

乡愁四韵

余光中

给我一瓢长江水啊长江水，
酒一样的长江水。
醉酒的滋味，
是乡愁的滋味，
给我一瓢长江水啊长江水。

给我一张海棠红啊海棠红，
血一样的海棠红。
沸血的烧痛，
是乡愁的烧痛，
给我一张海棠红啊海棠红。

给我一片雪花白啊雪花白，
信一样的雪花白。
家信的等待，
是乡愁的等待，
给我一片雪花白啊雪花白。

给我一朵腊梅香啊腊梅香，
母亲一样的腊梅香。
母亲的芬芳，
是乡土的芬芳，
给我一朵腊梅香啊腊梅香。

赏析

余光中(1928—2017)，当代著名作家、诗人、学者、翻译家，出生于江苏南京，祖籍福建泉州永春。现已出版诗集21种，散文集11种，评论集5种，翻译集13种，共40余种。代表作有《白玉苦瓜》(诗集)、《记忆像铁轨一样长》(散文集)及《分水岭上：余光中评论文集》(评论集)等。

本诗依次选用了四个极具中国特色和个性风格的意象来抒发诗人久积于心、耿耿难忘的乡愁情结。

首节"给我一瓢长江水啊长江水"以呼告开篇，反复咏唱，"长江水"发人深思，耐人寻味。它是自然滋润万物的汩汩清泉，它是母亲哺育儿女的乳汁，它是祖国抚慰游子的绵长柔情。诗人漂泊天涯的深情呼唤有如穿越沙漠、久旱干渴的旅人对于绿洲和清泉的渴盼，焦灼而痛楚，执着而痴迷！

第二节的"海棠红"和第四节的"腊梅香"极富古典韵味，很容易引发人们对于中国古典诗词的相似联想，也含蓄而形象地表达了诗人对中国传统文化的留恋和热爱。树高千丈，叶落归根；人在旅途，魂归故里。哪怕天涯海角，哪怕沧海桑田，文化的血脉永远亘古如斯，一脉相连。

第三节的"雪花白"则摹色绘心，以雪花的晶莹剔透、洁白无瑕隐喻游子对祖国母亲的赤子之心和挚爱之情。

四个意象以相同的方式呈现，多侧面、多角度地抒写了诗人对祖国母亲手足相连、血肉相依的深挚情怀。

故乡的胡同

史铁生

北京很大，不敢说就是我的故乡。我的故乡很小，仅北京城之一角，方圆大约二里，东和北曾经是城墙现在是二环路。其余的北京和其余的地球我都陌生。

二里方圆，上百条胡同密如蛛网，我在其中活到四十岁。编辑约我写写那些胡同，以为简单，答应了，之后发现，这岂非是要写我的全部生命？办不到。但我的心神便又走进那些胡同，看它们一条一条怎样延伸怎样连接，怎样枝枝杈杈地漫展，以及怎样曲曲弯弯地隐没。我才醒悟，不是我曾居于其间，是它们构成了我。密如蛛网，每一条胡同都是我的一段历史、一种心绪。

四十年前，一个男孩艰难地越过一道大门槛，惊讶着四下张望，对我来说胡同就在那一刻诞生。很长很长的一条土路，两侧一座座院门排向东西，红而且安静的太阳悬挂西端。男孩看太阳，直看得眼前发黑，闭一会儿眼，然后顽固地再看太阳。因为我问过奶奶："妈妈是不是就从那太阳里回来？"

奶奶带我走出那条胡同，可能是在另一年。奶奶带我去看病，走过一条又一条胡同，天上地上都是风、被风吹淡的阳光、被风吹得断续的鸽哨声。那家医院就是我的出生地。打完针，嚎啕之际，奶奶买一串糖葫芦慰劳我，指着医院的一座西洋式小楼说，她就是从那儿听见我来了，说那天下着罕见的大雪。

是我不断长大所以胡同不断地漫展呢，还是胡同不断地漫展所以我不断长大？可能是一回事。有一天母亲领我拐进一条更长更窄的胡同，把我送进一个大门，一眨眼母亲不见了，我正要往门外跑时被一个老太太拉住，她很和蔼但是我哭着使劲挣脱她，屋里跑出来一群孩子，笑闹声把我的哭喊淹没。那是我头一回离家在外，那一天很长，墙外磨刀人的喇叭声尤其漫漫。这幼儿园就是那老太太办的，都说她信教。

几乎每条胡同都有庙。僧人在胡同里静静地走，回到庙去沉沉地唱，那诵经声总让我看见夏夜的星光。睡梦中我还常常被一种清朗的钟声唤醒，以为是午后阳光落地的震响，多年以后我才找到它的来源。现在俄国使馆的位置，曾是一座东正教堂，我把那钟声和它联系起来时，它已被推倒。那时，寺庙多也消失或改作他用。

我的第一个校园就是往日的寺庙，庙院里松柏森森。那儿有个可怕的孩子，他有一种至今令我惊诧不解的能力，同学们都怕他。他说他第一跟谁好谁就会受宠若惊，说他最后跟谁好谁就会忧心忡忡，说他不跟谁好了谁就像被判离群的鸟儿。因为他，我学会了谄媚和防备，看见了孤独。成年以后，我仍能处处见出他的影子。

十八岁我去插队，离开这片故土三年。回来时双腿残废了，找不到工作，我常独自摇了轮椅一条条再去走那些胡同。它们几乎没变，只是往日都到哪儿去了很费猜解。在一条胡同里我碰见一群老太太，她们用油漆涂抹着美丽的图画，我说，我能参加吗？我便在那儿拿到平生第一份工资，我们整日涂抹说笑，对未来抱着过分的希望。

母亲对未来的祈祷，可能比我对未来的希望还要多，她在我们住的院子里种下一棵合欢树。那时我开始写作，开始恋爱，爱情使我的心魂从轮椅里站起来。可是合欢树长大了，母亲却永远离开了我。几年后我的恋人也远去他乡，但那时她们已经把我培育得可以让人放心了。然后我的妻子来了，我把珍贵的以往说给她听，她说因此她也爱恋着我的这块故土。

我单不知，像鸟儿那样飞在不高的空中俯瞰那片密如蛛网的胡同，会是怎样的景象？飞在空中而且不惊动下面的人类，看一条条胡同的延伸、连接、枝枝杈杈地漫展以及曲曲弯弯地隐没，是否就可以看见命运的构造？

1993 年 12 月

赏析

史铁生（1951—2010），中国当代作家、散文家。1969 年于延安一带插队，因双腿瘫痪于 1972 年回到北京，后来又患肾病并发展到尿毒症，需要靠透析维持生命。自称"职业是生病，业余在写作"。他的写作与他的生命完全同构在了一起，史铁生用残缺的身体，写出了最为健全而丰满的思想。他体验到的是生命的苦难，表达出的却是存在的明朗和欢乐，他睿智的言辞，照亮的反而是我们日益幽暗的心。

胡同见证了作者的命运，见证了作者的童年、成年，见证了作者的成长史、苦难和救赎（重新有工作、母亲、恋爱），承载着作者的不同心情，也是作者命运起伏的发生地。于作者而言，胡同是一个包容、疗伤、接纳的所在。包容、接纳其病苦，同时又给了他温暖、宽厚和希望。胡同与作者的生命相融合，因而也成了作者珍贵的过往和热爱的故土。作者关于故乡的追忆，像一首感伤的诗牵着我们的心走回生命的历史。不管后来的人生境遇如何，人们都曾经是那个孩子，人们沿着作家的追忆，看见人怎样走过由爱、忧伤、恐惧和希望交织的生命，让自己的灵魂长成一棵大树。

作者在文章最后一段设想自己是一只俯瞰胡同的鸟儿，表达了自己对故乡的胡同、对过往人生的无限眷恋，对人生的思考，对彻悟人生真谛的渴望。

类文链接

1. 《诗经·无衣》

　　　　岂曰无衣？与子同袍。王于兴师，修我戈矛。与子同仇！
　　　　岂曰无衣？与子同泽。王于兴师，修我矛戟。与子偕作！
　　　　岂曰无衣？与子同裳。王于兴师，修我甲兵。与子偕行！

2. 《左传·蹇叔哭师》

　　冬，晋文公卒。庚辰，将殡于曲沃。出绛，柩有声如牛。卜偃使大夫拜，曰："君命大事将有西师过轶我，击之，必大捷焉。"

　　杞子自郑使告于秦曰："郑人使我掌其北门之管，若潜师以来，国可得也。"穆公访诸蹇叔，蹇叔曰："劳师以袭远，非所闻也。师劳力竭，远主备之，无乃不可乎？师之所为，郑必知之；勤而无所，必有悖心。且行千里，其谁不知？"公辞焉。召孟明、西乞、白乙，使出师于东门之外。蹇叔哭之，曰："孟子！吾见师之出而不见其入也！"公使谓之曰："尔何知？中寿，尔墓之木拱矣！"

　　蹇叔之子与师，哭而送之，曰："晋人御师必于殽。殽有二陵焉：其南陵，夏后皋之墓也；其北陵，文王之所辟风雨也。必死是间，余收尔骨焉。"秦师遂东。

3. 屈原《橘颂》

　　　　后皇嘉树，橘徕服兮。受命不迁，生南国兮。
　　　　深固难徙，更壹志兮。绿叶素荣，纷其可喜兮。
　　　　曾枝剡棘，圆果抟兮。青黄杂糅，文章烂兮。
　　　　精色内白，类可任兮。纷缊宜修，姱而不丑兮。
　　　　嗟尔幼志，有以异兮。独立不迁，岂不可喜兮。
　　　　深固难徙，廓其无求兮。苏世独立，横而不流兮。
　　　　闭心自慎，终不失过兮。秉德无私，参天地兮。
　　　　愿岁并谢，与长友兮。淑离不淫，梗其有理兮。
　　　　年岁虽少，可师长兮。行比伯夷，置以为像兮。

4. 曹植《白马篇》

　　　　　　白马饰金羁，连翩西北驰。借问谁家子，幽并游侠儿。
　　　　　　少小去乡邑，扬声沙漠垂。宿昔秉良弓，楛矢何参差。
　　　　　　控弦破左的，右发摧月支。仰手接飞猱，俯身散马蹄。
　　　　　　狡捷过猴猿，勇剽若豹螭。边城多警急，虏骑数迁移。
　　　　　　羽檄从北来，厉马登高堤。长驱蹈匈奴，左顾凌鲜卑。
　　　　　　弃身锋刃端，性命安可怀？父母且不顾，何言子与妻！
　　　　　　名编壮士籍，不得中顾私。捐躯赴国难，视死忽如归！

5. 庾信《哀江南赋》序

　　粤以戊辰之年，建亥之月，大盗移国，金陵瓦解。余乃窜身荒谷，公私涂炭。华阳奔命，有去无归。中兴道销，穷于甲戌。三日哭于都亭，三年囚于别馆。天道周星，物极不反。傅燮之但悲身世，无处求生；袁安之每念王室，自然流涕。昔桓君山之志事，杜元凯之平生，并有著书，咸能自序。潘岳之文采，始述家风；陆机之辞赋，先陈世德。信年始二毛，即逢丧乱，藐是流离，至于暮齿。燕歌远别，悲不自胜；楚老相逢，泣将何及。畏南山之雨，忽践秦庭；让东海之滨，遂餐周粟。下亭漂泊，高桥羁旅。楚歌非取乐之方，鲁酒无忘忧之用。追为此赋，聊以记言，不无危苦之辞，唯以悲哀为主。

　　日暮途远，人间何世！将军一去，大树飘零；壮士不还，寒风萧瑟。荆璧睨柱，受连城而见欺；载书横阶，捧珠盘而不定。钟仪君子，入就南冠之囚；季孙行人，留守西河之馆。申包胥之顿地，碎之以首；蔡威公之泪尽，加之以血。钓台移柳，非玉关之可望；华亭鹤唳，岂河桥之可闻！

　　孙策以天下为三分，众才一旅；项籍用江东之子弟，人惟八千。遂乃分裂山河，宰割天下。岂有百万义师，一朝卷甲，芟夷斩伐，如草木焉？江淮无涯岸之阻，亭壁无藩篱之固。头会箕敛者，合纵缔交；锄耰棘矜都，因利乘便。将非江表王气，终于三百年乎？是知并吞六合，不免轵道之灾；混一车书，无救平阳之祸。呜呼！山岳崩颓，既履危亡之运；春秋迭代，必有去故之悲。天意人事，可以凄怆伤心者矣！况复舟楫路穷，星汉非乘槎可上；风飙道阻，蓬莱无可到之期。穷者欲达其言，劳者须歌其事。陆士衡闻而抚掌，是所甘心；张平子见而陋之，固其宜矣！

6. 杜甫《秋兴八首》(其一)

　　　　　　玉露凋伤枫树林，巫山巫峡气萧森。江间波浪兼天涌，塞上风云接地阴。
　　　　　　丛菊两开他日泪，孤舟一系故园心。寒衣处处催刀尺，白帝城高急暮砧。

7. 王翰《凉州词》

　　　　　　葡萄美酒夜光杯，欲饮琵琶马上催。
　　　　　　醉卧沙场君莫笑，古来征战几人回？

8. 闻一多《七子之歌·澳门》

　　　　　　你可知妈港不是我的真名姓？
　　　　　　我离开你的襁褓太久了，母亲！
　　　　　　但是他们掳去的是我的肉体，

你依然保管我内心的灵魂。
那三百年来梦寐不忘的生母啊!
请叫儿的乳名,
叫我一声"澳门"!
母亲!我要回来,母亲!

9. 余光中《乡愁》

小时候,
乡愁是一枚小小的邮票,
我在这头,
母亲在那头。

长大后,
乡愁是一张窄窄的船票,
我在这头,
新娘在那头。

后来啊,
乡愁是一方矮矮的坟墓,
我在外头,
母亲在里头。

而现在,
乡愁是一湾浅浅的海峡,
我在这头,
大陆在那头。

守望担当

"胸中有大义、心里有人民、肩头有责任、笔下有乾坤",文学在现实担当和历史担当等方面的自觉意识在不断加强。大至一个民族、一个国家,小至一个刊物、一个作家,其纯正的文化品位,于文学一途而言,往往体现在对纯文学的守望与坚持,特别是对文学经典的弘扬与传承。

周易(节选)

周易·易经·乾卦(节选)

乾：元，亨，利，贞[1]。

彖曰：大哉乾元，万物资始，乃统天。云行雨施，品物流形。大明始终，六位时成，时乘六龙以御天。乾道变化，各正性命，保合太和，乃利贞。首出庶物，万国咸宁[2]。

象曰：天行健，君子以自强不息[3]。

周易·易经·坤卦(节选)

坤：元亨。利牝马之贞。君子有攸往，先迷，后得主，利。西南得朋，东北丧朋。安贞吉[4]。

象曰：地势坤，君子以厚德载物[5]。

注释

[1]乾卦：大吉大利，吉利的占卜。

[2]《彖辞》说：多么伟大啊，阳气的始生！万物因它而生，乃至天体也被它控制着(即天气因阳生而转暖)。它使天空布云施雨，(在雨水的滋润下)万物开始了生长，在大地上显露出了本来的形象；云朵飘行、霖雨降落，各类事物流布成形。光辉灿烂的太阳反复运转，乾卦六爻按不同的时位组合而成，就像阳气按时乘着六条巨龙驾驭大自然。大自然的运行变化，万物各自静定精神，保全太和元气，以利于守持正固。阳气周流不息，又开始重新萌生万物，天下万方都和美顺昌。

[3]《彖辞》说：天道运行周而复始，永无止息，谁也不能阻挡，君子应效法天道，自立自强，不停地奋斗下去。

[4]坤卦：初始亨通，利于像母马那样保持温顺的德行。君子有所行动，起初会迷失方向，后遇到明主，有利到西南方向可以得到朋友，在东北方向则丧失朋友。安于正道则会吉祥。

[5]《彖辞》说：大地顺应天而行，君子应效法大地，以深厚的道德负载万物。

赏析

《周易》是古代卜筮用书，简称《易》，儒家的重要经典之一，又称《易经》。根据《史记》中的记载"文王拘而演《周易》"，一般认为《周易》是周文王所作。全书分为《经》《传》两部分。

《周易》通过八卦的形式推测自然和社会的各种变化，提出了若干富有朴素辩证法的观点。"天行健，君子以自强不息""地势坤，君子以厚德载物"强调人要自强，包容万物，而且要坚持不懈，增厚美德。这两句话常被人们并在一起成为上下联，作为勉励自己的座右铭。

大学(节选)

大学之道[1]，在明明德[2]，在亲民[3]，在止于至善。

注释

[1]大学之道：大学的宗旨。"大学"一词在古代有两种含义：一是"博学"的意思；二是相对于小学而言的"大人之学"。古人八岁入小学，学习"洒扫应对进退、礼乐射御书数"等文化基础知识和礼

节；十五岁入大学，学习伦理、政治、哲学等"穷理正心，修己治人"的学问。所以，后一种含义其实也和前一种含义有相通的地方，同样有"博学"的意思。"道"的本义是道路，引申为规律、原则等。

[2]明明德：前一个"明"作动词，有使动的意味，即"使彰明"，也就是发扬、弘扬的意思。后一个"明"作形容词，明德也就是光明正大的品德。

[3]亲民："亲"应为"新"，即革新、弃旧图新。亲民，也就是新民，使人弃旧图新、去恶从善。

知止[4]而后有定，定而后能静，静而后能安，安而后能虑，虑而后能得[5]。物有本末，事有终始。知所先后，则近道矣。

注释

[4]知止：知道目标所在。

[5]得：收获。

古之欲明明德于天下者，先治其国；欲治其国者，先齐其家[6]；欲齐其家者，先修其身[7]；欲修其身者，先正其心；欲正其心者，先诚其意；欲诚其意者，先致其知[8]。致知在格物[9]。物格而后知至，知至而后意诚，意诚而后心正，心正而后身修，身修而后家齐，家齐而后国治，国治而后天下平。自天子以至于庶人[10]，壹是[11]皆以修身为本。其本乱而末[12]治者否矣。其所厚者薄[13]，而其所薄者厚[14]，未之有也[15]。此谓知本，此谓知之至也。

注释

[6]齐其家：管理好自己的家庭或家族，使家庭或家族和和美美、蒸蒸日上、兴旺发达。

[7]修其身：修养自身的品性。

[8]致其知：使自己获得知识。

[9]格物：认识、研究万事万物。

[10]庶人：指平民百姓。

[11]壹是：都是。

[12]末：相对于本而言，指枝末、枝节。

[13]厚者薄：该重视的不重视。

[14]薄者厚：不该重视的却加以重视。

[15]未之有也：即未有之也，没有这样的道理（事情、做法等）。

所谓诚其意者，毋自欺也。如恶恶臭[16]，如好好色[17]，此之谓自谦[18]。故君子必慎其独[19]也。小人闲居[20]，为不善，无所不至，见君子而后厌然[21]，掩其不善而著其善。人之视己，如见其肺肝然，则何益矣。此谓诚于中，形于外，故君子必慎其独也。曾子曰："十目所视，十手所指，其严乎！"富润屋，德润身，心广体胖[22]，故君子必诚其意。

注释

[16]恶恶（wùè）臭：讨厌恶臭的气味。

[17]好好（hàohǎo）色：喜爱容貌出众的女子。

[18]谦：心满意足。

[19]慎其独：在独处时要慎重。
[20]闲居：独处。
[21]厌然：遮遮掩掩、躲避之意。
[22]心广体胖：心胸宽广，身体舒适。

《诗》云："瞻彼淇澳，菉竹猗猗[23]。有斐君子，如切如磋，如琢如磨[24]。瑟兮僩兮，赫兮喧兮[25]。有斐君子，终不可喧[26]兮！""如切如磋"者，道[27]学也。"如琢如磨"者，自修也。"瑟兮僩兮"者，恂栗[28]也。"赫兮喧兮"者，威仪也。"有斐君子，终不可喧兮"者，道盛德至善，民之不能忘也。《诗》云："於戏，前王不忘[29]！"君子贤其贤[30]而亲其亲[31]，小人乐其乐[32]而利其利，此以没世不忘也。

注释

[23]淇：古代的水名，在今河南北部。澳(yù)：水曲之处。菉(lù)：通"绿"。猗(yī)猗：美丽茂盛。
[24]切、磋：对骨角进行切割磋光。琢、磨：雕琢打磨玉石，这里用来比喻研究学问。
[25]瑟：庄严。僩：威严。赫兮喧兮：显赫的样子。
[26]喧：又作"谖"，忘却。
[27]道：说、言的意思。
[28]恂栗：恐惧，戒惧。
[29]於戏，前王不忘：引自《诗经·周颂·烈文》。於戏，叹词。前王，指周文王、周武王。
[30]贤其贤：尊重有贤德的人。
[31]亲其亲：亲近他的亲人。
[32]乐其乐：安享他的快乐。

《康诰[33]》曰："克[34]明德。"《大甲[35]》曰："顾[36]諟天之明命[37]。"《帝典[38]》曰："克明峻德[39]。"皆[40]自明也。汤[41]之《盘铭》曰："苟[42]日新[43]，日日新，又日新。"《康诰》曰："作[44]新民[45]。"《诗[46]》曰："周[47]虽旧邦[48]，其命[49]维新。"是故君子无所不用其极[50]。

注释

[33]康诰：《尚书·周书》中的一篇。《尚书》是上古历史文献和追述古代事迹的一些文章的汇编，是"五经"之一，称为"书经"。全书分为《虞书》《夏书》《商书》《周书》四部分。
[34]克：能够。
[35]大甲：即《太甲》，《尚书·商书》中的一篇。
[36]顾：思念。
[37]明命：光明的禀性。
[38]帝典：即《尧典》，《尚书·虞书》中的一篇。
[39]克明峻德：《尧典》原句为"克明俊德"。俊：与"峻"相通，意为大、崇高等。
[40]皆：都，指前面所引的几句话。
[41]汤：即成汤，商朝的开国君主。
[42]苟：如果。

[43]新：这里的本义是指洗澡除去身体上的污垢，使身体焕然一新，引申义则是指精神上的弃旧图新。

[44]作：振作，激励。

[45]新民：即"经"里面说的"亲民"，实应为"新民"。意思是使新、民新，也就是使人弃旧图新，去恶从善。

[46]《诗》：这里的"诗"指《诗经·大雅·文王》。

[47]周：周朝。

[48]旧邦：旧国。

[49]其命：指周朝所禀受的天命。

[50]是故君子无所不用其极：所以品德高尚的人无处不追求完善。是故，所以。君子，有时指贵族，有时指品德高尚的人，根据上下文不同的语言环境有不同的意思。

《诗》云："邦畿千里，惟民所止[51]。"《诗》云："缗蛮黄鸟，止于丘隅[52]。"子曰："于止，知其所止，可以人而不如鸟乎？"《诗》云："穆穆文王，于缉熙敬止[53]！"为人君，止于仁；为人臣，止于敬；为人子，止于孝；为人父，止于慈；与国人交，止于信。子曰："听讼，吾犹人也[54]。必也使无讼乎！"无情者不得尽其辞[55]。大畏民志[56]，此谓知本。

注释

[51]邦畿千里，惟民所止：引自《诗经·商颂·玄鸟》。邦畿，都城及其周围的地区。止，有至、到、停止、居住、栖息等多种含义，随上下文而有所区别，在这里是居住的意思。

[52]缗蛮黄鸟，止于丘隅：引自《诗经·小雅·绵蛮》。缗蛮，即绵蛮，鸟叫声。隅，角落。止，栖息。

[53]穆穆文王，于缉熙敬止：引自《诗经·大雅·文王》。穆穆，仪表美好端庄的样子。

[54]听讼，吾犹人也：引自《论语·颜渊》。听讼，听诉讼，即审案子。犹人，与别人一样。

[55]无情者不得尽其辞：使隐瞒真实情况的人不能够花言巧语。

[56]民志：民心，人心。

所谓修身在正其心者，身有所忿懥[57]，则不得其正，有所恐惧，则不得其正，有所好乐[58]，则不得其正，有所忧患，则不得其正。心不在焉，视而不见，听而不闻，食而不知其味。此谓修身在正其心。

注释

[57]忿懥(zhì)：愤怒之意。

[58]好乐(hàoyào)：爱好、喜爱。

所谓齐其家在修其身者，人之其所亲爱而辟[59]焉，之其所贱恶而辟焉，之其所畏敬而辟焉，之其所哀矜[60]而辟焉，之其所敖惰[61]而辟焉。故好而知其恶，恶而知其美者，天下鲜矣。故谚有之曰："人莫知其子之恶，莫知其苗之硕[62]。"此谓身不修，不可以齐其家。

注释

[59]辟：偏爱或偏见。

[60]哀矜：同情怜悯之意。
[61]敖惰：敖，通"傲"，骄傲，傲慢；惰，懈怠。
[62]硕：茁壮。

赏析

《大学》是一篇论述儒家修身齐家治国平天下思想的散文，是一部中国古代讨论教育理论的重要著作，和《中庸》《论语》《孟子》并称"四书"。宋、元以后，《大学》成为学校官定的教科书和科举考试的必读书，对中国古代教育产生了极大的影响。

《大学》提出的"三纲领"（明明德、亲民、止于至善）和"八条目"（格物、致知、诚意、正心、修身、齐家、治国、平天下），强调修己是治人的前提，修己的目的是治国平天下，说明治国平天下和个人道德修养的一致性。全文文辞简约，内涵深刻，影响深远，主要概括总结了先秦儒家道德修养理论，以及关于道德修养的基本原则和方法，对儒家政治哲学也有系统的论述，对做人、处事、治国等有深刻的启迪性。

《论语》十则

一、子路、曾皙、冉有、公西华侍坐

子路、曾皙、冉有、公西华侍坐[1]。

子曰："以[2]吾一日长[3]乎尔，毋吾以也。居[4]则曰：'不吾知也。'如或[5]知尔，则何以[6]哉？"

子路率尔[7]而对曰："千乘之国[8]，摄[9]乎大国之间，加之以师旅[10]，因之以饥馑[11]；由也为之，比及[12]三年，可使有勇，且知方[13]也。"

夫子哂[14]之。

"求，尔何如？"

对曰："方[15]六七十，如[16]五六十，求也为之，比及三年，可使足[17]民。如其[18]礼乐，以[19]俟[20]君子。"

"赤，尔何如？"

对曰："非曰能[21]之，愿学焉[22]。宗庙之事，如会[23]同[24]，端[25]章甫[26]，愿为小相[27]焉。"

"点，尔何如？"

鼓瑟[28]希[29]，铿尔，舍瑟而作[30]，对曰："异乎三子者之撰[31]。"

子曰："何伤[32]乎？亦各言其志也！"

曰："莫春者，春服既[33]成，冠[34]者五六人，童子六七人，浴乎沂，风乎舞雩，咏而归。"

夫子喟然[35]叹曰："吾与[36]点也。"

三子者出，曾皙后[37]。曾皙曰："夫三子者之言何如？"

子曰："亦各言其志也已矣！"

曰："夫子何[38]哂由也？"

曰："为国以礼，其言不让[39]，是故哂之。"

"唯求则非邦也与[40]？"

"安见方六七十，如五六十而非邦也者？"

"唯赤则非邦也与？"

"宗庙会同，非诸侯而何？赤也为之小，孰能为之大？"(《先进》)

注释

[1]侍坐：此处指执弟子之礼，侍奉老师而坐。

[2]以：因为。

[3]长：年长。

[4]居：闲居，指平日在家的时候。

[5]如或：如果有人。如，假如。或，有人。

[6]何以：用什么(去实现自己的抱负)。以，动词，用。

[7]率尔：不假思索的样子。

[8]千乘之国：有一千辆兵车的诸侯国。在春秋后期，是中等国家。乘，兵车。春秋时，一辆兵车，配甲士3人，步卒72人，称一乘。

[9]摄：夹。

[10]加之以师旅：用(别国)军队来侵略它。加，用，凭借。师旅，军队，此特指侵略的军队。

[11]因之以饥馑：接连下来(国内)又有饥荒。因，动词，接着。饥馑，饥荒。

[12]比及：等到。

[13]方：道，合乎礼义的行事准则。

[14]哂：微笑，这里略带讥讽。

[15]方：见方，纵横。

[16]如：连词，表选择，或者。

[17]足：使……富足。

[18]如：连词，表提起另一话题，作"至于"讲。其：那。

[19]以：把。后边省宾语"之"。

[20]俟：等待。

[21]能：动词，能做到。

[22]焉：这里作指示代词兼语气词，指代下文"小相"这种工作。

[23]会：诸侯之间的盟会。

[24]同：诸侯共同朝见天子。

[25]端：古代的一种礼服。

[26]章甫：古代的一种礼帽。这里都是名词用作动词，意思是"穿着礼服，戴着礼帽"。

[27]相：在祭祀、会盟或朝见天子时主持赞礼和司仪的人。

[28]鼓瑟：弹古乐器。

[29]希：同"稀"，稀疏，这里指鼓瑟的声音已接近尾声。

[30]作：立起来，站起身。

[31]撰：才具，才能。

[32]伤：妨害。

[33]莫春：指农历三月。莫，通"暮"。既：副词，已经。

[34]冠：古时男子二十岁为成年，束发加冠。

[35]喟然：叹息的样子。

[36] 与：赞成。
[37] 后：动词，后出。
[38] 何：为什么。
[39] 为国以礼，其言不让：治国要用礼，可是他(子路)的话毫不谦逊。以，介词，靠，用。让，礼让，谦逊。
[40] 唯求则非邦也与：唯，用于句首，表示语气，难道。邦，国家，这是指国家大事。与，同"欤"，疑问语气词。

二

曾子曰："吾日三[41]省[42]吾身：为人谋[43]而不忠[44]乎？与朋友交而不信[45]乎？传[46]不习乎？"(《学而》)

注释

[41] 三：多次。
[42] 省：检查，反省。
[43] 谋：谋划。
[44] 忠：尽心尽力。
[45] 信：诚信。
[46] 传：老师传授的知识。

三

子曰："温故[47]而知[48]新，可以[49]为师矣。"(《为政》)

注释

[47] 故：旧的知识，形容词用作名词。
[48] 知：领悟。
[49] 以：凭借。

四

子曰："学而不思则罔[50]，思而不学则殆[51]。"(《为政》)

注释

[50] 罔：通"惘"，意思是感到迷茫而无所适从。
[51] 殆：这里指有害。本意危险。

五

子曰："见贤[52]思齐焉，见不贤而内自省也。"(《里仁》)

注释

[52] 贤：德才兼备的人。

六

曾子曰："士不可以不弘毅[53]，任重而道远。仁[54]以为己任，不亦重乎？死而后已，不亦远乎？"（《泰伯》）

注释

[53]弘毅：志向远大，意志坚强。毅，刚强，勇毅。
[54]仁：这里指儒家的推己及人，仁爱待人。

七

子曰："君子不器[55]。"（《为政》）

注释

[55]器：器皿。

八

子贡问曰："有一言而可以终身行[56]之者乎？"子曰："其恕乎[57]！己所不欲[58]，勿施[59]于人。"（《卫灵公》）

注释

[56]行：奉行。
[57]其恕乎：其，大概，也许。恕，用自己的心来推想别人的心，指儒家的推己及人，仁爱待人。
[58]欲：喜欢，想。想要（做的事）。
[59]施：施加。

九

子曰："君子周[60]而不比[61]，小人比而不周。"（《为政》）

注释

[60]周：团结多数人。
[61]比：勾结。

十

子曰："吾十有[62]五而志于学，三十而立[63]，四十而不惑[64]，五十而知天命[65]，六十而耳顺[66]，七十而从心所欲，不逾矩[67]。"（《为政》）

注释

[62]有(yòu)：通"又"。
[63]立：指立身行事，做事合乎礼法。
[64]惑：迷惑，疑惑。
[65]天命：指自然的规律、法则。

[66]耳顺：正确对待不同于自己的意见。

[67]逾矩：超出规矩、法度。逾，越过，超过。矩，规矩、规范。

赏析

《论语》是记载孔子及其弟子言行的一部书，成书于春秋战国之际，由孔子的弟子及其再传弟子编纂而成。全书共20篇492章，以语录体为主，叙事体为辅，较为集中地体现了孔子及儒家学派的政治主张、伦理思想、道德观念、教育原则等。作品多为语录，辞约义丰，语言简练，形象生动，浅近易懂，而用意深远，在简单的对话和行动中展示了人物形象。自宋代以后，《论语》被列为"四书"之一，成为学校官定教科书和科举考试必读书。

从军行

[唐]王昌龄

青海[1]长云[2]暗雪山[3]，孤城[4]遥望玉门关[5]。
黄沙百战穿金甲，不破[6]楼兰[7]终不还[8]。

注释

[1]青海：指青海湖，在今青海省。唐朝大将哥舒翰筑城于此，置神威军戍守。

[2]长云：层层浓云。

[3]雪山：即祁连山，山巅终年积雪，故云。

[4]孤城：即边塞古城。

[5]玉门关：汉置边关名，在今甘肃敦煌西。一作"雁门关"。

[6]破：一作"斩"。

[7]楼兰：汉时西域国名，即鄯善国，在今新疆维吾尔自治区鄯善县东南一带。西汉时楼兰国王与匈奴勾结，屡次杀害汉朝通西域的使臣。此处泛指唐西北地区常常侵扰边境的少数民族政权。

[8]终不还：一作"竟不还"。

赏析

王昌龄（698—757），字少伯，唐代诗人。其诗以七绝见长，尤以边塞诗最为著名，有"诗家天子""七绝圣手"之称。

"青海长云暗雪山，孤城遥望玉门关。"这两句不仅描绘了整个西北边陲的景象，而且点出了"孤城"南拒吐蕃，西防突厥的极其重要的地理形势。这两句在写景的同时渗透了丰富复杂的感情：戍边将士对边防形势的关注，对自己所担负的任务的自豪感、责任感，以及戍边生活的孤寂、艰苦之感，都融合在悲壮、开阔而又迷蒙暗淡的景色中。

第三、四两句由情景交融的环境描写转为直接抒情。"黄沙百战穿金甲"，是概括力极强的诗句。戍边时间之漫长，战事之频繁，战斗之艰苦，敌军之强悍，边地之荒凉，都于此七字中概括无遗。"不破楼兰终不还"，就是身经百战的将士豪壮的誓言。上一句把战斗之艰苦、战事之频繁越写得突出，这一句便越显得铿锵有力，掷地有声。

一二两句，境界阔大，感情悲壮，含蕴丰富；三四两句之间，显然有转折，却又形成鲜明对照。"黄沙"句尽管写出了战争的艰苦，但整个形象给人的实际感受是雄壮有力，而不是低沉伤感的。因此末句并非嗟叹归家无日，而是在深深意识到战争的艰苦漫长的基础上所发出的更坚定、深沉的誓言，在抒写戍边将士的豪情壮志的同时，并不回避战争的艰苦。

此诗以汉喻唐，表现了戍边官兵力退敌军的必胜信念，赞扬了将士在恶劣条件下敢于浴血奋战、为国献身的大无畏精神，是描写从军生活的代表作。

赴戍登程口占示家人二首（其二）

[清]林则徐

力微任重久神疲[1]，再竭衰庸[2]定不支。
苟利国家生死以[3]，岂[4]因祸福避[5]趋[6]之。
谪居[7]正是君恩厚，养拙[8]刚于戍卒宜。
戏与山妻谈故事，试吟断送老头皮。[9]

注释

[1]神疲：精神疲乏。
[2]衰庸：衰弱平庸。
[3]以：付与，交给。此句是说，只要对国家有利的，就是把生死交给国家都可以。
[4]岂：难道。
[5]避：避开。
[6]趋：迎受。
[7]谪居：被贬谪后居住于某处。
[8]养拙：犹守拙，旧指官吏退隐不仕。
[9]戏与两句：引用苏轼以效仿隐士杨朴妻作诗来安慰家人的典故，是故作玩笑戏语来同亲人告别，安慰亲人。

赏析

林则徐（1785—1850），字元抚，又字少穆、石麟，晚号俟村老人、俟村退叟、七十二峰退叟、瓶泉居士、栎社散人等，福建侯官县人，中国清代后期政治家、文学家、思想家，伟大的爱国主义者、著名的民族英雄。道光十八年（1838年）任钦差大臣赴广州查禁鸦片，次年到任，严令英美商船缴出鸦片二万余箱，在虎门当众销毁，这就是他领导的闻名于世的禁烟运动，并在鸦片战争中打击了英国侵略者，捍卫了中华民族的利益和尊严，深受中国人民的尊敬和爱戴，但却受到清政府投降派的打击。1840年9月被革职问罪，1841年6月被充军伊犁。

这首诗是林则徐谪戍伊犁，启程时与家人告别而作的诗。全诗表现诗人坦荡的心胸和豪迈乐观的精神。在即将告别家人登程赴新疆伊犁戍所时，他所挂念的不是儿女之情和个人得失，而是国家民族利益，并且表示为了这一利益，他宁愿置自己的生死荣辱于度外，决不避祸趋福，展现了一个真正爱国者坦荡豪迈的襟怀和积极乐观的精神风貌。

诗的前四句表达了自己的志向和心愿。他不辞"神疲""衰庸",甘效生死以报国家。

诗的后四句说明了"谪居"的态度。作者像许多封建社会的爱国英雄一样,对国家民族的忠诚,往往是同忠君联系在一起的,诗人认为即使是流放充军,也是"君恩厚",而且这对自己"养拙"也有好处。"养拙"是封建社会里退隐不仕的代名词。所以,诗人被谪戍新疆伊犁与家人告别,同妻子开玩笑说:"不妨咏一首'断送老头皮'那样的诗送给我。"即使遭贬谪,也始终保持一种奋发向上、积极乐观的精神,真是感人至深。

全诗直抒胸臆,豪迈乐观,语言质朴,是一曲爱国者的正气歌。

沁园春·长沙[1]

毛泽东

独立寒秋[2],
湘江北去,
橘子洲[3]头。
看万山红遍,
层林尽染[4];
漫江碧透,
百舸[5]争流。
鹰击长空,
鱼翔浅底[6],
万类霜天竞自由[7]。
怅寥廓[8],
问苍茫[9]大地,
谁主沉浮[10]?

携来百侣[11]曾游,
忆往昔峥嵘岁月稠[12]。
恰[13]同学少年,
风华正茂[14];
书生意气,
挥斥方遒[15]。
指点江山,
激扬文字[16],
粪土当年万户侯[17]。
曾记否,
到中流[18]击水[19],
浪遏[20]飞舟?

1925年

注释

[1]选自《毛泽东诗词集》(中央文献出版社1996年版)。沁园春：词牌名。

[2]寒秋：即深秋，深秋已有寒意。

[3]橘子洲：又名水陆洲，长沙西面的湘江中的一个狭长的小岛。

[4]层林尽染：山上一层层的树林经霜打变红，都像染过一样。

[5]舸(gě)：大船。这里泛指船只。

[6]鹰击长空，鱼翔浅底：鹰在广阔的天空里飞，鱼在清澈的水里游。击，搏击，这里形容飞得矫健有力。翔，本指鸟盘旋飞翔，这里形容鱼游得轻快自由。

[7]万类霜天竞自由：万物都在秋光中争过自由自在的生活。万类，指一切生物。霜天，指深秋。

[8]怅寥廓(liáokuò)：面对广阔的宇宙惆怅感慨。怅，原意是失意，这里用来表达由深思而引发激昂慷慨的心绪。寥廓，广远深阔，这里用来描写宇宙之大。

[9]苍茫：旷远迷茫。

[10]谁主沉浮：主，主宰。沉浮，同"升沉"(上升和没落)意思相近，比喻事物盛衰、消长，这里指兴衰。

[11]百侣：很多的同学。侣，这里指同学。

[12]峥嵘(zhēngróng)岁月稠：不平常的日子是很多的。峥嵘，山势高峻，这里是不平凡、不寻常的意思。稠，多。

[13]恰：恰逢，正赶上。

[14]风华正茂：风采才华正盛。

[15]挥斥方遒(qiú)：指热情奔放，劲头正足。挥斥，奔放。遒，强劲。方，正。

[16]指点江山，激扬文字：评论国家大事，写出激浊扬清的文章。指点，评论。江山，指国家。激扬，激浊扬清，抨击恶浊的、褒扬清明的。

[17]粪土当年万户侯：把当时的军阀官僚看得同粪土一样。粪土，作动词用，视……如粪土。万户侯，食邑万户的侯爵，这里借指大军阀、大官僚。

[18]中流：江心水深流急的地方。

[19]击水：引用祖逖的"中流击楫"典故。在这里指的是游泳。

[20]遏(è)：阻止。

赏析

毛泽东(1893—1976)，字润之，湖南湘潭韶山冲(今湖南省韶山市)人，中国共产党、中国人民解放军、中华人民共和国的主要缔造者和领导人，伟大的马克思主义者，无产阶级革命家、战略家、理论家，中国当代杰出的诗人。

《沁园春·长沙》是毛泽东于1925年秋离开故乡韶山，去广州主持农民运动讲习时，途经长沙，重游橘子洲，感慨万千而写下的一首词。

本词通过对长沙秋景的描绘和对青年时代革命斗争生活的回忆，抒写出革命青年对国家命运的感慨和以天下为己任，蔑视反动统治者，改造旧中国的豪情壮志。词的上阕描绘湘江绚烂多彩的秋图，表现宽广的胸怀和乐观的情绪；下阕回首往昔，表现伟大的抱负和慷慨激昂的气势。全词在壮丽的秋景中感受诗人立志复兴中国的豪情，感受诗人伟大胸怀所反映出的崇高美。

类文链接

1. 《上善若水》

上善若水,水善利万物而不争,处众人之所恶,故几于道。居,善地;心,善渊;与,善仁;言,善信;正,善治;事,善能;动,善时。夫唯不争,故无尤。

2. 《孟子·公孙丑》(上)(节选)

公孙丑问曰:"夫子加齐之卿相,得行道焉,虽由此霸王,不异矣。如此,则动心否乎?"

孟子曰:"否。我四十不动心。"

曰:"若是,则夫子过孟贲远矣。"

曰:"是不难。告子先我不动心。"

曰:"不动心,有道乎?"

曰:"有。北宫黝之养勇也,不肤挠,不目逃。思以一豪挫于人,若挞之于市朝。不受于褐宽博,亦不受于万乘之君。视刺万乘之君,若刺褐夫。无严诸侯。恶声至,必反之。孟施舍之所养勇也,曰:'视不胜犹胜也。量敌而后进,虑胜而后会,是畏三军者也。舍岂能为必胜哉?能无惧而已矣。'孟施舍似曾子,北宫黝似子夏。夫二子之勇,未知其孰贤,然而孟施舍守约也。昔者曾子谓子襄曰:'子好勇乎?吾尝闻大勇于夫子矣:自反而不缩,虽褐宽博,吾不惴焉;自反而缩,虽千万人,吾往矣。'孟施舍之守气,又不如曾子之守约也。"

曰:"敢问夫子之不动心与告子之不动心,可得闻与?"

"告子曰:'不得于言,勿求于心;不得于心,勿求于气。'不得于心,勿求于气,可;不得于言,勿求于心,不可。夫志,气之帅也;气,体之充也。夫志至焉;气次焉。故曰:'持其志,无暴其气。'"

"既曰'志至焉,气次焉',又曰'持其志,无暴其气'者,何也?"

曰:"志壹则动气,气壹则动志也。今夫蹶者趋者,是气也,而反动其心。"

"敢问夫子恶乎长?"

曰:"我知言,我善养吾浩然之气。"

"敢问何谓浩然之气?"

曰:"难言也。其为气也,至大至刚,以直养而无害,则塞于天地之间。其为气也,配义与道;无是,馁也。是集义所生者,非义袭而取之也。行有不慊于心,则馁矣。我故曰告子未尝知义,以其外之也。必有事焉而勿正,心勿忘,勿助长也。无若宋人然。宋人有闵其苗之不长而揠之者,芒芒然归,谓其人曰:'今日病矣,予助苗长矣。'其子趋而往视之,苗则槁矣。天下之不助苗长者寡矣。以为无益而舍之者,不耘苗者也。助之长者,揠苗者也,非徒无益,而又害之。"

3. 王昌龄《出塞》

秦时明月汉时关,万里长征人未还。
但使龙城飞将在,不教胡马度阴山。

4. 杜甫《蜀相》

　　　　丞相祠堂何处寻？锦官城外柏森森。映阶碧草自春色，隔叶黄鹂空好音。
　　　　三顾频烦天下计，两朝开济老臣心。出师未捷身先死，长使英雄泪满襟。

5. 范仲淹《渔家傲·秋思》

　　　塞下秋来风景异，衡阳雁去无留意。四面边声连角起，千嶂里，长烟落日孤城闭。
　　　浊酒一杯家万里，燕然未勒归无计。羌管悠悠霜满地，人不寐，将军白发征夫泪。

6. 辛弃疾《南乡子·登京口北固亭有怀》

　　　何处望神州？满眼风光北固楼。千古兴亡多少事？悠悠。不尽长江滚滚流。
　　　年少万兜鍪，坐断东南战未休。天下英雄谁敌手？曹刘。生子当如孙仲谋。

7. 郑燮《竹石》

　　　　　　咬定青山不放松，立根原在破岩中。
　　　　　　千磨万击还坚劲，任尔东西南北风。

8. 谭嗣同《狱中题壁》

　　　　　望门投止思张俭，忍死须臾待杜根。
　　　　　我自横刀向天笑，去留肝胆两昆仑。

情义无价

　　"情"在文学艺术发展过程中发挥着极为重要的作用,是文学衍生的基础,"情者,文之经"。作家用自己敏感多情的心体察世界,将"一个一个具体的人"的真情实感写出来,传递到读者的眼中、心中。这时,作者就不是传递一种知识,而是传递一份温度,传递一份深情。"美在深情"。

上邪[1]

[汉]佚名

上邪[2]！
我欲与君相知[3]，
长命[4]无绝衰[5]。
山无陵[6]，
江水为竭，
冬雷震震[7]，
夏雨雪[8]，
天地合[9]，
乃敢[10]与君绝！

注释

[1]选自郭茂倩所编《乐府诗集》。
[2]上邪(yé)：上天啊。上：指天。邪：语气助词，表示感叹。
[3]相知：结为知己。
[4]命：古与"令"字通，使。
[5]衰：衰减、断绝。
[6]陵(líng)：山峰、山头。
[7]震震：形容雷声。
[8]雨(yù)雪：降雪。雨，名词活用作动词。
[9]天地合：天与地合二为一。
[10]乃敢：才敢。"敢"字是委婉的用语。

赏析

《上邪》是汉代的一首乐府民歌，是一首情歌，是女主人公忠贞爱情的自誓之词。此诗用"山无陵"及以下五件不可能的事情来表明自己生死不渝的爱情，充满了磐石般坚定的信念和火焰般炽热的激情。全诗准确地表达了热恋中人特有的绝对化心理，新颖泼辣，深情奇想，气势豪放，感人肺腑，被誉为"短章中神品"。

西洲曲[1]

[南北朝]佚名

忆梅下西洲，折梅寄江北[2]。单衫杏子红，双鬓鸦雏色[3]。西洲在何处？两桨桥头渡[4]。日暮伯劳[5]飞，风吹乌臼[6]树。树下即门前，门中露翠钿[7]。开门郎不至，出门采红莲。采莲南塘秋，莲花过人头。低头弄莲子[8]，莲子青如水[9]。置莲怀袖中，莲心[10]彻底红。忆郎郎不至，仰首望飞鸿[11]。鸿飞满西洲，望郎上青楼[12]。楼高望不见，尽日[13]栏杆头。栏杆十二曲，垂手明如玉。卷帘天自高，海水[14]摇空绿。海水梦悠悠[15]，君愁我亦愁。南风知我意，吹梦到西洲。

注释

[1]选自郭茂倩所编《乐府诗集》。

[2]江北：男子所在的地方。

[3]鸦雏色：像小乌鸦一样的颜色。形容女子的头发乌黑发亮。

[4]两桨桥头渡：从桥头划船过去，划两桨就到了。

[5]伯劳：鸟名，仲夏始鸣，喜欢单栖。这里一方面用来表示季节，一方面暗喻女子孤单的处境。

[6]乌臼：现在写作"乌桕"。

[7]翠钿：用翠玉做成或镶嵌的首饰。

[8]莲子：和"怜子"谐音双关。莲：同"怜"。

[9]青如水：和"清如水"谐音，隐喻爱情的纯洁。

[10]莲心：和"怜心"谐音，即爱情之心。

[11]望飞鸿：这里暗含有望书信的意思。因为古代有鸿雁传书的传说。

[12]青楼：油漆成青色的楼。唐朝以前的诗中一般用来指女子的住处。

[13]尽日：整天。

[14]海水：浩荡的江水。

[15]悠悠：悠长。

西洲曲

赏析

《西洲曲》作为南朝民歌名篇，保存在郭茂倩所编《乐府诗集》里。这是南朝乐府民歌中最长的抒情诗篇，属"杂曲歌辞"，历来被视为南朝乐府民歌的代表作。

本诗描写了一位少女从初春到深秋，从现实到梦境，对钟爱之人的苦苦思念，洋溢着浓厚的生活气息和鲜明的感情色彩。

《西洲曲》风格细腻委婉，柔美动人。在充满江南情韵的背景的映衬下，女主人公显得格外姣好美丽，她对爱人的情意也显得纯洁、真挚。此外，这首诗每四句一换韵，同时又用顶真的手法将诗句紧紧勾连起来，读起来和谐流畅而有变化，具有音韵美。

越人[1]歌

[先秦]佚名

今夕何夕兮搴[2]洲[3]中流，今日何日兮得与王子同舟。
蒙羞被[4]好兮不訾[5]诟耻[6]，心几[7]烦而不绝兮得知王子[8]。
山有木兮木有枝，心说[9]君兮君不知。

注释

[1]越人：生活在鄂地的扬越人，本诗中代指划船唱歌的越人。

[2]搴(qiān)：拔。

[3]洲：当从《北堂书钞》卷一○六所引作"舟"。
[4]被(pī)：同"披"，覆盖。
[5]訾(zǐ)：说坏话。
[6]诟(gòu)耻：耻辱。
[7]几(jī)：几乎。
[8]王子：此处指公子黑肱(？－前529年)，字子皙，春秋时期楚国的王子，父亲楚共王。
[9]说(yuè)：同"悦"，喜欢。

赏析

《越人歌》是春秋时期百越之地的一首口传歌谣。歌词起始，情感的抒发就很强烈。一种难以言喻、压抑不住的欣喜之情，通过设问的句式和具有浓郁咏叹意味的"兮"字的运用，毫不掩饰地倾吐了出来。进入诗的中间两句，行文用字和章法都明显地由相对平易转为比较艰涩了。这是诗人在非常感情化的叙事完毕之后转入了理性地对自己的心情进行描述。"蒙羞被好兮不訾诟耻，心几烦而不绝兮得知王子"，是说我十分惭愧承蒙王子您的错爱，王子的知遇之恩令我心绪荡漾。最后两句是诗人在非常情感化的叙事和理性描述自己心情之后的情感抒发，此时的诗人已经将激动紊乱的意绪梳平，因此这种情感抒发十分艺术化，用字平易而意蕴深长，余韵袅袅。

虽然今人所读到的《越人歌》是翻译作品，但《越人歌》的艺术成就表明，两千多年前古越族的文学已经达到了相当高的水平。

卜算子·我住长江头

[宋]李之仪

我住长江头，君住长江尾。日日思君不见君，共饮长江水。
此水几时休[1]，此恨何时已[2]。只愿君心似我心，定[3]不负相思[4]意。

注释

[1]休：停止。
[2]已：完结、停止。
[3]定：此处为衬字。
[4]思：想念，思念。

赏析

李之仪(1038—1117)，北宋词人，字端叔，自号姑溪居士，沧州无棣(今属山东)人。哲宗元祐初为枢密院编修官，通判原州。元祐末从苏轼于定州幕府，朝夕倡酬。元符中监内香药库，御史石豫参劾他曾为苏轼幕僚，不可以任京官，被停职。徽宗崇宁初提举河东常平。后因得罪权贵蔡京，除名编管太平州(今安徽当涂)，后遇赦复官，晚年卜居当涂。著有《姑溪词》一卷、《姑溪居士前集》五十卷和《姑溪题跋》二卷。

《卜算子》言短情长，全词围绕着长江水，表达男女相爱的思念和分离的怨愁。同住长江边，同饮长江水，却因相隔两地而不能相见，此情如水长流不息，此恨绵绵终无绝期。只能对空遥祝君心永似我心，彼此不负相思情意。语极平常，感情却深沉真挚。这首词的结尾写出了隔绝中的永恒的爱恋，给人以江水长流情长在的感受。

  本词深得民歌的神情风味，复叠回环，同时又具有文人构思新巧、深婉含蓄的特点，可以说是一种提高和净化了的通俗词。全词处处是情，层层递进而又回环往复，短短数句却感情起伏。语言明白如话，感情热烈而直露，明显地吸收了民歌的优良传统，质朴清新中又曲折委婉，含蓄而深沉，显示出高超的艺术技巧，在北宋词作中也是不可多得的佳作。

当你老了

[爱尔兰]威廉·巴特勒·叶芝 （袁可嘉译）

当你老了，头白了，睡意昏沉，
炉火旁打盹，请取下这部诗歌，
慢慢读，回想你过去眼神的柔和，
回想它们昔日浓重的阴影。

多少人爱你青春欢畅的时辰，
爱慕你的美丽，假意或真心，
只有一个人爱你那朝圣者的灵魂，
爱你衰老了的脸上痛苦的皱纹。

垂下头来，在红光闪耀的炉子旁，
凄然地轻轻诉说那爱情的消逝，
在头顶的山上它缓缓踱着步子，
在一群星星中间隐藏着脸庞。

赏析

  威廉·巴特勒·叶芝(1865—1939)，爱尔兰诗人、剧作家和散文家，著名的神秘主义者，是"爱尔兰文艺复兴运动"的领袖，也是艾比剧院(Abbey Theatre)的创建者之一。叶芝的诗受浪漫主义、唯美主义、神秘主义、象征主义和玄学诗的影响，演变出其独特的风格。叶芝早年的创作具有浪漫主义的华丽风格，善于营造梦幻般的氛围，1893年出版的散文集《凯尔特的薄暮》，便属于此风格。进入不惑之年后，在现代主义诗人艾兹拉·庞德等人的影响下，尤其是在其本人参与爱尔兰民族主义政治运动的切身经验的影响下，创作风格发生了比较剧烈的变化，更加趋近现代主义。

  《当你老了》是叶芝早期名诗，发表于1893年，献给比他小一岁多的爱尔兰著名民族主义者茅德·冈。本诗文字浅显，叙述直白，意境优美，通过假设想象、对比反衬、意象强调、象征升华，再现了诗人对女友忠贞不渝的爱恋之情，揭示了现实中的爱情和理想中的爱情之间不可弥合的距离。

与山巨源绝交书

[魏晋]嵇康

康白：足下[1]昔称吾于颍川[2]，吾常谓之知言[3]。然经[4]怪此意[5]尚未熟悉于足下，何从便得之也？前年从河东[6]还，显宗[7]、阿都[8]说足下议以吾自代[9]，事虽不行，知足下故不知之。足下傍通[10]，多可而少怪[11]；吾直性狭中[12]，多所不堪，偶与足下相知耳。间[13]闻足下迁[14]，惕然[15]不喜，恐足下羞庖人之独割，引尸祝以自助[16]，手荐鸾刀[17]，漫[18]之膻腥，故具为足下陈其可否。

注释

[1]足下：对对方的尊称。

[2]颍川：指山嵚。是山涛的叔父，曾经做过颍川太守，故以代称。古代往往以所任的官职或地名等作为对人的代称。

[3]知言：知己的话。

[4]经：常常。

[5]此意：指嵇康不愿出仕的意愿。

[6]河东：郡名。在今山西南部黄河以东地区。

[7]显宗：公孙崇，字显宗，谯国人，曾为尚书郎，嵇康好友。

[8]阿都：吕安，字仲悌，小名阿都，东平人，嵇康好友。

[9]以吾自代：指山涛拟推荐嵇康代其之职。嵇康在河东时，山涛正担任选曹郎职务。

[10]傍通：善于应付变化。

[11]多可而少怪：多有许可而少有责怪。

[12]狭中：心胸狭隘。

[13]间：近来。

[14]迁：升官。指山涛从选曹郎迁为大将军从事中郎。

[15]惕然：忧惧的样子。

[16]"恐足下"二句：语本《庄子·逍遥游》："庖人虽不治庖，尸祝不越樽俎而代之。"意思是说："即使厨师(庖人)不做菜，祭师(祭祀时读祝词的人)也不应该越职替代之。"这里引用这个典故，说明山涛独自做官感到不好意思，所以要荐引嵇康出仕。

[17]鸾刀：刀柄缀有鸾铃的屠刀。

[18]漫：玷污。

吾昔读书，得并介之人[19]，或谓无之，今乃信其真有耳。性有所不堪，真不可强。今空语同知有达人，无所不堪，外不殊俗而内不失正，与一世同其波流而悔吝[20]不生耳。老子[21]、庄周[22]，吾之师也，亲居贱职；柳下惠[23]、东方朔[24]，达人也，安乎卑位，吾岂敢短[25]之哉！又仲尼[26]兼爱[27]，不羞执鞭[28]；子文[29]无欲卿相，而三登令尹[30]，是乃君子思济物[31]之意也。所谓达[32]能兼善而不渝，穷[33]则自得而无闷。以此观之，故尧、舜之君世[34]，许由[35]之岩栖，子房[36]之佐汉，接舆[37]之行歌，其揆[38]一也。仰瞻数君，可谓能遂其志者也。故君子百行[39]，殊途而同致[40]，循性而动，各附所安。故有处朝廷而不出，入山林而不返之论[41]。且延陵[42]高子臧[43]之风[44]，长卿[45]慕相如[46]之节，志气所托，不可夺也。

注释

[19]并介之人：兼济天下而又耿介孤直的人。

[20]悔吝：悔恨，指后悔遗憾之心。

[21]老子：即老聃。姓李名耳，春秋时楚国苦县人，为周朝的柱下史、守藏史。相传著《老子》五千余言。

[22]庄周：战国时宋国蒙县人，曾为蒙漆园吏。相传著《庄子》十余万言。

[23]柳下惠：即展禽。名获，字季，春秋时鲁国人。为鲁国典狱官，曾被罢职三次，有人劝他到别国去，他自己却不以为意。居于柳下，死后谥"惠"，故称柳下惠。

[24]东方朔：字曼倩，汉武帝时人，常为侍郎。

[25]短：轻视。

[26]仲尼：孔子的字。

[27]兼爱：指孔子的仁爱思想。

[28]执鞭：指执鞭赶车的人。《论语·述而》："子曰：'富而好求也，虽执鞭之士，吾亦为之。'"

[29]子文：春秋时楚国人。

[30]令尹：楚国官名，相当宰相。《论语·公冶长》："令尹子文，三仕为令尹，无喜色；三已之，无愠色。"

[31]济物：救世济人。

[32]达：显达。指得志时。

[33]穷：指失意时。

[34]君世：为君于世。"君"作动词用。

[35]许由：尧时隐士。尧想把天下让给他，他不肯接受，就到箕山去隐居。

[36]子房：张良的字。他曾帮助汉高祖刘邦统一天下，建立汉王朝。

[37]接舆：春秋时楚国隐士。孔子游宦楚国时，接舆唱着讽劝孔子归隐的歌从其车边走过。

[38]揆(kuí)：原则，道理。

[39]百行：各种不同行为。

[40]殊途而同致：所走道路不同而达到相同的目的。语出《易·系辞》："天下同归而殊途，一致而百虑。"

[41]"故有"二句：语出《韩诗外传》卷五："朝廷之人为禄，故入而不出；山林之士为名，故往而不返。"

[42]延陵：名季札，春秋时吴国公子。居于延陵，人称延陵季子。

[43]子臧：一名欣时，曹国公子。曹宣公死后，曹人要立子臧为君，子臧拒不接受，离国而去。季札的父兄要立季札为嗣君，季札引子臧不为曹国国君为例，拒不接受。

[44]风：风概。指高尚情操。

[45]长卿：汉代司马相如的字。

[46]相如：指战国时赵国人蔺相如，以"完璧归赵"功拜上大夫。《史记·司马相如传》载："(司马)相如既学，慕蔺相如之为人，更名相如。"

吾每读尚子平[47]、台孝威传，慨然慕之，想其为人。少加孤[48]露[49]，母兄[50]见骄[51]，不涉经

学。性复疏懒,筋驽[52]肉缓[53],头面常一月十五日不洗,不大闷痒,不能[54]沐[55]也。每常小便而忍不起,令胞[56]中略转乃起耳。又纵逸来久,情意傲散,简与礼相背,懒与慢相成,而为侪[57]类见宽,不攻其过。又读庄[58]、老[59],重增其放,故使荣进之心日颓,任实[60]之情转笃。此犹禽[61]鹿,少见[62]驯育,则服从教制;长而见羁,则狂顾[63]顿缨[64],赴蹈汤火,虽饰以金镳[65],飨[66]以嘉肴[67],愈思长林而志在丰草也。

注释

[47]尚子平:东汉时人。《文选》李善注引《英雄记》说他:"有道术,为县功曹,休归,自入山担薪,卖以供食饮。"《后汉书·逸民传》作"向子平",说他在儿女婚嫁后,即不再过问家事,恣意游五岳名山,不知所终。台孝威:名佟,东汉时人。隐居武安山,凿穴而居,以采药为业。

[48]孤:幼年丧父。

[49]露:瘦弱。

[50]兄:指嵇喜。

[51]见骄:指受到母兄的骄纵。

[52]驽:原指劣马,这里是迟钝的意思。

[53]缓:松弛。

[54]不能(nài):不愿。能,通"耐"。

[55]沐:洗头。

[56]胞:原指胎衣,这里指膀胱。

[57]侪(chái)类:指同辈朋友。

[58]庄:《庄子》。

[59]老:《老子》。

[60]任实:指放任本性。

[61]禽:古代对鸟兽的通称。一说通"擒"。

[62]见:被。

[63]狂顾:疯狂地四面张望。

[64]顿缨:挣脱羁索。

[65]金镳(biāo):金属制作的马笼头,这里指鹿笼头。

[66]飨(xiǎng):用酒食款待。这里是喂的意思。

[67]嘉肴:好菜。这里指精美的饲料。

阮嗣宗[68]口不论人过,吾每师之,而未能及。至性过人,与物无伤,唯饮酒过差[69]耳。至为礼法之士[70]所绳[71],疾之如仇,幸赖大将军[72]保持[73]之耳。吾不如嗣宗之资[74],而有慢弛[75]之阙[76],又不识人情,暗于机宜[77];无万石[78]之慎,而有好尽[79]之累[80]。久与事接,疵[81]衅[82]日兴,虽欲无患,其可得乎?又人伦有礼,朝廷有法,自惟[83]至熟[84],有必不堪者七,甚不可者二。卧喜晚起,而当关[85]呼之不置[86],一不堪也。抱琴行吟,弋[87]钓草野,而吏卒守之,不得妄动,二不堪也。危坐一时,痹[88]不得摇,性[89]复多虱,把搔[90]无已[91],而当裹以章服[92],揖拜上官,三不堪也。素不便书,又不喜作书,而人间多事,堆案盈机[93],不相酬答,则犯教伤义[94],欲自勉强,则不能久,四不堪也。不喜吊丧,而人道以此为重,已为未见恕者所怨,至欲见中伤者;虽瞿然[95]自责,然性不可化,欲降心[96]顺俗,则诡故[97]不情[98],亦终不能获无咎无誉[99],如此,五不堪也。

不喜俗人，而当与之共事，或宾客盈坐，鸣声聒[100]耳，嚣尘臭处，千变百伎，在人目前，六不堪也。心不耐烦，而官事鞅掌[101]，机务缠其心，世故烦其虑，七不堪也。又每非汤[102]、武[103]而薄周[104]、孔，在人间不止，此事[105]会显[106]，世教所不容，此甚不可一也。刚肠疾恶，轻肆直言，遇事便发，此甚不可二也。以促中小心[107]之性，统此九患，不有外难，当有内病，宁可久处人间邪？又闻道士遗言，饵[108]术、黄精[109]，令人久寿，意甚信之。游山泽，观鱼鸟，心甚乐之。一行作吏，此事便废，安能舍其所乐，而从其所惧哉？

注释

[68]阮嗣宗：阮籍，字嗣宗，与嵇康同为"竹林七贤"之一。不拘礼法，常用醉酒的办法，以"口不臧否人物"来避祸。

[69]过差：犹过度。

[70]礼法之士：指一些借虚伪礼法来维护自己利益的人。据《晋阳秋》记载，何曾曾在司马昭面前说阮籍"任性放荡，败礼伤教"，"宜投之四裔，以絜王道。"司马昭回答说："此贤素羸弱，君当恕之。"

[71]绳：纠正过失，这里指纠弹、抨弹。

[72]大将军：指司马昭。

[73]保持：保护。

[74]资：指天赋的资材。

[75]慢弛：傲慢懒散。

[76]阙：缺点。

[77]暗于机宜：不懂得随机应变。

[78]万石：汉代石奋。他和四个儿子都官至二千石，共一万石，所以汉景帝称他为"万石君"。一生以谨慎著称。

[79]好尽：尽情直言，不知忌讳。

[80]累：过失，毛病。

[81]疵(cī)：缺点。

[82]衅(xìn)：争端。

[83]惟：思虑。

[84]熟：精详。

[85]当关：守门的差役。

[86]不置：不已。

[87]弋(yì)：系有绳子的箭，用来射取禽鸟。这里即指射禽鸟。

[88]痹(bì)：麻木。

[89]性：身体。

[90]把(pá)搔：用于搔痒。把，通"爬"。

[91]无已：没有停止。

[92]章服：冠服。指官服。

[93]机：同"几"，小桌子。

[94]犯教伤义：指触犯封建礼教失去礼仪。

[95] 瞿然：惊惧的样子。
[96] 降心：抑制自己的心意。
[97] 诡故：违背自己本性。
[98] 不情：不符合真情。
[99] 无咎无誉：指既不遭到罪责也得不到称赞。
[100] 聒(guō)：喧闹。
[101] 鞅(yāng)掌：职事忙碌。
[102] 汤：成汤。推翻夏桀统治，建立商王朝。
[103] 武：周武王姬发。推翻殷纣王统治，建立周王朝。
[104] 周：周公姬旦。辅助武王灭纣，建立周王朝。
[105] 此事：指非难成汤、武王，鄙薄周公、孔子的事。
[106] 会显：会当显著，为众人所知。
[107] 促中小心：指心胸狭隘。
[108] 饵(ěr)：服食。
[109] 术、黄精：两种中草药名，古人认为服食后可以轻身延年。

夫人之相知，贵识其天性，因而济之。禹[110]不逼伯成子高[111]，全其节也；仲尼不假[112]盖[113]于子夏[114]，护其短也；近诸葛孔明[115]不逼元直[116]以入蜀，华子鱼[117]不强幼安[118]以卿相，此可谓能相终始，真相知者也。足下见直木不可以为轮，曲木不可以为桷[119]，盖不欲枉其天才，令得其所也。故四民[120]有业，各以得志为乐，唯达者为能通之，此足下度内[121]耳。不可自见好章甫[122]，强[123]越人[124]以文冕[125]也；己嗜臭腐，养鸳雏[126]以死鼠也。吾顷学养生之术，方外[127]荣华，去滋味，游心于寂寞，以无为为贵。纵无九患，尚不顾足下所好者。又有心闷疾，顷转增笃[128]，私意自试，不能堪其所不乐。自卜已审，若道尽途穷则已耳。足下无事[129]冤之，令转于沟壑[130]也。

吾新失母兄之欢，意常凄切。女年十三，男年八岁，未及成人，况复多病。顾此恨恨[131]，如何可言！今但愿守陋巷，教养子孙，时与亲旧叙阔，陈说平生，浊酒一杯，弹琴一曲，志愿毕矣。足下若嬲[132]之不置，不过欲为官得人，以益时用耳。足下旧知吾潦倒粗疏[133]，不切事情，自惟亦皆不如今日之贤能也。若以俗人皆喜荣华，独能离之，以此为快，此最近之，可得言耳。然使长才广度[134]，无所不淹[135]，而能不营[136]，乃可贵耳。若吾多病困，欲离事自全，以保余年，此真所乏耳，岂可见黄门[137]而称贞哉！若趣[138]欲共登王途[139]，期于相致，时为欢益，一旦迫之，必发其狂疾。自非[140]重怨[141]，不至于此也。野人[142]有快炙背[143]而美芹子[144]者，欲献之至尊[145]，虽有区区[146]之意，亦已疏矣。愿足下勿似之。其意如此，既以解足下，并以为别[147]。嵇康白。

注释

[110] 禹：舜以后的帝王，建立夏王朝。
[111] 伯成子高：禹时隐士。
[112] 假：借。
[113] 盖：雨伞。
[114] 子夏：孔子弟子卜商的字。《孔子家语·致思》："孔子将行，雨而无盖。门人曰：'商也有之。'孔子曰：'商之为人也，甚吝于财。吾闻与人交，推其长者，违其短者，故能久也。'"
[115] 诸葛孔明：三国时诸葛亮的字。

[116]元直：徐庶的字。两人原来都在刘备部下，后来徐庶的母亲被曹操捉去，他就辞别刘备而投奔曹操，诸葛亮没有加以阻留。

[117]华子鱼：三国时华歆的字。

[118]幼安：管宁的字。两人为同学好友，魏文帝时，华歆为太尉，想推举管宁接任自己的职务，管宁便举家渡海而归，华歆也不加强迫。

[119]桷(jué)：屋上承瓦的椽子。

[120]四民：指士、农、工、商。

[121]度内：意料之中。

[122]章甫：古代一种须绾在发髻上的帽子。

[123]强：勉强。

[124]越人：指今浙江、福建一带居民。

[125]文冕(miǎn)：饰有花纹的帽子。

[126]鹓雏(chú)：传说中像凤凰一类的鸟。《庄子·秋水》中说：惠子做了梁国的相，害怕庄子来夺他的相位，便派人去搜寻庄子，于是庄子就往见惠子，并对他说："南方有鸟，其名为鹓雏……非梧桐不止，非练实不食，非醴泉不饮。于是鸱得腐鼠，鹓雏过之，仰而视之，曰：'赫！'"

[127]外：疏远，排斥。

[128]增笃：加重。

[129]无事：不要做。

[130]转于沟壑：流转在山沟河谷之间。指流离而死。

[131]悢(liàng)悢：悲恨。

[132]嬲(niǎo)：纠缠。

[133]潦倒粗疏：放任散漫的意思。

[134]长才广度：指有高才大度的人。

[135]淹：贯通。

[136]不营：不营求。指不求仕进。

[137]黄门：宦官。

[138]趣(cù)：急于。

[139]王途：仕途。

[140]自非：若不是。

[141]重怨：大仇。

[142]野人：居住在乡野的人。

[143]快炙(zhì)背：对太阳晒背感到快意。

[144]美芹子：以芹菜为美味。

[145]至尊：指君主。

[146]区区：形容感情恳切。

[147]别：告别。这是绝交的婉辞。

赏析

嵇康(223—262)，字叔夜，谯郡铚县(今安徽省宿县西南)人，"竹林七贤"之一。曾为中散大夫，故世称嵇中散。他是曹魏宗室的女婿,学问渊博,而性格刚直,疾恶如仇。因拒绝与当时掌权的司马氏合作,对他们标榜的虚伪礼法加以讥讽和抨击,直接触犯了打着礼教幌子谋夺曹氏政权的司马昭及其党羽,结果遭诬被处死。他临刑的时候,有三千名太学生请求以他为师,可见他在当时社会上的声望。他的散文长于辩论,思想新颖,析理绵密,笔锋犀利,往往带有愤世嫉俗的情绪。

《与山巨源绝交书》是嵇康写给朋友山涛(字巨源)的一封信,也是一篇名传千古的散文。这封信是嵇康听到山涛在由选曹郎调任大将军从事中郎时,想荐举他代其原职的消息后写的。信中拒绝了山涛的荐引,指出人的秉性各有所好,申明自己赋性疏懒,不堪礼法约束,不可加以勉强。他强调放任自然,既是对世俗礼法的蔑视,也是他崇尚老庄无为思想的一种反映。文章风格清峻,立意超俗,行文精练。

《与山巨源绝交书》正是魏晋之际政治、思想潮流的一面镜子。本文直观地看,是嵇康一份全面的自我表白,既写出了他"越名教而任自然",放纵情性、不受拘羁的生活方式,又表现出他傲岸、倔强的个性。然而,本文的意义并不止于此。嵇康认为真正的朋友是互相支持与了解的。在那个特殊的政治年代,坚持自己的内心太难。这封绝交书既是表明心迹,又是嵇康与山涛(山巨源)对彼此的保护。假绝交真相知。先表明交友之道"贵在相知",接着提出朋友相处原则,"循性而动,各附所安",最后以交友之道赞之,"夫人之相知,贵识其天性,因而济之。"友情就该如嵇康、山涛一般,虽道路不同,但你我都懂,彼此理解,彼此关怀,彼此懂得。

祭十二郎文

[唐]韩愈

年、月、日,季父[1]愈闻汝丧之七日,乃能衔哀致诚,使建中远具时羞[2]之奠,告汝十二郎[3]之灵:

呜呼!吾少孤,及长,不省[4]所怙[5],惟兄嫂是依。中年,兄殁[6]南方,吾与汝俱幼,从嫂归葬河阳[7]。既又与汝就食江南,零丁孤苦,未尝一日相离也。吾上有三兄,皆不幸早世。承先人后者,在孙惟汝,在子惟吾。两世一身,形单影只。嫂尝抚汝指吾而言曰:"韩氏两世,惟此而已!"汝时尤小,当不复记忆。吾时虽能记忆,亦未知其言之悲也。

吾年十九,始来京城。其后四年,而归视[8]汝。又四年,吾往河阳省[9]坟墓,遇汝从嫂丧来葬。又二年,吾佐董丞相[10]于汴州[11],汝来省吾,止一岁,请归取其孥[12]。明年,丞相薨。吾去汴州,汝不果来。是年,吾佐戎[13]徐州[14],使取汝者始行,吾又罢去,汝又不果来。吾念汝从于东[15],东亦客也,不可以久。图久远者,莫如西[16]归,将成家而致汝。呜呼!孰谓汝遽[17]去吾而殁乎!吾与汝俱少年,以为虽暂相别,终当久相与处。故舍汝而旅食京师,以求斗斛之禄。诚知其如此,虽万乘之公相,吾不以一日辍汝而就也。

去年,孟东野[18]往吾书与汝曰:"吾年未四十,而视茫茫,而发苍苍,而齿牙动摇。念诸父与诸兄,皆康强而早世。如吾之衰者,其[19]能久存乎?吾不可去,汝不肯来,恐旦暮死,而汝抱无涯之戚也!"孰谓少者殁而长者存,强者夭而病者全乎!呜呼!其信然邪?其梦邪?其传之非其真邪?信也,吾兄之盛德而夭其嗣乎?汝之纯明而不克蒙其泽乎?少者、强者而夭殁,长者、衰者而存全乎?未可以为信也。梦也,传之非其真也,东野之书,耿兰[20]之报,何为而在吾侧也?呜呼!其信然矣!吾兄之盛德而夭其嗣矣!汝之纯明宜业其家者,而不克蒙其泽!所谓天者诚难测,而神者诚难明矣!所谓理者不可推,而寿者不可知矣!

虽然，吾自今年来，苍苍者或化而为白矣，动摇者或脱而落矣。毛血日益衰，志气日益微，几何不从汝而死也。死而有知，其几何离；其无知，悲不几时，而不悲者无穷期矣。汝之子始十岁，吾之子始五岁。少而强者不可保，如此孩提者，又可冀其成立邪？呜呼哀哉！呜呼哀哉！

汝去年书云："比[21]得软脚病，往往而剧。"吾曰："是疾也，江南之人，常常有之。"未始以为忧也。呜呼！其竟以此而殒[22]其生乎？抑[23]别有疾而至斯极乎？汝之书，六月十七日也。东野云，汝殁以六月二日；耿兰之报无月日。盖东野之使者，不知问家人以月日；如耿兰之报，不知当言月日。东野与吾书，乃问使者，使者妄称以应之乎。其然乎？其不然乎？

今吾使建中祭汝，吊汝之孤与汝之乳母。彼有食，可守以待终丧，则待终丧而取以来；如不能守以终丧[24]，则遂取以来。其余奴婢，并令守汝丧。吾力能改葬，终葬汝于先人之兆[25]，然后唯其所愿。呜呼！汝病吾不知时，汝殁吾不知日，生不能相养于共居，殁不得抚汝以尽哀，敛[26]不凭其棺，窆[27]不临其穴。吾行负神明，而使汝夭；不孝不慈，而不能与汝相养以生，相守以死。一在天之涯，一在地之角，生而影不与吾形相依，死而魂不与吾梦相接。吾实为之，其又何尤！彼苍者天，曷[28]其有极！

自今已往，吾其无意于人世矣！当求数顷之田于伊[29]颍[30]之上，以待余年，教吾子与汝子，幸其成；长吾女与汝女，待其嫁，如此而已。呜呼，言有穷而情不可终，汝其知也邪？其不知也邪？呜呼哀哉！尚飨[31]！

注释

[1]季父：最小的叔父。

[2]羞：同"馐"，美味的食品。

[3]十二郎：韩愈次兄韩介之子，过继给其长兄韩会，因在族中排行十二，故称十二郎。

[4]省(xǐng)：知道。

[5]怙(hù)：依靠。《诗经·小雅·蓼莪(lù'é)》：无父何怙，无母何恃。后世因用怙代父，恃代母。失父曰失怙，失母曰失恃。

[6]殁(mò)：死。

[7]河阳：在今河南孟县。

[8]视：探望。

[9]省(xǐng)：多指对长辈的探望。引申为凭吊。

[10]董丞相：指董晋。曾任御史中丞、御史大夫，兼任过汴州刺史。

[11]汴州：州治在今河南开封。

[12]孥(nú)：妻子儿女的统称。

[13]佐戎：辅佐军事。韩愈当时在徐州任节度推官。

[14]徐州：即今江苏徐州。

[15]东：指汴州、徐州。

[16]西：指河阳。

[17]遽(jù)：突然。

[18]孟东野：孟郊字东野，唐代著名诗人。

[19]其：难道。

[20]耿兰：十二郎的仆人。

［21］比(bì)：最近。
［22］殁：死亡。
［23］抑：标识选择，相当于或是、还是。
［24］终丧：服满父母去世后三年之丧。
［25］兆：墓地。
［26］敛(liǎn)：通"殓"，把尸体装入棺材。
［27］窆(biǎn)：落葬。
［28］曷(hé)：何。
［29］伊：伊河，在今河南西部。
［30］颍：颍河，在今安徽西部和河南东部，是淮河的支流。
［31］尚飨(xiǎng)：亦作"尚享"。飨，祭品。尚，庶几，表示希望。古代祭文结语用词，意为希望死者享用祭品。

赏析

韩愈(768—824)，字退之，河南河阳(今河南孟州)人，一说怀州修武(今河南修武)人，自称"祖籍昌黎郡(今辽宁义县)"，世称"韩昌黎""昌黎先生"，唐代文学家、思想家、哲学家、政治家、教育家。韩愈是唐代古文运动的倡导者，被后人尊为"唐宋八大家"之首，与柳宗元并称"韩柳"，有"文章巨公"和"百代文宗"之名。后人将其与柳宗元、欧阳修和苏轼合称"千古文章四大家"。他提出的"文道合一""气盛言宜""务去陈言""文从字顺"等散文的写作理论，对后人很有指导意义。

这是一篇感人肺腑的祭文。南宋学者赵与时在《宾退录》中写道："读诸葛孔明《出师表》而不堕泪者，其人必不忠。读李令伯《陈情表》而不堕泪者，其人必不孝。读韩退之《祭十二郎文》而不堕泪者，其人必不友。"本文是一篇千百年来传诵不衰，影响深远的祭文名作，不管我们对文中的思想感情作如何评价，吟诵之下，都不能不随作者之祭而有眼涩之悲。

韩愈幼年丧父，依靠大哥大嫂为生，从小和侄子十二郎生活在一起，感情特别浓厚。文章深沉真挚地追忆自己和十二郎孤苦伶仃，相依生活，"未尝一日相离也"。长大后，为生活和前程，各自忙碌地东奔西走。得到噩耗后无尽的伤悲以及告慰死者对后事的一些妥帖的安排。其间有淡淡的叙说，有深深的慨叹，有无声的哭泣，有哀哀的长号，字字血，声声泪，是那么凄楚而又苍凉。

在写法上摒弃了传统的祭文四言句的格式和空话套话，用散文朴实自然之语细致地表达，完全抒发了作者的思想感情，语不惊人，却动人肺腑，被后人誉为"祭文中千年绝调"。

1.《诗经·郑风·子衿》

青青子衿，悠悠我心。纵我不往，子宁不嗣音？
青青子佩，悠悠我思。纵我不往，子宁不来？
挑兮达兮，在城阙兮。一日不见，如三月兮！

2. 贺铸《鹧鸪天·重过阊门万事非》

　　　　　　　重过阊门万事非。同来何事不同归。梧桐半死清霜后，头白鸳鸯失伴飞。
　　　　　　　原上草，露初晞。旧栖新垅两依依。空床卧听南窗雨，谁复挑灯夜补衣。

3. 元稹《离思五首·其四》

　　　　　　　曾经沧海难为水，除却巫山不是云。
　　　　　　　取次花丛懒回顾，半缘修道半缘君。

4. 纳兰性德《浣溪沙·谁念西风独自凉》

　　　　　　　谁念西风独自凉，萧萧黄叶闭疏窗，沉思往事立残阳。
　　　　　　　被酒莫惊春睡重，赌书消得泼茶香，当时只道是寻常。

5. 舒婷《致橡树》

　　　　　　　我如果爱你——
　　　　　　　绝不像攀援的凌霄花，
　　　　　　　借你的高枝炫耀自己；
　　　　　　　我如果爱你——
　　　　　　　绝不学痴情的鸟儿，
　　　　　　　为绿荫重复单调的歌曲；
　　　　　　　也不止像泉源，
　　　　　　　常年送来清凉的慰藉；
　　　　　　　也不止像险峰，
　　　　　　　增加你的高度，衬托你的威仪。
　　　　　　　甚至日光，
　　　　　　　甚至春雨。
　　　　　　　不，这些都还不够！
　　　　　　　我必须是你近旁的一株木棉，
　　　　　　　作为树的形象和你站在一起。
　　　　　　　根，紧握在地下；
　　　　　　　叶，相触在云里。
　　　　　　　每一阵风过，
　　　　　　　我们都互相致意，
　　　　　　　但没有人，
　　　　　　　听懂我们的言语。
　　　　　　　你有你的铜枝铁干，
　　　　　　　像刀，像剑，也像戟；
　　　　　　　我有我红硕的花朵，
　　　　　　　像沉重的叹息，
　　　　　　　又像英勇的火炬。

　　　　　　　　　我们分担寒潮、风雷、霹雳；
　　　　　　　　　我们共享雾霭、流岚、虹霓。
　　　　　　　　　仿佛永远分离，
　　　　　　　　　却又终身相依。
　　　　　　　　　这才是伟大的爱情，
　　　　　　　　　坚贞就在这里：
　　　　　　　　　爱——
　　　　　　　　　不仅爱你伟岸的身躯，
　　　　　　　　　也爱你坚持的位置，
　　　　　　　　　足下的土地。

6. 王维《送元二使安西》

　　　　　　　　渭城朝雨浥轻尘，客舍青青柳色新。
　　　　　　　　劝君更尽一杯酒，西出阳关无故人。

7. 《诗经·小雅·蓼(lù)莪》

蓼蓼者莪(é)，匪莪伊蒿。哀哀父母，生我劬(qú)劳。

蓼蓼者莪，匪莪伊蔚。哀哀父母，生我劳瘁。

瓶之罄矣，维罍(léi)之耻。鲜民之生，不如死之久矣。无父何怙？无母何恃？出则衔恤，入则靡至。

父兮生我，母兮鞠我。拊我畜我，长我育我，顾我复我，出入腹我。欲报之德。昊天罔极！

南山烈烈，飘风发发。民莫不穀，我独何害！南山律律，飘风弗弗。民莫不穀，我独不卒！

8. 张籍《秋思》

　　　　　　　　洛阳城里见秋风，欲作家书意万重。
　　　　　　　　复恐匆匆说不尽，行人临发又开封。

9. 苏轼《水调歌头·明月几时有》

丙辰中秋，欢饮达旦，大醉，作此篇，兼怀子由。

明月几时有？把酒问青天。不知天上宫阙，今夕是何年。我欲乘风归去，又恐琼楼玉宇，高处不胜寒。起舞弄清影，何似在人间。

转朱阁，低绮户，照无眠。不应有恨，何事长向别时圆？人有悲欢离合，月有阴晴圆缺，此事古难全。但愿人长久，千里共婵娟。

10. 毕淑敏《孝心无价》

寄情山水

　　中国人天人合一的自然观,使山水这一自然永恒的象征在中华民族五千年文化历程中打上了深深的烙印。山水是一种文化底蕴、一种文明符号,山水勾勒出中国古代文人或执着或曲折的心路征程,淋漓尽致地展现出中国古代文人之魅力!山水是地上之山水,是画里之山水,是胸中之山水,山水成为中华民族之文化基因,是中国文人最大的心灵寄托!文人是多愁善感的,多情不免有寂寥的时刻,有不得志的时刻,于是文人便与山水结下了不解之缘,便在"智者乐水,仁者乐山"的意境中投进了山水的怀抱。文人置身于山水,纵情于山水,寄意于山水,留下了无数的名言佳作。

江南可采莲

汉乐府民歌

江南可[1]采莲，莲叶何[2]田田[3]。鱼戏莲叶间。
鱼戏莲叶东，鱼戏莲叶西，鱼戏莲叶南，鱼戏莲叶北。

注释

[1]可：在这里有"适宜""正好"的意思。
[2]何：多么。
[3]田田：莲叶长得茂盛相连的样子。

江南可采莲

赏析

"乐府"是古代音乐机构的名称。经乐府机关收集整理的汉代民间歌辞，后人称"乐府诗"或"乐府民间歌辞"。它们是一些流传在民间的无主名的作品，其作者大都是劳动人民和一部分出身于下层社会的士人。汉乐府民歌在我国诗歌史上是继《诗经》《楚辞》之后出现的第三个重要发展阶段。它以现实主义的创作方式真实地反映了汉代广阔的社会生活和人民的思想。

这是一首采莲歌，反映了采莲时的光景和采莲人欢乐的心情，在汉乐府民歌中具有独特的风味。民歌以简洁明快的语言，回旋反复的音调，优美隽永的意境，清新明快的格调，勾勒了一幅明丽美妙的图画：一望无际的碧绿荷叶，莲叶下自由自在、欢快嬉戏的鱼儿，水上愉快采莲的俊男靓女，萦绕耳旁的采莲女温润柔美的歌声，滑进心间，景色宁静而又生动、秀丽。读完此诗，仿佛一股夏日的清新迎面扑来，令人清爽，在感受诗人那种安宁恬静的情怀的同时，自己的心情也随之变得轻松起来。

诗中没有一字是写人的，但是我们又仿佛如闻其声，如见其人，如临其境，让读者感受到了一股勃勃生机的青春与活力，领略到了采莲人内心的欢乐和青年男女之间的欢愉甜蜜。这就是这首民歌不朽的魅力所在。

兰亭集序[1]

[魏晋]王羲之

永和九年，岁在癸丑[2]，暮春之初，会于会稽山阴之兰亭，修禊[3]事也。群贤毕[4]至，少长咸[5]集。此地有崇山峻岭，茂林修竹[6]，又有清流激湍，映带[7]左右，引以为流觞曲水[8]，列坐其次[9]。虽无丝竹管弦之盛，一觞一咏，亦足以畅叙幽情[10]。

是日也，天朗气清，惠风[11]和畅。仰观宇宙之大，俯察品类[12]之盛，所以游目骋怀[13]，足以极视听之娱，信可乐也。

夫人之相与，俯仰一世[14]。或取诸怀抱，悟言一室之内[15]；或因寄所托，放浪形骸之外[16]。虽趣舍万殊[17]，静躁[18]不同，当其欣于所遇[19]，暂得于己[20]，快然自足[21]，不知老之将至[22]；及其所之既倦[23]，情随事迁[24]，感慨系之矣[25]。向之所欣，俯仰之间，已为陈迹，犹[26]不能不以之兴怀[27]，况修短随化[28]，终期于尽[29]！古人云："死生亦大矣[30]"，岂不痛哉！

每览昔人兴感之由[31]，若合一契[32]，未尝不临文嗟悼[33]，不能喻之于怀[34]。固知一死生为虚诞，齐彭殇为妄作[35]。后之视今，亦犹今之视昔，悲夫！故列叙时人[36]，录其所述，虽世殊事异，所以兴怀，其致[37]一也。后之览者，亦将有感于斯文。

注释

[1]选自《晋书·王羲之传》(中华书局1974年版)。王羲之(303—361)，字逸少，祖籍琅琊(lángyá)临沂(今山东临沂)，后迁居会(kuài)稽山阴(今浙江绍兴)，东晋书法家。因曾任右军将军，世称"王右军"。东晋穆帝永和九年(353年)，王羲之和当时的名士谢安、孙绰等人，于三月三日在会稽郡山阴的兰亭集会。他们曲水流觞，饮酒赋诗，各抒怀抱，最后由王羲之作序一篇，是为《兰亭集序》。兰亭，在今浙江绍兴西南兰渚山。

兰亭集序

[2]癸(guǐ)丑：指永和九年。

[3]修禊(xì)：古代民俗，于农历三月上旬的巳日(三国魏以后始固定为三月初三)到水边嬉戏，以祓除不祥，称为"修禊"。

[4]毕：全，都。

[5]咸：全，都。

[6]修竹：高高的竹子。

[7]映带：景物互相衬托。

[8]引以为流觞(shāng)曲水：引(清流激湍)来作为流觞的曲水。流觞，把盛酒的杯浮在水面从上游放出，循曲水而下，流到谁的面前，谁就取来饮用。觞，酒杯。

[9]次：旁边。

[10]幽情：深远高雅的情思。

[11]惠风：和风。

[12]品类：自然界的万物。

[13]所以游目骋怀：借以纵目观赏，开畅胸怀。骋，开畅、舒展。

[14]夫人之相与，俯仰一世：人与人交往，很快便度过一生。相与，互相交往。俯仰，一俯一仰之间，比喻时间短暂。

[15]取诸怀抱，悟言一室之内：(有的人)在室中晤谈，互相倾吐心里话。诸，相当于"之于"。怀抱，心怀。悟言，晤谈、对谈。悟，同"晤"，面对。

[16]因寄所托，放浪形骸之外：(有的人)把情怀寄托在所爱好的事物上，言行不受拘束，狂放不羁。放浪形骸，放纵、不受拘束。形骸，人的躯体。

[17]趣(qǔ)舍万殊：各有各的爱好，取舍各不相同。趣，同"取"。

[18]静躁：静与动。躁，动。

[19]欣于所遇：对所接触的感到欣喜。

[20]暂得于己：一时感到自得。

[21]快然自足：(感到)高兴和满足。

[22]不知老之将至：不知道衰老将要到来。语出《论语·述而》，"其为人也，发愤忘食，乐以忘忧，不知老之将至云尔。"

[23]所之既倦：(对于)所喜爱或得到的已经厌倦。之，往、到达。

[24]情随事迁：感情随着情况的变化而变化。

[25]感慨系之：感慨随着这种变化而有所不同。系，连接。

[26]犹：尚且。

[27]以之兴怀：因它而引起心中的感触。以，因。之，指"向之所欣……已为陈迹"。兴，发生、引起。

[28]修短随化：寿命长短，听凭造化。化，指自然。

[29]终期于尽：终究归结于消灭。

[30]死生亦大矣：死生是一件大事。语出《庄子·德充符》。

[31]每览昔人兴感之由：每当看到古人(对死生)发生感慨的原因。

[32]若合一契：像符契那样相合(意思是发生感触的原因相同)。契，即符契，古代符信的一种，以金玉竹木等制成，上刻文字，分成两半，合在一起可为凭验。

[33]嗟悼：叹息哀伤。悼，悲伤。

[34]不能喻之于怀：不能明白于心。意思是，看到古人对死生发生感慨的文章，就为此悲伤感叹，也说不出是什么原因。喻，明白。

[35]固知一死生为虚诞，齐彭殇(shāng)为妄作：就知道把死和生等同起来的说法是不真实的，把长寿和短命等同起来的说法是虚妄之谈。固，乃。一，把……看作一样。齐，把……看作相等。虚诞，虚妄荒诞。彭，即彭祖，传说他曾活到八百岁。殇，未成年而死去的人。妄作，虚妄之谈。一死生、齐彭殇，都是《庄子·齐物论》中的看法。

[36]列叙时人：一个一个记下当时与会的人。

[37]致：意态，情趣。

赏析

王羲之(303—361)，东晋书法家，字逸少，琅琊临沂(今山东临沂)人，居会稽山阴(今浙江绍兴)。早年以卫夫人(铄)为师，草书学张芝，正书则取法钟繇，又博览秦汉篆隶碑刻名迹，自出机杼，创出妍美流变的书体，取代了以往古拙质朴的书风，对我国书法艺术的发展具有继往开来的巨大贡献。其所书《兰亭集序》尤脍炙人口，被称为天下第一行书。

文章首段记叙兰亭聚会盛况，并写出与会者的深切感受。先点明聚会的时间、地点、缘由，后介绍与会的人数之多，范围之广，"群贤毕至，少长咸集"。接着写兰亭周围优美的环境。先写高远处——"崇山峻岭，茂林修竹"；再写近低处——"清流激湍"；然后总写一笔——"映带左右"。用语简洁，富有诗情画意。在写景的基础上，由此顺笔引出临流赋诗，点出盛会的内容为"一觞一咏""畅叙幽情"，"虽无丝竹管弦之盛"，这是反面衬托之笔，以表达赏心悦目之情。最后指出盛会之日正逢爽心怡人的天时，"天朗气清"为下文的"仰观""俯察"提供了有利条件；"惠风和畅"又与"暮春之初"相呼应。此时此地良辰美景，使"仰观""俯察"，"游目骋怀""视听之娱"完全可以摆脱世俗的苦恼，尽情地享受自然美景，抒发自己的胸臆。至此，作者把与会者的感受归结到"乐"字上面。笔势疏朗简净，毫无斧凿痕迹。

文章第二段阐明作者对人生的看法，感慨人生短暂，盛事不常，紧承上文的"乐"字，引发出种种感慨。先用两个"或"字，从正反对比分别评说"人之相与，俯仰一世"的两种不同的具体表现，一是"取诸怀抱，悟言一室之内"，一是"因寄所托，放浪形骸之外"。然后指出这两种表现尽管不同，但心情却是一样的。那就是"当其欣于所遇"时，都会"快然自足"，却"不知老之将至"。这种感受，正是针对正文"游目骋怀，足以极视听之娱"的聚会之乐而发，侧重写出乐而忘悲。接着由"欣于其所遇"的"乐"引出"情随事迁"的忧，写出乐而生忧，发出"修短随化，终期于尽"的慨叹。文章至此，推进到生死的大问题。最后引用孔子所说的"死生亦大矣"一句话来总结全段，道出了作者心中的"痛"之所在。

最后一段说明作序的缘由。文章紧承上文"死生亦大矣"感发议论，从亲身感受谈起，指出每每发现"昔人兴感之由"和自己的兴感之由完全一样，所以"未尝不临文嗟悼"，可是又说不清其中原因。接着把笔锋转向了对老庄关于"一生死""齐彭殇"论调的批判，认为那完全是"虚诞"和"妄作"。东晋时期的文人士大夫崇尚老庄，喜好虚无主义的清淡，庄子认为自然万物"方生方死，方死方生"（《庄子·齐物论》），且把长寿的彭祖和夭折的儿童等同看待，认为"莫寿于殇子，而彭祖为夭"。作者能与时风为悖，对老庄这种思想的大胆否定，是难能可贵的。然后作者从由古到今的事实中做了进一步的推断："后之视今，亦由今之视昔"。基于这种认识，所以才"列叙时人，录其所述"，留于后人去阅读。尽管将来"事殊事异"，但"所以兴怀，其致一也"。这就从理论上说清了要编《兰亭诗集》的原因。最后一句，交代了写序的目的，引起后人的感怀。文字收束得直截了当，引发的情思却绵绵不绝。

这篇序言疏朗简净而韵味深长，突出地代表了王羲之的散文风格。其文语句玲珑剔透，朗朗上口，是古代骈文的精品。在句法上，对仗整齐，句意排比，如"群贤毕至，少长咸集""仰观宇宙之大，俯察品类之盛""或取诸怀抱，悟言一室之内；或因寄所托，放浪形骸之外"，两两相对，音韵和谐，无斧凿之痕，语言清新、朴素自然；议论部分的文字也非常简洁，富有表现力，采用"齐彭殇"和"修禊事"浅显易懂的典故，这样朴素的行文与东晋时期雕章琢句、华而不实的文风形成鲜明对照。

山中与裴秀才[1]迪书

[唐]王维

近腊月[2]下，景气[3]和畅，故山殊可过[4]。足下[5]方温经[6]，猥[7]不敢相烦[8]，辄[9]便往山中，憩感配寺[10]，与山僧饭讫[11]而去。

北涉玄灞[12]，清月映郭。夜登华子冈[13]，辋水[14]沦涟，与月上下。寒山远火，明灭林外。深巷寒犬，吠声如豹。村墟[15]夜舂[16]，复与疏[17]钟相间。此时独坐，僮仆静默[18]，多思曩[19]昔，携手赋诗，步仄径[20]，临清流也。

当待[21]春中，草木蔓发[22]，春山可望，轻鲦[23]出水，白鸥矫翼[24]，露湿青皋[25]，麦陇[26]朝雊[27]，斯之不远[28]，傥[29]能从我游乎？非子天机清妙[30]者，岂能以此不急之务[31]相邀。然是中[32]有深趣矣！无忽[33]。因驮黄檗人往[34]，不一[35]，山中人[36]王维白。

注释

[1]秀才：唐代对参加进士科考试的人的称呼。

[2]腊月：农历十二月。古代在农历十二月举行"腊祭"，所以称十二月为腊月。

[3]景气：景色，气候。

[4]故山殊可过：旧居蓝田山很值得一游。故山，旧居的山，指王维的"辋川别业"所在地的蓝田山。殊，很。过，过访、游览。

[5]足下：您，表示对人的尊称。

[6]方温经：正在温习经书。方，正。

[7]猥：鄙贱。自谦之词。

[8]烦：打扰。

[9]辄(zhé)便：就。

[10]憩感配寺：在感配寺休息。

[11]饭讫(qì)：吃完饭。讫，完。饭，名词作动词，吃饭。

[12]北涉玄灞(bà)：近来渡过灞水。涉，渡。玄，黑色，指水深绿发黑。

[13]华子冈：王维辋川别业中的一处胜景。

[14]辋(wǎng)水：车轮状的湖水。

[15]村墟：村庄。

[16]夜舂：晚上用白杵捣谷(的声音)。舂，这里指捣米，即把谷物放在石臼里捣去外壳。

[17]疏：稀疏的。

[18]静默：指已入睡。

[19]曩(nǎng)：从前。

[20]仄迳：迳同径，狭窄的小路。

[21]当待：等到。

[22]蔓发：蔓延生长。

[23]轻鲦(tiáo)：即白鲦，鱼名。身体狭长，游动轻捷。

[24]矫翼：张开翅膀。矫，举。

[25]青皋：青草地。皋，水边高地。

[26]麦陇：麦田里。

[27]朝雊(gòu)：早晨野鸡鸣叫。雊，野鸡鸣叫。

[28]斯之不远：这不太远了。斯，代词，这，指春天的景色。

[29]倘：同"倘"，假使，如果。

[30]天机清妙：性情高远。天机，天性。清妙，指超尘拔俗，与众不同。

[31]不急之务：闲事，这里指游山玩水。

[32]是中：这中间。

[33]无忽：不可疏忽错过。

[34]因驮黄檗(bò)人往：借驮黄檗的人前往之便(带这封信)。因，趁。黄檗，一种落叶乔木，果实和茎内皮可入药。茎内皮为黄色，也可做染料。

[35]不一：古人书信结尾常用的套语，不一一详述之意。

[36]山中人：王维晚年信佛，过着半隐的生活，故自称"山中人"。

赏析

王维(701—761)，太原祁(今山西祁县)人，唐朝著名诗人、画家，字摩诘，号摩诘居士，世称"王右丞"，早年信道，后期因社会打击彻底禅化。存诗400余首，代表诗作有《相思》《山居秋暝》等。

全文描绘了辋川的春色及冬色、月光下的夜色、隐约的城郭、沦涟的水波、落寞的寒山、明灭的灯火，以及深巷的寒犬、村墟的夜舂、山寺的疏钟，静中有动，动中有静，写出了冬夜的幽深和春日的轻盈。

"景气和畅，故山殊可过"，岁末寒冬的山间景致在王维眼中也是很优美动人的，故山景气如何和畅，他略而不述，专讲了饭后归来时所见到的一片晚景：灞水深沉、月照城郭；辋川在月光中涟漪起伏；山上灯火，透过树林明灭可见；村巷里的寒犬叫声、夜舂声和山寺里的疏钟声一并传来。作者所写的是夜景，那河水、城郭、远火，都是在月色朦胧中看到的，而那犬吠、夜舂和疏钟则是在黑夜里听到的，作者通过所见所闻，来写那寒夜的景物特色，这样就更切实、逼真，下面写他归家后的境遇和感触，当僮仆静默时，他却思绪不宁，感到十分孤独。他不禁想到往日与裴迪一起走过仄径去寻幽访胜，对着清流赋诗论文的快乐，这一段所写是一天中游山的经历和感受，但从"猥不敢相烦"到"多思曩昔"却是写对裴迪的思念，这是信的本旨，目的是引起对方来同游故山的兴趣。

下面便是正式的邀请了，王维希望裴迪来年春天能够前来，他用想象中的大好春光召唤对方，"草木蔓发"以下六个四字句，凝练地描绘出了一片生机勃勃的景色，白鲦轻快地在水中游动，白鸥展开那矫健的翅膀掠空飞翔，野雉在麦垄中鸣叫，草木染绿了春山，露水滋润了堤岸，这一切与前面岁末景色的淡雅清冷恰成鲜明的对照。作者不但在寒冬夜色中保留着浓厚的游兴，还能敏锐地预感到春天不久就要降临，他已开始品味到未来的深趣，这说明山中人王维正是那种"天机清妙者"，即对自然风光有浓厚的兴趣，对佳山丽水具有极强领悟能力的人，既能发现岁末寒冬之夜朦胧可见、清晰可闻的景物，又能凭自己的经验想象出来年春光的优美动人。人们说王维"诗中有画"，其实王维文中也是有画的。《山中与裴秀才迪书》虽然是一封书信，但可以说它也是作者以诗人的语言、画家的构思写成的一篇优美的写景记游散文，一首赞美自然风光和表述友情的抒情诗。

春江花月夜[1]

[唐]张若虚

春江潮水连海平，海上明月共潮生。
滟滟[2]随波千万里，何处春江无月明？
江流宛转绕芳甸[3]，月照花林皆似霰[4]。
空里流霜不觉飞，汀上白沙看不见[5]。
江天一色无纤尘，皎皎空中孤月轮。
江畔何人初见月？江月何年初照人？
人生代代无穷已[6]，江月年年望相似。
不知江月待[7]何人，但[8]见长江送流水。
白云[9]一片去悠悠[10]，青枫浦[11]上不胜[12]愁。
谁家今夜扁舟子？何处相思明月楼[13]？
可怜楼上月徘徊[14]，应照离人妆镜台[15]。
玉户帘中卷不去，捣衣砧上拂还来[16]。
此时相望不相闻，愿逐[17]月华[18]流照君。
鸿雁长飞光不度，鱼龙潜跃水成文[19]。
昨夜闲潭[20]梦落花，可怜[21]春半不还家。
江水流春去欲尽，江潭落月复西斜。
斜月沉沉藏海雾，碣石潇湘无限路[22]。
不知乘月几人归，落月摇情满江树[23]。

注释

[1]《春江花月夜》：乐府旧题，属《清商曲辞·吴声歌曲》，相传创自南朝陈后主叔宝。张若虚（生卒年不详，约在660—720年之间），扬州（今属江苏）人，初唐诗人。《全唐诗》共录存其诗二首，这首《春江花月夜》素享盛名。

[2]滟滟：波光荡漾的样子。

[3]芳甸：花草丛生的郊野。甸：郊外之地。

[4]霰(xiàn)：天空中降落的白色不透明的小冰粒。此处形容月光下春花晶莹、洁白。

[5]"空里"二句：谓月光皎洁柔和如流霜暗中飞泻，江畔白茫茫一片空明。流霜，飞霜。古人以为霜和雪一样，是从空中落下来的，所以叫流霜。此处形容月光皎洁，比喻月光悄悄泻满大地，所以不觉得有霜霰飞扬。汀，水边平地，小洲。此指江畔沙滩。

[6]无穷已：没有止境。已，止，止息。

[7]待：一本作"照"。

[8]但：只，只是。

[9]白云：此喻指游子。

[10]去悠悠：形容白云缓缓飘逝。

[11]青枫浦：一名双枫浦，故址在今湖南浏阳境内。这里泛指游子所在的地方。暗用《楚辞·招魂》："湛湛江水兮上有枫，目极千里兮伤春心。"句意，隐含离别之意。浦，原指大江、大河与其支流的交汇处，此指离别场所。

[12]不胜(shēng)：禁不起，受不了。

[13]"谁家"二句：是说在此月夜，有许多游子舟行江中，在外漂泊；也有许多思妇伫立楼头，思念丈夫。"谁家""何处"，互文见义。扁舟子：飘荡江湖的游子。扁(piān)舟，小船。

[14]徘徊：指不停移动的月光偏照闺楼盘桓不去，令人不胜其相思之苦。

[15]妆镜台：梳妆台。

[16]"玉户"二句：说月光似乎故意与思妇为难，帘卷不去，手拂还来。玉户，形容楼阁华丽，以玉石镶嵌。此指思妇居室。捣衣砧(zhēn)，捣衣捶布时的垫石。

[17]逐：追随。

[18]月华：月光。

[19]"鸿雁"二句：谓游子、思妇彼此之间难通音信。鸿雁，此指信使。《汉书·苏武传》记有鸿雁传递书信之事。长飞光不度，鸿雁飞得再远，也不能逾越月光。度，通"渡"。鱼龙，此指鲤鱼。乐府诗《饮马长城窟行》："客从远方来，遗我双鲤鱼。呼儿烹鲤鱼，中有尺素书。"说鲤鱼也能传递书信。潜跃水成文，鲤鱼在水底潜游，水面上激起波纹。文，通"纹"，波纹。

[20]闲潭：平和、幽静的水潭。

[21]可怜：可惜。

[22]"碣石"句：游子思妇分处天南地北，难以相见。碣石潇湘，此处借指天南地北。碣石，山名，故址在今河北省。一说，碣石山已沉入海中。潇湘，水名，在今湖南省。这里两个地名，一南一北，暗指路途遥远，相聚无望。无限路：极言离人相距之远。

[23]乘月：趁着月光。"落月"句：江边树林洒满了落月的余晖，轻轻摇曳，牵系着思妇的离情别绪。摇情：激荡情思，犹言牵情。

赏析

张若虚(约660—约720),扬州(今江苏扬州)人,唐朝诗人,曾任兖州兵曹,与贺知章、张旭、包融并称为"吴中四士"。《春江花月夜》为其代表作,被誉为唐诗开山之作,享有"一词压两宋,孤篇盖全唐"之名。

全诗紧扣春、江、花、月、夜的背景来写,而又以月为主体。"月"是诗中情景兼融之物,它跳动着诗人的脉搏,在全诗中犹如一条生命纽带,通贯上下,触处生神,诗情随着月轮的升落而起伏曲折。月在一夜之间经历了升起—高悬—西斜—落下的过程。

在月的照耀下,江水、沙滩、天空、原野、枫树、花林、飞霜、白沙、扁舟、高楼、镜台、砧石、长飞的鸿雁、潜跃的鱼龙、不眠的思妇,以及漂泊的游子,组成了完整的诗歌形象,展现出一幅充满人生哲理与生活情趣的画卷。这幅画卷在色调上是以淡寓浓,虽用水墨勾勒点染,但"墨分五彩",从黑白相辅、虚实相生中显出绚烂多彩的艺术效果,宛如一幅淡雅的中国水墨画,体现出春江花月夜清幽的意境美。

诗人由此生发出对宇宙与人生关系的思索和对游子思妇天各一方的惋惜。尽管不无青春苦短的伤感,但叹息轻微,其中仍交织着对生命的留恋、对青春的珍惜、对"人生代代无穷已"的欣慰。尽管也有夫妇别离的哀愁,然而写来柔婉似水,笔致缠绵,悠悠相思中饱含着脉脉温情,蕴含着对重逢的美好企盼。

袁家渴[1] 记

[唐] 柳宗元

由冉溪西南水行十里,山水之可取者五,莫若钴鉧潭。由溪口而西陆行,可取者八九,莫若西山。由朝阳岩[2]东南水行,至芜江[3],可取者三,莫若袁家渴。皆永中[4]幽丽奇处也。

楚[5]、越[6]之间方言,谓水之反流者为渴,音若衣褐之褐[7]。渴上与南馆[8]高嶂[9]合[10],下与百家濑[11]合。其中重洲[12]小溪,澄潭[13]浅渚[14],间厕[15]曲折,平者深墨,峻者沸白,舟行若穷,忽而无际。

有小山出水中,山皆美石,石上生青丛,冬夏常蔚然。其旁多岩洞,其下多白砾[16],其树多枫[17]、柟[18]、石楠[19]、楩[20]、槠[21]、樟[22]、柚[23],草则兰[24]、芷[25];又有异卉[26],类合欢[27]而蔓生[28],轇轕[29]水石。每风自四山而下,振动大木,掩苒[30]众草,纷红骇绿[31],蓊葧[32]香气,冲涛旋濑[33],退贮溪谷[34],摇飔[35]葳蕤[36],与时推移。其大都如此,余无以穷其状。

永之人未尝游焉,余得之不敢专焉,出而传于世。其地主袁氏。故以名焉。

注释

[1]袁家渴(hé):水名。《舆地纪胜》载:"永州袁家渴,在州南十里曾有姓袁者居之,两岸木石奇怪,子厚记叙之。"渴:原为干涸之意。湖广方言,称水之反流(即回流)为渴。袁家渴位于今永州南津渡电站坝址所在地,即原诸葛庙乡沙沟湾村前潇水河床的一段湾流。

[2]朝阳岩:地名,在今永州古城潇水西岸。

[3]芜江:水名,潇水的支流,在永州市境内。

[4]永中:永州之中。

[5]幽丽奇处：风景清幽秀丽奇异之处。

[5]楚：楚国，原在今湖北和湖南北部，后扩展到今河南、安徽、江苏、浙江、江西和四川。

[6]越：越国，原在今浙江东部，后扩展到江苏、北部运河以东、安徽南部、江西东部。

[7]音若衣褐之褐：中华书局《柳宗元集》认为英华版本和何焯校本注此六字为侧注，非原文中字。褐(hè)，与"渴"并不同音，只是楚越方言音相近。

[8]南馆：指唐代在此所建立馆舍。

[9]高嶂：高而险如屏障一样的山峰。

[10]合：相接，相邻。

[11]百家濑(lài)：水名，在永州古城南二里处。濑，急水从沙石上流过为濑。

[12]重洲：重叠的水中沙洲。

[13]澄潭：澄清的潭水。

[14]浅渚(zhǔ)：浅显的刚露出水面的小块土地。

[15]间厕：交错夹杂。

[16]白砾(lì)：白色的小石子。

[17]枫：枫树。

[18]柟(nán)：常绿乔木。

[19]石楠：生于石缝间的常绿树，又名千年红。

[20]楩(pián)：即黄楩木。

[21]槠(zhū)：常绿树，木坚硬，子可食。

[22]樟：樟树，常绿，可提取樟脑。

[23]柚(yòu)：常绿乔木，柚子，可食。

[24]兰：兰草，香草的一种。

[25]芷(zhǐ)：白芷。多年生草本植物，开白花，果实长椭圆形，中医入药，有镇痛作用。

[26]异卉(huì)：奇异的花卉。卉，各种草的总称。

[27]合欢：合欢树，又名马缨花，落叶乔木，夜间小叶成对相合，夏季开花。

[28]蔓生：草本蔓生植物。

[29]轇轕(jiāogé)：即胶葛，交错纠缠的样子。

[30]掩苒(rǎn)：野草轻柔地随风倒斜的样子。苒，轻柔。

[31]纷红骇绿：花纷乱而惊骇，叶惊骇而纷乱。

[32]蓊勃(wěngbó)：草木茂盛的样子(浓郁)。

[33]冲涛旋濑：使波涛冲激，溪水回旋。

[34]退贮溪谷：倒流到溪谷中去。贮，贮存，躲避。

[35]颺(yáng)：摇曳。

[36]葳蕤(wēiruí)：草木茂盛，枝叶下垂。

赏析

柳宗元(773—819)，唐代文学家、哲学家，字子厚，河东解县(今山西省运城市解州镇)人，世称柳河东。贞元(唐德宗年号，785—805)进士，授校书郎，调蓝田尉，升监察御史里行。因参与王叔文集团，被贬为永州司马。后迁柳州刺史，故又称柳柳州。与韩愈共同倡导古文运动，同被列入"唐宋八大家",并称"韩柳"。其诗风格清峭,与刘禹锡并称"刘柳",与王维、孟浩然、韦应物并称"王孟韦柳"。有《河东先生集》。

柳宗元因参加王叔文革新运动,于唐宪宗元和元年(806年)被贬到永州担任司马。到永州后,其母病故,王叔文被处死,他自己也不断受到统治者的诽谤和攻击,心情压抑。永州山水幽奇雄险,许多地方还鲜为人知。柳宗元在这漫长的戴罪期间,到处游览,搜奇探胜,借以开阔胸襟,得到精神上的慰藉。《永州八记》就是这种心态之下的游历结晶,本文写于唐宪宗元和七年(812年)。

这篇游记先用由大到小、以宾陪主的方法,写袁家渴的方位及幽、丽、奇的特点。次分写袁家渴的幽、丽、奇:自"渴上"以下一段,主要写其"幽";自"有小山"以下一段,主要写其丽;自"每风自四山角下"一段,主要写其"奇"。最后由扬而跌,转而写袁家渴的冷落遭遇及取名的原因,突出了怀幽负奇而不遇的"永州八记"的主旋律,以看似轻松之笔,把作者深沉的悲愤与感慨凝聚其中,有卒章明志的作用。

这篇游记生动地体现了艺术辩证之美:从永州全景全貌写到袁家渴,由对袁家渴的粗线勾勒到定点写小山美景,深得由面到点的艺术之妙;在对袁家渴由面到点的描写中,不仅绘了美的形状,而且施了美的色彩,深得形色兼美的艺术之妙;在对袁家渴的"幽"与"美"作了一系列的静态描写之后,突然腕笔生风,化静为动,描写树木、草丛、溪水、红花、绿叶的动态美,有了性格感情,有了意志力量,声、色、形、味融为一体,点面界限浑然不见,深得动静互用的艺术之妙;在对袁家渴的洲、溪、潭、渚进行描写之后,紧接着用"间厕曲折"加以总绘,深得分合结合的艺术之妙;在写了袁家渴"重洲小溪,澄潭浅渚""平者深黑,峻者沸白"的实际之美以后,又用"舟行若穷,忽又无际",将画面拓宽,以见美景的无限,深得以虚衬实、以实见虚的艺术之妙;写水色,既写了它平缓时的颜色,又写了它峻急时的颜色,深得缓急相间的艺术之妙。

三峡

[北魏]郦道元

自[1]三峡[2]七百里中,两岸连山,略无[3]阙[4]处。重岩叠嶂[5],隐天蔽日,自非[6]亭午[7]夜分[8],不见曦[9]月。

至于夏水襄[10]陵[11],沿[12]溯[13]阻绝。或[14]王命[15]急宣[16],有时朝发白帝[17],暮到江陵[18],其间千二百里,虽[19]乘奔[20]御[21]风,不以[22]疾[23]也。

春冬之时,则素湍[24]绿潭[25],回清倒影[26],绝巘[27]多生怪柏,悬泉[28]瀑布,飞漱[29]其间,清荣峻茂[30],良[31]多趣味。

每至晴初[32]霜旦[33],林寒涧肃,常有高猿长啸,属引[34]凄异[35],空谷传响,哀转久绝[36]。故渔者歌曰:"巴东[37]三峡巫峡长,猿鸣三声[38]泪沾[39]裳[40]。"

注释

[1]自:在。
[2]三峡:指长江上游重庆、湖北两个省级行政单位间的瞿塘峡、巫峡和西陵峡,全长实际只有四百多里。
[3]略无:毫无,完全没有。略:皆。
[4]阙:通"缺",缺口,空隙。

[5]嶂(zhàng)：直立如屏障一样的山峰。
[6]自非：如果不是。自：如果。非：不是。
[7]亭午：正午。
[8]夜分：半夜。
[9]曦(xī)：日光，这里指太阳。
[10]襄(xiāng)：上，这里指漫上。
[11]陵：大的土山，这里泛指山陵。
[12]沿：顺流而下(的船)。
[13]溯：逆流而上(的船)。
[14]或：如果(也有版本上是有时的意思)。
[15]王命：皇帝的圣旨。
[16]宣：宣布，传达。
[17]朝发白帝：早上从白帝城出发。白帝：城名，在重庆奉节县东。朝：早晨。
[18]江陵：今湖北省荆州市。
[19]虽：即使。
[20]奔：奔驰的快马。
[21]御：驾着，驾驶。
[22]不以：不如。
[23]疾：快。
[24]素湍：白色的急流。素：白色的。
[25]绿潭：碧绿的潭水。
[26]回清倒影：回旋的清波，倒映出(山石林木)的倒影。
[27]绝巘(yǎn)：极高的山峰。绝：极。巘：高峰。
[28]悬泉：悬挂着的泉水瀑布。
[29]飞漱：急流冲荡。漱：冲荡。
[30]清荣峻茂：水清树荣(茂盛)，山高草盛。
[31]良：很。
[32]晴初：(雨后或雪后)天刚刚放晴的时候。
[33]霜旦：下霜的早晨。
[34]属引：连续不断。属(zhǔ)：动词，连接。引：延长。
[35]凄异：凄惨悲凉。
[36]哀转久绝：悲哀婉转，猿鸣声很久才消失。绝：消失，停止。转：婉转。
[37]巴东：汉郡名，在今重庆东部云阳、奉节、巫山一带。
[38]三声：几声，这里不是确数。
[39]沾：打湿。
[40]裳(cháng)：衣服。

赏析

郦道元(约470—527)，北魏地理学家。字善长，范阳涿县(今河北涿州)人。遍历北方，留心观察水道等地理现象，为《水经》作注，写成《水经注》四十卷，是中国古代关于河流方面的地理巨著。

郦道元的《三峡》(节选自《水经注校证》三十四卷)是一篇著名的山水之作，作者用不到两百字的篇幅就描写出了长江三峡雄伟壮丽的景色。

山高水险是三峡的主要特色。文章开篇着重写山："自三峡七百里中，两岸连山，略无阙处"，如鸟瞰俯视；"重岩叠嶂，隐天蔽日，自非亭午夜分，不见曦月"，似抬头仰观。"略"字极言众山衔接，连绵不绝，"重""叠""隐""蔽"写出了山的高峻，"非亭午夜分，不见曦月"则刻意渲染出山高江狭的特征，为写水做了铺垫。写水则依水势的盛衰落笔，动静相间，有张有弛。夏季着意于江水暴涨，水流湍急，"朝发白帝，暮到江陵"，即使乘骏马，驾长风，也休想赶上奔腾的江流，疾速凶险，惊心动魄。春冬景色恬静幽美，雪白的激流，回旋的清波，碧绿的深潭，奇异的倒影，高峰怪柏，飞漱江流的悬泉瀑布……平静中带有微妙的动感，与夏水的险急恰成鲜明的对照。秋天水枯气寒，猿鸣哀转，气氛显得悲寂凄凉，最后用当地流行的渔歌作结，"巴东三峡巫峡长，猿鸣三声泪沾裳"，一扫上文的无限春光，萧瑟的气韵悠扬深长。行文起伏多姿、曲尽其妙、画面丰富、色彩变幻，真可谓尺幅罗千里。

游黄山日记

[明]徐霞客

初二日　自白岳下山，十里，循麓而西，抵南溪桥。渡大溪，循别溪，依山北行。十里，两山峭逼如门，溪为之束。越而下，平畴颇广。二十里，为猪坑。由小路登虎岭，路甚峻。十里，至岭。五里，越其麓。北望黄山诸峰，片片可掇[1]。又三里，为古楼坳。溪甚阔，水涨无梁，木片弥满布一溪，涉之甚难。二里，宿高桥。

初三日　随樵者行，久之，越岭二重。下而复上，又越一重。两岭俱峻，曰双岭。共十五里，过江村。二十里，抵汤口，香溪、温泉诸水所由出者。折而入山，沿溪渐上，雪且没趾。五里，抵祥符寺。汤泉[2]在隔溪，遂俱解衣赴汤池。池前临溪，后倚壁，三面石甃(zhòu)，上环石如桥。汤深三尺，时凝寒未解，面汤气郁然，水泡池底汨汨起，气本香洌。黄贞父谓其不及盘山，以汤口、焦村孔道，浴者太杂遝[3]出。浴毕，返寺。僧挥印引登莲花庵，蹑雪循涧以上。涧水三转，下注而深泓者，曰白龙潭；再上而停涵石间者，曰丹井。井旁有石突起，曰"药臼"，曰"药铫"[4]。宛转随溪，群峰环耸，木石掩映。如此一里，得一庵，僧印我他出，不能登其堂。堂中香炉及钟鼓架，俱天然古木根所为。遂返寺宿。

初四日　兀坐听雪溜竟日。

初五日　云气甚恶，余强卧至午起。挥印言慈光寺颇近，令其徒引。过汤地，仰见一崖，中悬鸟道，两旁泉泻如练。余即从此攀跻上，泉光云气，撩绕衣裾。已转而右，则茅庵上下，磬韵香烟，穿石而出，即慈光寺也。寺旧名珠砂庵。比丘为余言："山顶诸静室，径为雪封者两月。今早遣人送粮，山半雪没腰而返。"余兴大阻，由大路二里下山，遂引被卧。

初六日　天色甚朗。觅导者各携筇[5]上山，过慈光寺。从左上，石峰环夹，其中石级为积雪所平，一望如玉。蔬木茸茸中，仰见群峰盘结，天都独巍然上挺。数里，级愈峻，雪愈深，其阴处冻雪成冰，坚滑不容着趾。余独前，持杖凿冰，得一孔置前趾，再凿一孔，以移后趾。从行者俱循此法得度。上至平冈，则莲花、云门诸峰，争奇竞秀，若为天都拥卫者。由此而入，绝巘[6]危崖，尽皆怪松悬结。高者不盈丈，低仅数寸，平顶短髪(bì)，盘根虬干，愈短愈老，愈小愈奇，不意奇山中又有此奇品也！松石交映间，冉冉僧一群从天而下，俱合掌言："阻雪山中已三月，今以觅粮勉到此。公等何由得上也？"且言："我等前海诸庵，俱已下山，后海山路尚未通，惟莲花洞可行耳。"已而从天都峰侧攀而上，透峰罅而下，东转即莲花洞路也。余急于光明顶、石笋矼[7]之胜，遂循莲花峰而北。上下数次，至天门。两壁夹立，中阔摩肩，高数十丈，仰面而度，阴森悚骨。其内积雪更深，凿冰上跻，过此得平顶，即所谓前海也。由此更上一峰，至平天矼。矼之兀突独耸者，为光明顶。由矼而下，即所谓后海也。盖平天矼阳为前海，阴为后海，乃极高处，四面皆峻坞，此独若平地。前海之前，天都莲花二峰最峻，其阳属徽之歙[8]，其阴属宁之太平。

　　余至平天矼，欲望光明顶而上。路已三十里，腹甚枵[9]，遂入矼后一庵。庵僧俱踞石向阳。主僧曰智空，见客色饥，先以粥饷。且曰："新日太皎，恐非老晴。"因指一僧谓余曰："公有余力，可先登光明顶而后中食，则今日犹可抵石笋矼，宿是师处矣。"余如言登顶，则天都、莲花并肩其前，翠微、三海门环绕于后，下瞰绝壁峭岫，罗列坞中，即丞相原也。顶前一石，伏而复起，势若中断，独悬坞中，上有怪松盘盖。余侧身攀踞其上，而浔阳踞大顶相对，各夸胜绝。

　　下入庵，黄粱已熟。饭后，北向过一岭，踯躅菁莽中，入一庵，曰狮子林，即智空所指宿处。主僧霞光，已待我庵前矣。遂指庵北二峰曰："公可先了此胜。"从之。俯窥其阴，则乱峰列岫，争奇并起。循之西，崖忽中断，架木连之，上有松一株，可攀引而度，所谓接引崖也。度崖，空石罅而上，乱石危缀间，构木为石，其中亦可置足，然不如踞石下窥更雄胜耳。下崖，循而东，里许，为石笋矼。矼脊斜亘，两夹悬坞中，乱峰森罗，其西一面即接引崖所窥者。矼侧一峰突起，多奇石怪松。登之，俯瞰壑中，正与接引崖对瞰，峰回岫转，顿改前观。

　　下峰，则落照拥树，谓明晴可卜，踊跃归庵。霞光设茶，引登前楼。西望碧痕一缕，余疑山影。僧谓："山影夜望甚近，此当是云气。"余默然，知为雨兆也。

　　初七日　四山雾合。少顷，庵之东北已开，西南腻甚，若以庵为界者，即狮子峰亦在时出时没间。晨餐后，由接引崖践雪下。坞半一峰突起，上有一松裂石而出，巨干高不及二尺，而斜拖曲结，蟠翠三丈余，其根穿石上下，几与峰等，所谓"扰龙松"是也。

　　攀玩移时，望狮子峰已出，遂杖而西。是峰在庵西南，为案山。二里，蹑其巅，则三面拔立坞中，其下森峰列岫，自石笋、接引两坞迤逦至此，环结又成一胜。登眺间，沉雾渐爽舒朗，急由石笋矼北转而下，正昨日峰头所望森阴径也。群峰或上或下，或巨或纤，或直或欹，与身穿绕而过。俯窥辗顾，步步生奇，但壑深雪厚，一步一悚。

　　行五里，左峰腋一窦透明，曰"天窗"。又前，峰旁一石突起，作面壁状，则"僧坐石"也。下五里，径稍夷，循涧而行。忽前涧乱石纵横，路为之塞。越石久之，一阙新崩，片片欲堕，始得路。仰视峰顶，黄痕一方，中间绿字宛然可辨，是谓"天牌"，亦谓"仙人榜"。又前，鲤鱼石；又前，白龙池。共十五里，一茅出涧边，为松谷庵旧基。再五里，循溪东西行，又过五水，则松谷庵矣。再循溪下，溪边香气袭人，则一梅亭亭正发，山寒稽雪，至是始芳。抵青龙潭，一泓深碧，更会两溪，比白龙潭势既雄壮，而大石磊落，奔流乱注，远近群峰环拱，亦佳境也。还餐松谷，往宿旧庵。余初至松谷，疑已平地，及是询之，须下岭二重，二十里方得平地，至太平县共三十五里云。

　　初八日　拟寻石笋奥境，竟为天夺，浓雾迷漫。抵狮子林，风愈大，雾亦愈厚。余急欲趋炼丹台，遂转西南。三里，为雾所迷，偶得一庵，入焉。雨大至，遂宿此。

　　初九日　逾午少霁[10]。庵僧慈明，甚夸西南一带峰岫不减石笋矼，有"秃颅朝天""达摩面壁"诸名。余拉浔阳蹈乱流至壑中，北向即翠微诸峦，南向即丹台诸坞，大抵可与狮峰竞驾，未得比肩石笋也。雨踵至，急返庵。

初十日　晨雨如注，午少停。策杖二里，过飞来峰，此平天矼之西北岭也。其阳坞中，峰壁森峭，正与丹台环绕。二里，抵台。一峰西垂，顶颇平伏。三面壁翠合沓重叠，前一小峰起坞中，其外则翠微峰、三海门蹄股拱峙。登眺久之。东南一里，绕出平天矼下。雨复大至，急下天门。两崖隘肩，崖额飞泉，俱从人顶泼下。出天门，危崖悬叠，路缘崖半，比后海一带森峰峭壁，又转一境。"海螺石"即在崖旁，宛转酷肖，来时忽不及察，今行雨中，颇稔其异，询之始知。已趋大悲庵，由其旁复趋一庵，宿悟空上人处。

十一日　上百步云梯。梯磴插天，足趾及腮，而磴石倾侧岈，兀兀[11]欲动，前下时以雪掩其险，至此骨意俱悚。上云梯，即登莲花峰道。又下转，由峰侧而入，即文殊院、莲花洞道也。以雨不止，乃下山，入汤院，复浴。由汤口出，二十里抵芳村，十五里抵东潭，溪涨不能渡而止。黄山之流，如松谷、焦村，俱北出太平；即南流如汤口，亦北转太平入江；惟汤口西有流，至芳村而巨，南趋岩镇，至府西北与绩溪会。

注释

[1] 掇：拾取。

[2] 汤泉：即黄山温泉，又名朱砂泉。

[3] 遝(tà)：杂乱。

[4] 药铫(diào)：小铁锅。

[5] 筇(qióng)：手杖。

[6] 岘(yǎn)：大小成两截的山。

[7] 矼(gāng)：又作"杠"，即石桥。

[8] 歙(shè)：地名。

[9] 枵(xiāo)：变虚，即肚子很饿。

[10] 霁(jì)：晴。

[11] 兀兀：挺立。

赏析

徐霞客(1587—1641)，名弘祖，字振之，号霞客，南直隶江阴县(今江苏省江阴市)人，明代地理学家、旅行家和文学家，他经30年考察撰成了60万字地理名著《徐霞客游记》，被称为"千古奇人"。徐霞客一生志在四方，足迹遍及今21个省、市、自治区，"达人所之未达，探人所之未知"，所到之处，探幽寻秘，并记有游记，记录观察到的各种现象、人文、地理、动植物等状况。

黄山，原名黟山，唐代天宝年后改为今名。相传黄帝与容成子、浮丘公同在此炼丹，故名黄山。黄山风景以奇松怪石、云海、温泉最著名。徐霞客在此日记中对黄山松及云海推崇备至。《游黄山日记》颇能显示徐霞客写景状物的功夫，用词遣句都很精当巧妙，其章法开合得度、松紧适中，对雪光山色的渲染也使具体各景相得益彰。

"五岳归来不看山，黄山归来不看岳"，黄山有泰山之雄伟，华山之险峻，衡山之烟云，庐山之飞瀑，雁荡之巧石，峨眉之清秀，被誉为"天下第一奇山"。徐霞客妙笔生花，温泉、奇峰、泻泉、雪景、云海、溪涧、怪石、奇松、峭崖、雾岚……鲜活灵动，极富生命力，令人叹为观止。有神秘绮丽、有精致奇妙、有明净澄澈、有争奇竞秀、有险峻壮丽，亦别有一番游历的情趣。身于这般天地，油然而生超然物外的潇洒与飘逸，真是"飘飘乎如遗世独立，羽化而登仙"。

满井[1]游记

[明]袁宏道

燕[2]地寒,花朝节[3]后,余寒犹[4]厉。冻风时作[5],作则飞沙走砾[6]。局促[7]一室之内,欲出不得。每冒风驰行,未百步辄返。

廿二日天稍和[8],偕[9]数友出东直[10],至满井。高柳夹堤,土膏[11]微润,一望空阔,若脱笼之鹄[12]。于时冰皮[13]始解,波色乍[14]明,鳞浪[15]层层,清澈见底,晶晶然[16]如镜之新开[17]而冷光[18]之乍[19]出于匣[20]也。山峦为晴雪所洗[21],娟然[22]如拭[23],鲜妍明媚,如倩女之靧面而髻鬟之始掠也[24]。柳条将舒[25]未舒,柔梢[26]披风[27],麦田浅鬣寸许[28]。游人虽未盛,泉而茗者,罍而歌者,红装而蹇者[29],亦时时有。风力虽[30]尚劲[31],然徒步则汗出浃[32]背。凡曝沙之鸟,呷浪之鳞[33],悠然自得[34],毛羽鳞鬣[35]之间皆有喜气。始知郊田之外未始无春[36],而城居者未之知也。

夫[37]不能以游堕事[38]而潇然[39]于山石草木之间者,惟此官[40]也。而此地适[41]与余近,余之游将自此始,恶[42]能无纪[43]?己亥[44]之二月也。

注释

[1]满井:明清时期北京东北角的一个游览地,因有一口古井,"井高于地,泉高于井,四时不落",所以叫"满井"。

[2]燕(yān):指今河北北部、辽宁西部、北京一带。这一地区原为周代诸侯国燕国故地。

[3]花朝(zhāo)节:旧时以阴历二月十二日为花朝节,据说这一天是百花生日。

[4]犹:仍然。

[5]冻风时作(zuò):冷风时常刮起来。作,起。

[6]砾:小石块。

[7]局促:拘束。

[8]和:暖和。

[9]偕:一同。

[10]东直:北京东直门,在旧城东北角。满井在东直门北三四里。

[11]土膏:肥沃的土地。膏,肥沃。

[12]脱笼之鹄(hú):从笼中飞出去的天鹅。

[13]冰皮:冰层,指水面凝结的冰层犹如皮肤。

[14]乍:刚刚,开始。

[15]鳞浪:像鱼鳞似的细浪纹。

[16]晶晶然:光亮的样子。

[17]新开:新打开。

[18]冷光:清冷的光。

[19]乍:突然。

[20]匣:镜匣。

[21]山峦为晴雪所洗:山峦被融化的雪水洗干净。为,被。晴雪,晴空之下的积雪。

[22]娟然:美好的样子。

[23]拭(shì)：擦拭。

[24]如倩女之靧(huì)面而髻(jì)鬟(huán)之始掠也：像美丽的少女洗好了脸刚梳好髻鬟一样。倩，美丽的女子。靧，洗脸。掠，梳掠。

[25]舒：舒展。

[26]梢：柳梢。

[27]披风：在风中散开。披，开、分散。

[28]麦田浅鬣(liè)寸许：意思是麦苗高一寸左右。鬣：兽颈上的长毛，一说马鬃，这里形容不高的麦苗。

[29]泉而茗(míng)者，罍(léi)而歌者，红装而蹇(jiǎn)者：汲泉水煮茶喝的，端着酒杯唱歌的，穿着艳装骑驴的。泉、茗、罍、蹇都是名词作动词用。茗，茶。罍，酒杯。蹇，驴。

[30]虽：虽然。

[31]劲(jìng)：猛、强有力。

[32]浃(jiā)：湿透。

[33]曝沙之鸟，呷(xiā)浪之鳞：在沙滩上晒太阳的鸟，浮到水面戏水的鱼。呷，吸，这里用其引申义。鳞，代鱼。

[34]悠然自得：悠然，闲适的样子。自得，内心得意舒适。

[35]毛羽鳞鬣：毛，指虎狼兽类；羽，指鸟类；鳞，指鱼类和爬行动物；鬣，指马一类动物。合起来，泛指一切动物。

[36]未始无春：未尝没有春天。这是对第一段"燕地寒"等语说的。

[37]夫：用于句子开头，可翻译为大概。

[38]堕(huī)事：耽误公事。堕，毁坏、耽误。

[39]潇然：悠闲自在的样子。

[40]此官：当时作者任顺天府儒学教授，是个闲职。

[41]适：正好。

[42]恶(wū)能：怎能。恶，怎么。

[43]纪：通"记"，记录。

[44]己亥：明万历二十七年(1599年)。

赏析

袁宏道(1568—1610)，字中郎、无学，号石公、六休，公安(今属湖北)人，明代文学家。袁宏道与其兄袁宗道、弟袁中道并有才名，史称"三袁"，其文学流派世称"公安派"或"公安体"。

《满井游记》是一篇文字清新的记游小品。满井是明清两朝北京近郊的一个风景区。这篇游记描写北国早春气象，既能传达出山川景物之神，又处处洋溢着作者悠然神往的情感。作者从城居不见春叙起，接着写郊外探春，并逐层写出郊原早春景色的诱人，而最后归结道："始知郊田之外，未始无春，而城居者未之知也。"回应开头困居局促之状，迥然有苦乐之异和天渊之别，表现了作者厌弃喧嚣尘俗的城市生活，寄意于山川草木的潇洒情怀。通篇写景都渗透着这种洒脱而悠然的感情，使文字具有一种清新恬静的田园气息。

湖心亭看雪

[清]张岱

崇祯五年[1]十二月,余住西湖。大雪三日,湖中人鸟声俱[2]绝[3]。是日更定[4]矣,余[5]拏[6]一小舟,拥毳衣炉火[7],独往湖心亭看雪。雾凇沆砀[8],天与云与山与水,上下一白[9]。湖上影子,惟[10]长堤一痕[11]、湖心亭一点、与余舟一芥[12]、舟中人两三粒而已[13]。

到亭上,有两人铺毡[14]对坐,一童子烧酒炉正沸。见余大喜曰:"湖中焉得更有此人[15]!"拉[16]余同饮。余强[17]饮三大白[18]而别。问其姓氏,是金陵人,客此[19]。及[20]下船,舟子[21]喃喃[22]曰:"莫[23]说相公[24]痴,更[25]有痴似[26]相公者。"

注释

[1]崇祯五年:公元1632年。崇祯,明思宗朱由检的年号(1628—1644)。

[2]俱:都。

[3]绝:消失。

[4]是日更(gēng)定:是,代词,这。更定:指初更以后。晚上八点左右。定:停止,结束。

[5]余:第一人称代词,我。

[6]拏(ná):撑(船)。

[7]拥毳(cuì)衣炉火:穿着细毛皮衣,带着火炉。毳衣:细毛皮衣。毳:鸟兽的细毛。

[8]雾凇沆砀(hàngdàng):冰花一片弥漫。雾,从天上下罩湖面的云气。凇,从湖面蒸发的水汽。沆砀,白气弥漫的样子。

[9]上下一白:上上下下全白。一白,全白。一,全或都,一概。

[10]惟:只有。

[11]长堤一痕:形容西湖长堤在雪中只隐隐露出一道痕迹。堤,沿河或沿海的防水建筑物,这里指苏堤。一,数词。痕,痕迹。

[12]一芥:一棵小草。芥,小草,比喻轻微纤细的事物。

[13]而已:罢了。

[14]毡:毛毯。

[15]焉得更有此人:想不到还会有这样的人。焉得,哪能。更,还。

[16]拉:邀请。

[17]强(qiǎng)饮:尽情喝。强,尽力,勉力,竭力。

[18]大白:大酒杯。白,古人罚酒时用的酒杯,也泛指一般的酒杯,这里的意思是三杯酒。

[19]客此:在此地客居。客,做客,名词作动词。

[20]及:等到。

[21]舟子:船夫。

[22]喃喃:低声嘟哝。

[23]莫:不要。

[24]相公:原意是对宰相的尊称,后转为对年轻人的敬称及对士人的尊称。

[25]更:还。

[26]痴似：痴于，痴过。痴，痴迷。

赏析

张岱(1597—1689)，字宗子，又字石公，号陶庵，别号蝶庵居士，晚号六休居士，明末清初山阴（今浙江绍兴）人，文学家。寓居杭州。出生仕宦世家，少为富贵公子，爱繁华，好山水，晓音乐、戏曲，精于茶艺鉴赏，明亡后不仕，曾参加过抗清斗争，后"披发入山"著书以终。其文笔干练，丰神绰约，著有《琅嬛文集》《陶庵梦忆》《西湖梦寻》《三不朽图赞》《夜航船》等。

《湖心亭看雪》记叙了作者自己湖心亭看雪的经过，描绘了一幅幽静深远、洁白广阔的雪景图，体现了作者的故国之思，也反映了作者不与世俗同流合污、不随波逐流的品质以及远离世俗、孤芳自赏的情怀，并寄托了人生渺茫的慨叹。在孤独中与自己对话："湖中人鸟声俱绝"，又"独行"给心灵充分的自由。在空灵中与自然对话：天、云、山、水自上而下，意境旷远，又以长堤、圆亭、扁舟点缀，如写意山水画，空灵淡雅，再以"舟中人两三粒"，在空灵中完成了与自然的对话。天地之苍茫阔大，生命之短暂有限，个体之渺小脆弱，触动我们的思考。而"痴"说明了作者的人性，也点出了作者的情怀。全文笔墨精练，文笔清秀，表现力强，不足两百字，却融叙事、写景、抒情于一体。

白马湖

朱自清

今天是个下雨的日子。这使我想起了白马湖；因为我第一回到白马湖，正是微风飘萧的春日。

白马湖在甬绍铁道的驿亭站，是个极小极小的乡下地方。在北方说起这个名字，管保一百个人一百个人不知道。但那却是一个不坏的地方。这名字先就是一个不坏的名字。据说从前(宋时?)有个姓周的骑白马入湖仙去，所以有这个名字。这个故事也是一个不坏的故事。假使你乐意搜集，或也可编成一本小书，交北新书局印去。

白马湖并非圆圆的或方方的一个湖，如你所想到的，这是曲曲折折大大小小许多湖的总名。湖水清极了，如你所能想到的，一点儿不含糊，像镜子。沿铁路的水，再没有比这里清的，这是公论。遇到旱年的夏季，别处湖里都长了草，这里却还是一清如故。白马湖最大的，也是最好的一个，便是我们住过的屋的门前那一个。那个湖不算小，但湖口让两面的山包住了。外面只见微微的碧波而已，想不到有那么大的一片。湖的尽里头，有一个三四十户人家的村落，叫作西徐岙(ào)，因为姓徐的多。这村落与外面本是不相通的，村里人要出来得撑船。后来春晖中学在湖边造了房子，这才造了两座玲珑的小木桥，筑起一道煤屑路，直通到驿亭车站。那是窄窄的一条人行路，蜿蜒曲折的，路上虽常不见人，走起来却不见寂寞——。尤其在微雨的春天，一个初到的来客，他左顾右盼，是只有觉得热闹的。

春晖中学在湖的最胜处，我们住过的屋也相去不远，是半西式。湖光山色从门里从墙头进来，到我们窗前、桌上。我们几家接连着；丏翁的家最讲究。屋里有名人字画，有古瓷，有铜佛，院子里满种着花。屋子里的陈设又常常变换，给人新鲜的受用。他有这样好的屋子，又是好客如命，我们便不时地上他家里喝老酒。丏翁夫人的烹调也极好，每回总是满满的盘碗拿出来，空空的收回去。白马湖最好的时候是黄昏。湖上的山笼着一层青色的薄雾，在水里映着参差的模糊的影子。水光微微地暗淡，像是一面古铜镜。轻风吹来，有一两缕波纹，但随即平静了。天上偶见几只归鸟，我们看着它们越飞越远，直到不见为止。这个时候便是我们喝酒的时候。我们说话很少；上了灯话才多些，但大家都已微有醉意。是该回家的时候了。若有月光也许还得徘徊一会；若是黑夜，便在暗里摸索醉着

回去。

白马湖的春日自然最好。山是青得要滴下来，水是满满的、软软的。小马路的两边，一株间一株地种着小桃与杨柳。小桃上各缀着几朵重瓣的红花，像夜空的疏星。杨柳在暖风里不住地摇曳。在这路上走着，时而听见锐而长的火车的笛声是别有风味的。在春天，不论是晴是雨，是月夜是黑夜，白马湖都好。——雨中田里菜花的颜色最早鲜艳；黑夜虽什么不见，但可静静地受用春天的力量。夏夜也有好处，有月时可以在湖里划小船，四面满是青霭。船上望别的村庄，像是蜃楼海市，浮在水上，迷离惝恍的；有时听见人声或犬吠，大有世外之感。若没有月呢，便在田野里看萤火。那萤火不是一星半点的，如你们在城中所见；那是成千成百的萤火。一片儿飞出来，像金线网似的，又像耍着许多火绳似的。只有一层使我愤恨。那里水田多，蚊子太多，而且几乎全闪闪烁烁是疟蚊子。我们一家都染了疟疾，至今三四年了，还有未断根的。蚊子多足以减少露坐夜谈或划船夜游的兴致，这未免是美中不足了。

离开白马湖是三年前的一个冬日。前一晚"别筵"上，有丏翁与云君，我不能忘记丏翁，那是一个真挚豪爽的朋友。但我也不能忘记云君，我应该这样说，那是一个可爱的——孩子。

七月十四日，北平。

赏析

朱自清(1898—1948)，字佩弦，号秋实，原籍绍兴，生于江苏东海县。现代散文家、诗人、文学研究家。1920年毕业于北京大学，先后在江苏、浙江等地任教和从事文学创作。1925年担任清华大学教授。晚年成为坚定的民主革命主义战士。其作品《背影》《荷塘月色》等篇，为我国现代散文早期代表作。

《白马湖》是朱自清在1929年11月1日《清华周刊》第32卷第3期上发表的一篇散文。作者重点写了白马湖在春夏两个季节的特点。春季的特点是：山青，水满而软，桃柳相间，菜花鲜艳，可以说是别有风味的。夏季的特点是：可以在湖里划船，感受世外之感；可以看成千成百的萤火闪烁。文章表现了作者对曾经工作生活过的地方的留恋之情，同时又在貌似平淡无味的日常生活中领悟出人生的情趣和世态风习，把作者对白马湖的怀念之情表现得十分真切而朴实，同时也流露了作者的处世自然、达观的人生态度。

类文链接

1. 苏轼《记承天寺夜游》

元丰六年十月十二日夜，解衣欲睡，月色入户，欣然起行。念无与为乐者，遂至承天寺寻张怀民。怀民亦未寝，相与步于中庭。庭下如积水空明，水中藻、荇交横，盖竹柏影也。何夜无月？何处无竹柏？但少闲人如吾两人者耳。

2. 王维《山居秋暝》

空山新雨后，天气晚来秋。明月松间照，清泉石上流。
竹喧归浣女，莲动下渔舟。随意春芳歇，王孙自可留。

3. 杜甫《望岳》

　　　　岱宗夫如何？齐鲁青未了。造化钟神秀，阴阳割昏晓。
　　　　荡胸生层云，决眦入归鸟。会当凌绝顶，一览众山小。

4. 志南《绝句》

　　　　古木阴中系短篷，杖藜扶我过桥东。
　　　　沾衣欲湿杏花雨，吹面不寒杨柳风。

5. 曹操《观沧海》

　　　　东临碣石，以观沧海。
　　　　水何澹澹，山岛竦峙。
　　　　树木丛生，百草丰茂。
　　　　秋风萧瑟，洪波涌起。
　　　　日月之行，若出其中；
　　　　星汉灿烂，若出其里。
　　　　幸甚至哉，歌以咏志。

6. 范仲淹《岳阳楼记》

　　庆历四年春，滕子京谪守巴陵郡。越明年，政通人和，百废具兴，乃重修岳阳楼，增其旧制，刻唐贤今人诗赋于其上，属予作文以记之。

　　予观夫巴陵胜状，在洞庭一湖。衔远山，吞长江，浩浩汤汤，横无际涯，朝晖夕阴，气象万千，此则岳阳楼之大观也，前人之述备矣。然则北通巫峡，南极潇湘，迁客骚人，多会于此，览物之情，得无异乎？

　　若夫淫雨霏霏，连月不开，阴风怒号，浊浪排空，日星隐曜，山岳潜形，商旅不行，樯倾楫摧，薄暮冥冥，虎啸猿啼。登斯楼也，则有去国怀乡，忧谗畏讥，满目萧然，感极而悲者矣。

　　至若春和景明，波澜不惊，上下天光，一碧万顷，沙鸥翔集，锦鳞游泳，岸芷汀兰，郁郁青青。而或长烟一空，皓月千里，浮光跃金，静影沉璧，渔歌互答，此乐何极！登斯楼也，则有心旷神怡，宠辱偕忘，把酒临风，其喜洋洋者矣。

　　嗟夫！予尝求古仁人之心，或异二者之为，何哉？不以物喜，不以己悲，居庙堂之高则忧其民，处江湖之远则忧其君。是进亦忧，退亦忧。然则何时而乐耶？其必曰"先天下之忧而忧，后天下之乐而乐"乎！噫！微斯人，吾谁与归？

　　时六年九月十五日。

7. 林语堂的《春日游杭记》

8. 朱自清《桨声灯影里的秦淮河》

艺术徜徉

在艺术世界里，艺术家们通过自己的灵感和创意创作出许多令人惊叹的艺术品，让人们感受到了无限的美和情感。

徜徉其中，可以尽情地崇尚浪漫，主观的臆想，把一种无形的渲染，传送到不可逾越的人生彼岸，哪怕是一种印象，一种奢望，也能满足理性的冲动、审美的愉悦和智慧的光芒，从而沉淀进而融入生命的顿悟……

西厢记·长亭送别[1]

[元]王实甫

(夫人、长老上云)今日送张生赴京,十里长亭,安排下筵席。我和长老先行,不见张生、小姐来到。

(旦、末、红同上)(旦云)今日送张生上朝取应,早是离人伤感,况值那暮秋天气,好烦恼人也呵!"悲欢聚散一杯酒,南北东西万里程。"(旦唱)

【正宫】【端正好】碧云天,黄花[2]地,西风紧,北雁南飞。晓来谁染霜林醉?总是离人泪[3]。

【滚绣球】恨相见得迟,怨归去得疾。柳丝长玉骢难系[4]。恨不倩[5]疏林挂住斜晖。马儿迍迍[6]的行,车儿快快的随,却告了相思回避,破题儿又早别离。听得道一声"去也",松了金钏;遥望见十里长亭,减了玉肌。此恨[7]谁知?

(红云)姐姐,今日怎么不打扮?(旦云)你那知我的心里呵!(旦唱)

【叨叨令】见安排着车儿、马儿,不由人熬熬煎煎的气;有甚么心情花儿、靥儿[8],打扮得娇娇滴滴的媚;准备着被儿、枕儿,则索昏昏沉沉的睡;从今后衫儿、袖儿,都揾做重重叠叠的泪。兀的不闷杀人也么哥!兀的不闷杀人也么哥!久已后书儿、信儿,索与我恓恓惶惶的寄。

(做到,见夫人科)(夫人云)张生和长老坐,小姐这壁坐,红娘将酒来。张生,你向前来,是自家亲眷,不要回避。俺今日将莺莺与你,到京师休辱末了俺孩儿,挣揣[9]一个状元回来者。(末云)小生托夫人余荫,凭着胸中之才,视官如拾芥耳。(洁云)夫人主见不差,张生不是落后的人。(把酒了,坐)(旦长吁科)

【脱布衫】下西风黄叶纷飞,染寒烟衰草凄迷。酒席上斜签着坐[10]的,蹙愁眉死临侵地[11]。

【小梁州】我见他阁泪汪汪不敢垂[12],恐怕人知;猛然见了把头低,长吁气,推整素罗衣[13]。

【幺篇】虽然久后成佳配,奈时间[14]怎不悲啼。意似痴,心如醉,昨宵今日,清减了小腰围。

(夫人云)小姐把盏者。(红递酒,旦把盏长吁科,云)请吃酒。(旦唱)

【上小楼】合欢未已,离愁相继。想着俺前暮私情,昨夜成亲,今日别离。我谂知这几日相思滋味,却元来此别离情更增十倍[15]。

【幺篇】年少呵轻远别,情薄呵易弃掷。全不想腿儿相挨,脸儿相偎,手儿相携。你与俺崔相国做女婿,妻荣夫贵,但得一个并头莲,煞强如状元及第。

(夫人云)红娘把盏者。(红把酒科)(旦唱)

【满庭芳】供食太急,须臾对面;顷刻别离。若不是酒席间子母每当回避,有心待与他举案齐眉。虽然是厮守得一时半刻,也合着俺夫妻每共桌而食。眼底空留意[16],寻思起就里,险化做望夫石。

(红云)姐姐不曾吃早饭,饮一口儿汤水。(旦云)红娘,甚么汤水咽得下。

【快活三】将来的酒共食,尝着似土和泥;假若便是土和泥,也有些土气息,泥滋味。

【朝天子】暖溶溶玉醅[17],白泠泠似水。多半是相思泪。眼面前茶饭怕不待要[18]吃,恨塞满愁肠胃。"蜗角虚名[19],蝇头微利[20]",拆鸳鸯在两下里。一个这壁,一个那壁,一递一声长吁气。

(夫人云)辆[21]起车儿,俺先回去,小姐随后和红娘来。(下)(末辞洁科)(洁云)此一行别无话儿,贫僧准备买登科录[22]看,做亲的茶饭少不得贫僧的。先生在意,鞍马上保重者。"从今经忏无心礼,专听春雷第一声[23]。"(下)(旦唱)

【四边静】霎时间杯盘狼藉,车儿投东,马儿向西。两意徘徊,落日山横翠。知他今宵宿在那里?

有梦也难寻觅。

（旦云）张生，此一行得官不得官，疾便回来。（末云）小生这一去，白夺一个状元。正是："青霄[24]有路终须到，金榜无名誓不归。"（旦云）君行别无所赠，口占一绝，为君送行："弃掷今何在，当时且自亲。还将旧来意，怜取眼前人[25]。"（末云）小姐之意差矣，张珙更敢怜谁？谨赓[26]一绝，以剖[27]寸心："人生长远别，孰与最关亲？不遇知音者，谁怜长叹人[28]？"（旦唱）

【耍孩儿】淋漓襟袖啼红泪，比司马青衫更湿。伯劳东去燕西飞，未登程先问归期。虽然眼底人千里，且尽樽前酒一杯。未饮心先醉，眼中流血，心内成灰[29]。

【五煞】到京师服水土，趁程途，节饮食，顺时自保揣身体。荒村雨露宜眠早，野店风霜要起迟[30]。鞍马秋风里，最难调护，最要扶持。

【四煞】这忧愁诉与谁？相思只自知，老天不管人憔悴。泪添九曲黄河溢，恨压三峰华岳低[31]。到晚来闷把西楼倚，见了些夕阳古道，衰柳长堤。

【三煞】笑吟吟一处来，哭啼啼独自归。归家若到罗帏里，昨宵个绣衾香暖留春住，今夜个翠被生寒有梦知。留恋你别无意，见据鞍上马，阁不住泪眼愁眉。

（末云）有甚言语嘱付小生咱？（旦唱）

【二煞】你休忧"文齐福不齐[32]"，我则怕你停妻再娶妻。休要"一春鱼雁无消息"！我这里青鸾有信频须寄，你却休"金榜无名誓不归"。此一节君须记：若见了那异乡花草，再休似此处栖迟[33]。

（末云）再谁似小姐？小生又生此念？（旦唱）

【一煞】青山隔送行，疏林不做美，淡烟暮霭相遮蔽。夕阳古道无人语，禾黍秋风听马嘶。我为甚么懒上车儿内？来时甚急，去后何迟！

（红云）夫人去好一会，姐姐，咱家去！（旦唱）

【收尾】四围山色中，一鞭残照里。遍人间烦恼填胸臆，量这些大小车儿如何载得起[34]？

（旦红下）（末云）仆童，赶早行一程儿，早寻个宿处。泪随流水急，愁逐野云飞[35]。（下）

注释

[1]选自《西厢记》（人民文学出版社1995年版）。题目是编者加的。《西厢记》全称《崔莺莺待月西厢记》，记述了书生张生（张君瑞）与相国小姐崔莺莺在侍女红娘的帮助下，冲破孙飞虎、崔母、郑恒等人的重重阻挠，终成眷属的故事。全剧体制宏伟，由五本"四折一楔子"的杂剧组成，这里节选的是第四本第三折。

[2]黄花：菊花。

[3]"晓来"二句：是离人带血的眼泪，把深秋早晨的枫林染红了。

[4]柳丝长玉骢难系：古人有折柳送别的习惯，此言柳丝虽长却系不住玉骢，犹言情虽长却留不住张生。玉骢（cōng），马名，即玉花骢，一种青白色的骏马。

[5]倩（qìng）：请人代己做事。

[6]迍（zhūn）迍：行动缓慢，流连不进的样子。

[7]恨：遗憾，不满意。

[8]花儿、靥（yè）儿：即花钿，这里指头上戴花。

[9]挣揣：这里是争取、夺得之意。

[10]斜签着坐：侧身半坐，封建时代晚辈在长辈面前不能实坐。

[11]死临侵地：没精打采的样子。临侵，语助词，无义。

[12]阁泪汪汪不敢垂：强忍泪水而不敢任其流出。阁泪，含泪、噙泪。

[13]推整素罗衣：装作整理衣裳。推，借口，这里有"假装"的意思。

[14]时间：目下，眼前。

[15]"我谂(shěn)知"二句：这几天我已经深深知道了相思滋味的苦痛难堪，原来这离别比相思更苦十倍。谂，知悉、知道。

[16]眼底空留意：指母亲在座，有所避忌，不得与张生同桌共食以诉衷曲，只能以眉眼传情表达心意。

[17]玉醅(pēi)：美酒。

[18]怕不待要：难道不想，何尝不想。

[19]蜗角虚名：比喻微小的浮名。

[20]蝇头微利：比喻因小利而忘危难。

[21]辆：用作动词，驾好、套起。

[22]登科录：登载录取进士姓名的名册。

[23]春雷第一声：进士试于春正、二月举行，故称中第消息为春雷第一声。

[24]青霄：即青云，青霄路即跻身青云之路。

[25]"弃掷"四句：意思是，抛弃我的人儿现在何方？想当初对我是何等相亲。还应当用当时对我的一番情意，去爱怜眼前的新人。

[26]赓(gēng)：续作。

[27]剖：这里指表白。剖心，表白真诚之心。

[28]"人生"四句：表明除莺莺之外再无知己之意。长，同"常"。孰与，犹与谁。

[29]"眼中"二句：形容极度悲痛。

[30]"荒村"二句：此二句互文见义，谓荒村野店，雨露风霜，应当早歇息晚上路。

[31]"泪添"二句：上句以水喻愁之多，下句以山喻愁之重。华岳三峰，即西岳华山，在今陕西华阴南。

[32]文齐福不齐：有文才而缺少福分，不能考中。齐，全而不缺。

[33]栖迟：流连，逗留。

[34]量(liàng)这些大小车儿如何载得起：指烦恼之多，量这些小小车儿怎能装得下？车本不小，愁多便嫌其小。量，审度、估量。

[35]"泪随"二句：互文见义，指见流水与秋云都引起对莺莺的思念而愁生泪落。

赏析

王实甫(1260—1336)，名德信，大都(今北京市)人，祖籍河北省保定市定兴(今定兴县)，元代著名杂剧作家。著有杂剧十四种，现存《西厢记》《丽春堂》《破窑记》三种。

《西厢记·长亭送别》用元杂剧的形式讲述了崔莺莺十里长亭送张生进京赶考的别离场景，作者借景抒情，寓情于景。长亭路上，斜晖霜林图，筵席中黄叶衰草图，分手之时，古道烟霭图，无一不在诉说蜗角虚名，蝇头微利，拆鸳鸯在两下里，无一不在渲染离情别绪，无一不在表达相思别恨。《西厢记》正面提出了"愿天下有情人都成眷属"的主张，热情歌颂了张生和崔莺莺追求婚姻自由的纯洁爱情，反对封建礼教和封建婚姻制度的勇敢斗争精神。

王实甫是我国古代一位杰出的语言艺术大师，他吸收了当时民间生动活泼的口语，继承了唐诗宋词精美的语言艺术，融化百家，创造了文采斑斓的元曲语汇，成为我国戏曲史上文采派最杰出的代表。《西厢记》"花间美人"的艺术风格，和全剧那些美不胜收的绮词丽语是分不开的。

牡丹亭·游园惊梦（节选）

[明]汤显祖

【绕池游】（旦上）梦回[1]莺啭，乱煞[2]年光[3]遍，人立小庭深院。（贴）炷尽沉烟，抛残绣线，恁[4]今春关情似[5]去年。（乌夜啼）"（旦）晓来望断梅关，宿妆残。（贴）你侧着宜春髻子恰凭阑。（旦）剪不断，理还乱，闷无端。（贴）已分付催花莺燕借春看。"（旦）春香，可曾叫人扫除花径？（贴）分付了。（旦）取镜台衣服来。（贴取镜台衣服上）"云髻罢梳还对镜，罗衣欲换更添香。"镜台衣服在此。

【步步娇】（旦）袅晴丝[6]吹来闲庭院，摇漾春如线。停半晌，整花钿。没揣菱花，偷人半面，迤逗的彩云偏。（行介）步香闺怎便把全身现！（贴）今日穿插的好。

【醉扶归】（旦）你道翠生生出落的裙衫儿茜，艳晶晶[7]花簪八宝填。可知我常一生儿爱好[8]是天然。恰三春好处无人见。不提防沉鱼落雁鸟惊喧，则怕的羞花闭月花愁颤。（贴）早茶时了，请行。（行介）你看："画廊金粉半零星，池馆苍苔一片青。踏草怕泥[9]新绣袜，惜花疼煞小金铃。"（旦）不到园林，怎知春色如许！

【皂罗袍】原来姹紫嫣红[10]开遍，似这般都付与断井颓垣[11]。良辰美景奈何天，赏心乐事谁家院！恁般景致，我老爷和奶奶再不提起。（合）朝飞暮卷，云霞翠轩；雨丝风片，烟波画船——锦屏人忒[12]看的这韶光贱！（贴）是花都放了，那牡丹还早。

【好姐姐】（旦）遍青山啼红了杜鹃，荼蘼外烟丝醉软。春香啊，牡丹虽好，他春归怎占的先！（贴）成对儿莺燕啊。（合）闲凝眄[13]，生生燕语明如翦[14]，听呖呖莺声溜的圆。（旦）去罢。（贴）这园子委是观之不足也。（旦）提他怎的！（行介）

【尾声】观之不足[15]由他缱，便赏遍了十二亭台是枉然，到不如兴尽回家闲过遣[16]。（作到介）（贴）开我西阁门，展我东阁床。瓶插映山紫，炉添沉水香。小姐，你歇息片时，俺瞧老夫人去也。（下）（旦叹介）默地游春转，小试宜春面。春啊，得和你两留连，春去如何遣？咳，恁般天气，好困人也。

注释

[1]梦回：梦中醒来。

[2]乱煞：缭乱。

[3]年光：春光。

[4]恁（nèn）：怎么。

[5]似：胜似。

[6]晴丝：游丝、飞丝，虫类所吐的丝缕，常在空中飘游。

[7]艳晶晶：光灿灿。

[8]爱好：爱美。

[9]泥：玷污。

[10]姹紫嫣红：形容花的艳丽多彩。

[11]断井颓垣(yuán)：断了的井栏，倒了的短墙。

[12]忒(tuī)：太。

[13]眄(miàn)：斜着眼看。

[14]翦：剪，剪刀声。

[15]观之不足：看不厌。

[16]过遣：打发日子。

赏析

汤显祖（1550—1616），明代戏曲家、文学家。字义仍，号海若、若士、清远道人。江西临川人。公元1583年（万历十一年）中进士，任太常寺博士、礼部主事，因弹劾申时行，降为徐闻典史，后调任浙江遂昌知县，又因不附权贵而免官，未再出仕。曾从罗汝芳读书，又受李贽思想的影响。在戏曲创作方面，反对拟古和拘泥于格律。代表作有传奇《牡丹亭》《邯郸记》《南柯记》《紫钗记》，合称"玉茗堂四梦"，以《牡丹亭》最著名。在戏曲史上，和关汉卿、王实甫齐名，在中国及至世界文学史上都有着重要的地位。

《牡丹亭》的爱情故事十分独特，由情而梦，由梦而死，死而复生，终成眷属。作者善于刻画杜丽娘的内心世界，准确把握人物的心理脉搏。展现层次的丰富性和表现手段的多样化是两大主要特点。杜丽娘像一只笼中小鸟，突然飞进了繁花似锦的花园，看到一个美丽的新天地，触景生情。她痛惜自己的青春埋没在小庭院中，慨叹"锦屏人忒看的这韶光贱"，并引起她青春觉醒。女主人公游园前的心理活动，处处表现出贵族少女矜持和娇羞的特点。作者着重刻画其春情难遣的寂寞和对环境的隐隐不满。来到园中之后，则着重刻画满园春色在女主人公内心激起的巨大波澜：惊诧、感慨、悲叹、幽怨构成了丰富的心理内涵。在这里，有对自然和青春的热爱，有对春色的惊叹和对命运的感伤，也有对礼教的不满和无可奈何的苦闷。作品成功地写出了人物从不断的感情沉积中走向冲破临界状态的心灵历程，其间有踌躇徘徊、有回旋起伏。

同时作者借助人物欲藏又露的神态动作、主客交融的景物观照、回肠九曲的心灵告白等表现手法，把读者引向人物的内心世界。

情景交融手法的运用尤有特色。本文的景物描写都是通过人物眼睛与人物当时的思绪，来写出人物对景物的感受。景中情、情中景浑然一体，巧妙迭出，无境不新，达到炉火纯青的地步。

另外，化用前人名句、成语也较多。【皂罗袍】里化用了谢灵运、王勃等的诗句。【好姐姐】中化用了皮日休、寇准等的诗词以及王实甫《西厢记》里的成句。其可贵之处在于妙能点化，华美秀丽，声情并茂。

双调·夜行船[1]·秋思

[元]马致远

【夜行船】百岁光阴一梦蝶[2]，重回首往事堪嗟。今日春来，明朝花谢。急罚盏夜阑灯灭[3]。

【乔木查】想秦宫汉阙[4]，都做了衰草牛羊野。不恁[5]么渔樵无话说。纵荒坟横断碑，不辨龙蛇[6]。

【庆宣和】投至[7]狐踪与兔穴，多少豪杰。鼎足虽坚半腰里折，魏耶？晋耶[8]？

【落梅风】天教你富，莫太奢。无多时好天良夜[9]。看钱儿[10]硬将心似铁，空辜负锦堂风月[11]。

【风入松】眼前红日又西斜，疾似下坡车。晓来清镜添白雪[12]，上床与鞋履相别。休笑鸠巢计拙[13]，葫芦提[14]一向装呆。

【拨不断】名利竭，是非绝。红尘不向门前惹，绿树偏宜屋角遮，青山正补墙头缺，更那堪竹篱茅舍。

【离亭宴煞】蛩吟[15]罢一觉才宁贴[16]，鸡鸣时万事无休歇。争名利何年是彻[17]？看密匝匝蚁排兵，乱纷纷蜂酿蜜，急攘攘蝇争血。裴公[18]绿野堂，陶令[19]白莲社。爱秋来时那些：和露摘黄花，带霜烹紫蟹，煮酒烧红叶，想人生有限杯，浑几个重阳节？人问我顽童记者：便北海[20]探吾来，道东篱[21]醉了也。

注释

[1]夜行船：曲牌名。这是套曲，有多个曲牌，下面的"乔木查""庆宣和""落梅风"等都是曲牌名。

[2]梦蝶：比喻时光荏苒恍如一梦。

[3]急罚盏夜阑灯灭：赶快行令罚酒，直到夜深灯熄。

[4]秦宫汉阙：秦代的宫殿和汉代的陵阙。

[5]恁（nèn）：如此，这般。

[6]龙蛇：这里指刻在碑上的文字。古人常以龙蛇喻笔势飞动。唐代李白《草书歌行》："时时只见龙蛇走，左盘右蹙如惊电。"

[7]投至：及至，等到。

[8]"鼎足"句：言魏、蜀、吴三国鼎立的形势，到中途就夭折了，最后的胜利者到底是魏呢，还是晋呢？

[9]好天良夜：好日子，好光景。

[10]看钱儿：元代郑廷玉在杂剧《看钱奴》中塑造的一个从贫民变成富翁而为富不仁、爱财如命、悭吝刻薄的人物形象。

[11]锦堂风月：富贵人家的美好景色。此句嘲守财奴情趣卑下，无福消受荣华。锦堂，用宋代韩琦在相州故乡筑昼锦堂的故事，泛指富贵人家的宅第。

[12]白雪：喻白发。

[13]鸠巢计拙：指不善于经营生计。

[14]葫芦提：糊涂。

[15]蛩（qióng）吟：蟋蟀叫。蛩，蟋蟀。

[16]宁贴：平静，安静。

[17]彻：了结，到头。

[18]裴公：唐代的裴度。他历事德宗、宪宗、穆宗、敬宗、文宗五朝，以一身系天下安危二十年，眼见宦官当权，国事日非，便在洛阳修了"绿野堂"，和白居易、刘禹锡在那里饮酒赋诗。

[19]陶令：东晋的陶潜。因为他曾经做过彭泽令，所以被称为陶令。相传他曾经参加慧远法师在庐山虎溪东林寺组织的白莲社。

[20]北海：东汉的孔融。他曾出任北海相，所以后世称其为孔北海。

[21]东篱：指马致远自己。他慕陶潜的隐逸生活，因陶潜《饮酒》有"采菊东篱下，悠然见南山"之句，乃自号"东篱"。

双调·夜行船·秋思
——马致远

赏析

马致远(1250—1321),字千里,号东篱(一说字致远,晚号"东篱"),大都(今北京市)人。与关汉卿、郑光祖、白朴并称"元曲四大家",是元代著名的大戏剧家、散曲家。

"秋思"本是中国古典诗词的传统题目之一,长期以来,人们由这一题目生出的无数感慨,已使秋思的词义本身便凝聚着思索自然之秋和人生之秋的丰富内涵。而马致远《夜行船·秋思》更是包孕弘深、独具一格。这一套曲将参透名利、离绝是非的处世哲学寄托在叹古讽今、嘲风弄月的牢骚里,表现了他因半世蹉跎、饱谙世情而形成的纵酒肆志、超然尘外的人生态度。

《夜行船·秋思》从思想内容上扩大了散曲的表现范围,并充分利用元曲语言俚俗明快、句式节奏自由的特点,从表现艺术上提高了散曲的境界。这一套曲由七支曲子组成,第一支曲以人生当及时行乐的感慨领起全篇。题为秋思,不写秋景,但迟暮之悲、忆旧之情处处关合"秋"字,实是从人生的晚景虚写自然的秋意。第一支曲子感叹人生如梦,应该及时饮酒行乐,为全曲定下了基调。

二、三、四这三支曲子分别写帝王、豪杰和富人,说明荣华富贵无常。帝王豪杰曾经极尽尊荣,显赫一时,到头来也难免与牛羊做伴,与狐兔同穴,成为渔父樵夫谈古论今的材料。纵使有歌功颂德的碑碣,如今也已破残不堪,辨不清字迹。而那些视财如命的守财奴,一辈子吝啬刻薄,不知享用,白白地辜负了"好天良夜""锦堂风月"。

第五、六两支曲子转写自己的志趣与处世态度。时光飞逝,岁月无情,与其让无尽的忧愁平添白发,不如忘掉一切,坦然入梦,不逐名利,不论是非。置身于这绿水青山、竹篱茅舍之间,远离尘世,是何等的自在逍遥!

最后一支曲子前半以嘲讽的笔调对名利之徒的钻营作了漫画式的描写:无休无止地争名夺利,就像蚂蚁争食,就像蜜蜂采蜜,就像苍蝇逐血,何时了结?后半写秋景以点题,并借以抒发自己对理想的生活境界及所仰慕的人物的向往与思念。爱憎褒贬,泾渭分明,把全曲推向高峰。最后在淡泊、诙谐的气氛中结束全文。

红楼梦·黛玉葬花[1]

[清]曹雪芹

宝玉因不见了林黛玉,便知他躲了别处去了,想了一想,索性迟两日,等他的气消一消再去也罢了。因低头看见许多凤仙石榴等各色落花,锦重重的落了一地,因叹道:"这是他心里生了气,也不收拾这花儿来了。待我送了去,明儿再问着他。"说着,只见宝钗约着他们往外头去。宝玉道:"我就来。"说毕,等他二人去远了,便把那花兜了起来,登山渡水,过树穿花,一直奔了那日同林黛玉葬桃花的去处来。将已到了花冢,犹未转过山坡,只听山坡那边有呜咽之声,一行数落着,哭的好不伤感。宝玉心下想道:"这不知是那房里的丫头,受了委屈,跑到这个地方来哭。"一面想,一面煞住脚步,听他哭道是:

花谢花飞花满天,红消香断有谁怜?
游丝软系飘春榭,落絮轻沾扑绣帘。
闺中女儿惜春暮,愁绪满怀无释处,
手把花锄出绣闺,忍踏落花来复去。

柳丝榆荚自芳菲，不管桃飘与李飞。
桃李明年能再发，明年闺中知有谁？
三月香巢已垒成，梁间燕子太无情！
明年花发虽可啄，却不道人去梁空巢也倾。
一年三百六十日，风刀霜剑严相逼；
明媚鲜妍能几时，一朝飘泊难寻觅。
花开易见落难寻，阶前闷杀葬花人，
独倚花锄泪暗洒，洒上空枝见血痕。
杜鹃无语正黄昏，荷锄归去掩重门。
青灯照壁人初睡，冷雨敲窗被未温。
怪奴底事倍伤神，半为怜春半恼春：
怜春忽至恼忽去，至又无言去不闻。
昨宵庭外悲歌发，知是花魂与鸟魂？
花魂鸟魂总难留，鸟自无言花自羞。
愿奴胁下生双翼，随花飞到天尽头。
天尽头，何处有香丘？
未若锦囊收艳骨，一抔净土掩风流。
质本洁来还洁去，强于污淖陷渠沟。
尔今死去侬收葬，未卜侬身何日丧？
侬今葬花人笑痴，他年葬侬知是谁？
试看春残花渐落，便是红颜老死时。
一朝春尽红颜老，花落人亡两不知！

宝玉听了不觉痴倒。

　　话说林黛玉只因昨夜晴雯不开门一事，错疑在宝玉身上。至次日又可巧遇见饯花之期，正是一腔无名正未发泄，又勾起伤春愁思，因把些残花落瓣去掩埋，由不得感花伤己，哭了几声，便随口念了几句。不想宝玉在山坡上听见，先不过点头感叹；次后听到"侬今葬花人笑痴，他年葬侬知是谁"，"一朝春尽红颜老，花落人亡两不知"等句，不觉恸倒山坡之上，怀里兜的落花撒了一地。试想林黛玉的花颜月貌，将来亦到无可寻觅之时，宁不心碎肠断！既黛玉终归无可寻觅之时，推之于他人，如宝钗、香菱、袭人等，亦可到无可寻觅之时矣。宝钗等终归无可寻觅之时，则自己又安在哉？且自身尚不知何在何往，则斯处、斯园、斯花、斯柳，又不知当属谁姓矣！——因此一而二，二而三，反复推求了去，真不知此时此际欲为何等蠢物，杳无所知，逃大造，出尘网，使可解释这段悲伤。正是：花影不离身左右，鸟声只在耳东西。

　　那林黛玉正自伤感，忽听山坡上也有悲声，心下想道："人人都笑我有些痴病，难道还有一个痴子不成？"想着，抬头一看，见是宝玉。林黛玉看见，便道："啐！我道是谁，原来是这个狠心短命的……"刚说到"短命"二字，又把口掩住，长叹了一声，自己抽身便走了。

　　这里宝玉悲恸了一回，忽然抬头不见了黛玉，便知黛玉看见他躲开了，自己也觉无味，抖抖土起来，下山寻归旧路，往怡红院来。可巧看见林黛玉在前头走，连忙赶上去，说道："你且站住。我知你不理我。我只说一句话，从今后撂开手。"林黛玉回头看见是宝玉，待要不理他，听他说"只说一句

话，从今后撂开手"，这话里有文章，少不得站住说道："有一句话，请说来。"宝玉笑道："两句话说了，你听不听？"黛玉听说，回头就走。宝玉在身后面叹道："既有今日，何必当初！林黛玉听见这话，由不得站住，回头道："当初怎么样？今日怎么样？"宝玉叹道："当初姑娘来了，那不是我陪着顽笑？凭我心爱的，姑娘要，就拿去；我爱吃的，听见姑娘也爱吃，连忙干干净净收着等姑娘吃。一桌子吃饭，一床上睡觉。丫头们想不到的，我怕姑娘生气，我替丫头们想到了。我心里想着：姊妹们从小儿长大，亲也罢，热也罢，和气到了儿，才见得比人好。如今谁承望姑娘人大心大，不把我放在眼睛里，倒把外四路的什么宝姐姐、凤姐姐的放在心坎儿上，倒把我三日不理四日不见的。我又没个亲兄弟亲姊妹。——虽然有两个，你难道不知道是和我隔母的？我也和你似的独出，只怕同我的心一样。谁知我是白操了这个心，弄的有冤无处诉！"说着不觉滴下眼泪来。

黛玉耳内听了这话，眼内见了这形景，心内不觉灰了大半，也不觉滴下眼泪来，低头不语。宝玉见他这般形景，遂又说道："我也知道我如今不好了，但只凭着怎么不好，万不敢在妹妹跟前有错处。便有一二分错处，你倒是或教导我，戒我下次，或骂我两句，打我两下，我都不灰心。谁知你总不理我，叫我摸不着头脑，少魂失魄，不知怎么样才好。就便死了，也是个屈死鬼，任凭高僧高道忏悔也不能超生，还得你伸明了缘故，我才得托生呢！"

黛玉听了这个话，不觉将昨晚的事都忘在九霄云外了，便说道："你既这么说，昨儿为什么我去了，你不叫丫头开门？"宝玉诧异道："这话从那里说起？我要是这么样，立刻就死了！"林黛玉啐道："大清早起死呀活的，也不忌讳。你说有呢就有，没有就没有，起什么誓呢。"宝玉道："实在没有见你去。就是宝姐姐坐了一坐，就出来了。"林黛玉想了一想，笑道："是了。想必是你的丫头们懒待动，丧声歪气的也是有的。"宝玉道："想必是这个原故。等我回去问了是谁，教训教训他们就好了。"黛玉道："你的那些姑娘们也该教训教训，只是我论理不该说。今儿得罪了我的事小，倘或明儿宝姑娘来，什么贝姑娘来，也得罪了，事情岂不大了。"说着抿着嘴笑。宝玉听了，又是咬牙，又是笑。

注释

[1] 选自《红楼梦》第二十七、二十八回。

赏析

曹雪芹（约1715—约1763），名霑，字梦阮，号雪芹，又号芹溪、芹圃，籍贯沈阳（一说辽阳），生于南京，约十三岁时迁回北京。曹雪芹出身清代内务府正白旗包衣世家，是江宁织造曹寅之孙。

《红楼梦》，原名《石头记》，中国古代章回体长篇小说，中国古典四大名著之一。其通行本共一百二十回，一般认为前八十回是清代作家曹雪芹所著，后四十回作者为无名氏，由高鹗、程伟元整理。小说以贾、史、王、薛四大家族的兴衰为背景，以富贵公子贾宝玉为视角，以贾宝玉与林黛玉、薛宝钗的爱情婚姻悲剧为主线，描绘了一些闺阁佳人的人生百态，展现了真正的人性美和悲剧美，是一部从各个角度展现女性美以及中国古代社会百态的史诗性著作。

《红楼梦》中贾宝玉与林黛玉的爱情总是经历着不同大小的坎坷，不时地会出现争吵，但最终仍然会和好如初。这一次次的争吵无疑是让宝黛的爱情不断地从青涩走向成熟的基石，而在所有的"事故"当中，最有代表性的就属黛玉葬花。这一段落的人物描写十分有艺术价值，作者在描写黛玉凄惨身世以及黛玉和宝玉的凄美爱情的同时，并非用直白的语言来进行描述，而是运用周边的氛围以及侧面描写来凸显主人公的性格和经历。在黛玉葬花当中，作者利用黛玉葬花来暗指黛玉便是那残花，残花的命运也便是那黛玉的最后命运。并且作者通过葬花这件事情从环境上渲染了宝黛爱情上凄美的气氛，这也正印证了黛玉凄惨的人生经历。黛玉葬花这一部分最为重要的就属林黛玉在葬花时随口吟出的《葬花吟》，通过《葬花吟》抒发和表达了主人公林黛玉内心的孤独与伤感。

《葬花吟》是《红楼梦》女主人公林黛玉吟诵的一首诗，出自小说第二十七回。此诗通过丰富而奇特的想象，暗淡而凄清的画面，浓烈而忧伤的情调，展示了黛玉在冷酷现实摧残下的心灵世界，表达了她在生与死、爱与恨复杂的斗争过程中所产生的一种焦虑体验和迷茫情感。它是林黛玉感叹身世遭遇的全部哀音的代表，也是曹雪芹借以塑造黛玉这一艺术形象、表现其性格特征的重要作品。

葬花是黛玉另类的祭奠方式，《葬花吟》是黛玉全部情绪的集中表达，是作者艺术手段的高妙之处。如怨如艾，如泣如诉，由花及人，以花自喻，人与景不断穿插，句句关情，层层迭升。

"未若锦囊收艳骨，一抔净土掩风流"，到此一腔抑塞之情喷薄而出，淋漓之极又凄美之极，最后"试看春残花渐落，便是红颜老死时。一朝春尽红颜老，花落人亡两不知！"以极度悲情的形态收束全篇，大悲之尽头即无声。

全篇黯然哀婉，浓烈忧伤，处处体现了黛玉多愁多感、悲观孤傲的性格，又暗示了黛玉爱情和命运的走向，可谓"伤心一首葬花词，似谶成真自不知"！

哈姆莱特（第三幕节选）

[英]莎士比亚

第三幕

第一场　城堡中一室

【国王、王后、波洛涅斯、奥菲莉娅、罗森格兰兹及吉尔登斯吞上。】

国王：你们不能用迂回婉转的方法，探出他为什么这样神思颠倒，让紊乱而危险的疯狂困扰他的安静的生活吗？

罗森格兰兹：他承认他自己有些神经迷惘，可是绝口不肯说为了什么缘故。

吉尔登斯吞：他也不肯虚心接受我们的探问；当我们想要从他嘴里知道他自己的一些真相的时候，他总是用假作痴呆的神气回避不答。

王后：他对待你们还客气吗？

罗森格兰兹：很有礼貌。

吉尔登斯吞：可是不大自然。

罗森格兰兹：不大说话，但对我们的问题倒是回答得十分详细。

王后：你们有没有劝诱他找些什么消遣？

罗森格兰兹：娘娘，我们来的时候，刚巧有一班戏子也要到这儿来，给我们赶上了；我们把这消息告诉了他，他听了好像很高兴。现在他们已经到了宫里，我想他今晚就要看他们表演的。

波洛涅斯：一点不错，他还叫我来请两位陛下同去看看他们演得怎样哩。

国王：那好极了，我非常高兴听见他对这方面感兴趣。请你们两位还要更进一步鼓起他的兴味，把他的心思移转到这种娱乐上面。

罗森格兰兹：是，陛下。（罗森格兰兹、吉尔登斯吞同下）

国王：亲爱的葛特露，你也暂时离开我们；因为我们已经暗中差人去唤哈姆莱特到这儿来，让他和奥菲利娅见见面，就像是他们偶然相遇的一般。她的父亲跟我两人将要权充一下密探，躲在可以看

见他们却不能被他们看见的地方,注意他们会面的情形,从他的行为上判断他的疯病究竟是不是因为恋爱上的苦闷。

王后:我愿意服从您的意旨。奥菲利娅,但愿你的美貌果然是哈姆莱特疯狂的原因;更愿你的美德能够帮助他恢复原状,使你们两人都能安享尊荣。

奥菲利娅:娘娘,但愿如此。(王后下)

波洛涅斯:奥菲利娅,你在这儿走走。陛下,我们就去躲起来吧。(向奥菲利娅)你拿这本书去读,他看见你这样用功,就不会疑心你为什么一个人在这儿了。人们往往用至诚的外表和虔敬的行动,掩饰一颗魔鬼般的内心,这样的例子是太多了。

国王:(旁白)啊,这句话是太真实了!它在我的良心上抽了多么重的一鞭!涂脂抹粉的娼妇的脸,还不及掩藏在虚伪的言辞后面的我的行为更丑恶。难堪的重负啊!

波洛涅斯:我听见他来了。我们退下去吧,陛下。(国王及波洛涅斯下)

【哈姆莱特上。】

哈姆莱特:生存还是毁灭,这是一个值得考虑的问题;默然忍受命运的暴虐的毒箭,或是挺身反抗人世的无涯的苦难,通过斗争把他们扫清,这两种行为,哪一种更高贵?死了,睡着了,什么都完了;要是在这一种睡眠之中,我们心头的创痛,以及其他无数血肉之躯所不能避免的打击,都可以从此消失,那正是我们求之不得的结局。死了,睡着了;睡着了也许还会做梦。嗯,阻碍就在这儿:因为当我们摆脱了这一具朽腐的皮囊以后,在那死的睡眠里,究竟将要做些什么梦,那不能不使我们踌躇顾虑。人们甘心久困于患难之中,也就是为了这一个缘故。谁愿意忍受人世的鞭挞和讥嘲、压迫者的凌辱、傲慢者的冷眼、被轻蔑的爱情的惨痛、法律的迁延、官吏的横暴和俊杰大才费尽辛勤所换来的得势小人的鄙视,要是他只要用一柄小小的刀子,就可以清算他自己的一生?谁愿意负着这样的重担,在烦劳的生命的压迫下呻吟流汗,倘不是因为惧怕不可知的死后,惧怕那从来不曾有一个旅人回来过的神秘之国,是它迷惑了我们的意志,使我们宁愿忍受目前的折磨,不敢向我们所不知道的痛苦飞去?这样,重重的顾虑使我们全变成了懦夫,决心的赤热的光彩,被审慎的思维盖上了一层灰色,伟大的事业在这一种考虑之下,也会逆流而退,失去了行动的意义。且慢!美丽的奥菲利娅!——女神,在你的祈祷之中,不要忘记替我忏悔我的罪孽。

奥菲利娅:我的好殿下,您这许多天来贵体安好吗?

哈姆莱特:谢谢你,很好,很好,很好。

奥菲利娅:殿下,我有几件您送给我的纪念品,我早就想把它们还给您,请您现在收回去吧。

哈姆莱特:不,我不要,我从来没有给你什么东西。

奥菲利娅:殿下,我记得很清楚您把它们送给我,那时候您还向我说了许多甜蜜的言语,使这些东西格外显得贵重;现在它们的芳香已经消散,请您拿了回去吧,因为送礼的人要是变了心,礼物虽贵,也会失去了价值。拿去吧,殿下。

哈姆莱特:哈哈!你贞洁吗?

奥菲利娅:殿下!

哈姆莱特:你美丽吗?

奥菲利娅:殿下是什么意思?

哈姆莱特:要是你既贞洁又美丽,那么你的贞洁应该断绝跟你的美丽来往。

奥菲利娅:殿下,难道美丽除了贞洁以外,还有什么更好的伴侣吗?

哈姆莱特:嗯,真的,因为美丽可以使贞洁变成淫荡,贞洁却未必能使美丽受它自己的感化;这句话从前像是怪诞之谈，可是现在的时世已经把它证实了。我的确曾经爱过你。

奥菲利娅：真的，殿下，您曾经使我相信您爱我。

哈姆莱特：你当初就不应该相信我，因为美德不能熏陶我们罪恶的本性。我没有爱过你。

奥菲利娅：那么我真是受了骗了。

哈姆莱特：进尼姑庵去吧！为什么你要生养一群罪人出来呢？我自己还不算是一个顶坏的人，可是我可以指出我的许多过失；一个人有了那些过失，他的母亲还是不要生下他来的好。我很骄傲、有仇必报，富于野心，我罪恶是那么多，连我的思想里也容纳不下，我的想象也不能给它们形象，甚至于我没有充分的时间可以把它们实行出来。像我这样的家伙，匍匐于天地之间，有什么用处呢？我们都是些十足的坏人，一个也不要相信我们。进尼姑庵去吧。你的父亲呢？

奥菲利娅：在家里，殿下。

哈姆莱特：把他关起来，让他只好在家里发发傻劲。再会！

奥菲利娅：哎哟，天哪！救救他！

哈姆莱特：要是你一定要嫁人，我就把这一个诅咒送给你做嫁奁：尽管你像冰一样坚贞，像雪一样纯洁，你还是逃不过谗人的诽谤。进尼姑庵去吧，去！再会！或者要是你必须嫁人的话，就去嫁一个傻瓜吧；因为聪明人都明白你们会叫他们变成怎样的怪物。进尼姑庵去吧，去！越快越好。再会！

奥菲利娅：天上的神明啊，让他清醒过来吧！

哈姆莱特：我也知道你们会怎样涂脂抹粉；上帝给了你们一张脸，你们又替自己另外造了一张。你们烟行媚视，淫声浪气，替上帝造下的生物乱取名字，卖弄你们不懂事的风骚。算了吧，我再也不敢领教了，它已经使我发了狂。我说，我们以后再不要结什么婚了；已经结过婚的，除了一个人以外，都可以让他们活下去；没有结婚的不准再结婚，进尼姑庵去吧，去。（下）

奥菲利娅：啊，一颗多么高贵的心是这样陨落了！朝臣的眼睛、学者的辩舌、军人的利剑、国家所瞩望的一朵娇花；时流的明镜、人伦的雅范、举世注目的中心，这样无可挽回地陨落了！我是一切妇女中间最伤心而不幸的，我曾经从他音乐一般的盟誓中吮吸芬芳的甘蜜，现在却眼看着他的高贵无上的理智，像一串美妙的银铃失去了谐和的音调，无比的青春美貌，在疯狂中凋谢！啊！我好苦，谁料过去的繁华，变作今朝的泥土！（退后）

【国王及波洛涅斯重上。】

国王：恋爱！他的精神错乱不像是为了恋爱；他说的话虽然有些颠倒，也不像是疯狂。他有些什么心事盘踞在他的灵魂里，我怕它也许会产生危险的结果。为了防免万一，我已经当机立断，决定了一个办法：他必须立刻到英国去，向他们追索延宕未纳的贡物；也许他到海外各国游历一趟以后，时时变换的环境，可以替他排解去这一桩使他神思恍惚的心事。你看怎么样？

波洛涅斯：那很好，可是我相信他的烦闷的根本原因，还是为了恋爱上的失意。啊，（奥菲莉娅趋前）奥菲利娅！你不用告诉我们哈姆莱特殿下说些什么话，我们全都听见了。陛下，照您的意思办吧；可是您要是认为可以的话，不妨在戏剧终场以后，让他的母后独自一人跟他在一起，恳求他向她吐露他的心事；她必须很坦白地跟他谈谈，我就找一个所在听他们说些什么。要是她也探听不出他的秘密来，您就叫他到英国去，或者凭着您的高见，把他关禁在一个适当的地方。

国王：就是这样吧。大人物的疯狂是不能听其自然的。（同下）

第二场　城堡中的厅堂

【哈姆莱特及三伶人上。】

哈姆莱特：请你念这段剧词的时候，要照我刚才读给你听的那样子，一个字一个字打舌头上很轻快地吐出来；要是你也像多数的伶人们一样，只会拉开了喉咙嘶叫，那么我宁愿叫那传宣告示的公差念我这几行词句。也不要老是把你的手在空中这么摇挥；一切动作都要温文，因为就是在洪水暴风一样的感情激发之中，你也必须取得一种节制，免得流于过火。啊！我顶不愿意听见一个披着满头假发的家伙在台上乱嚷乱叫，把一段感情片片撕碎，让那些只爱热闹的下层观众听出了神，他们中间的大部分是除了欣赏一些莫名其妙的哑剧和喧嚣以外，什么都不懂。我可以把这种家伙抓起来抽一顿鞭子，因为他把妥玛刚特形容过了分，希律王的凶暴也要对他甘拜下风[1]。请你留心避免才好。

伶甲：我留心着就是了，殿下。

哈姆莱特：可是太平淡了也不对，你应该接受你自己的常识的指导，把动作和言语互相配合起来；特别要注意到这一点：你不能越过人情的常道；因为不近情理的过分描写，是和演剧的原意相反的，自有戏剧以来，它的目的始终是反映人生，显示善恶的本来面目，给它的时代看一看它自己演变发展的模型。要是表演得过了分或者太懈怠了，虽然可以博外行的观众一笑，明眼之士却要因此而皱眉；你必须看重这样一个卓识者的批评甚于满场观众盲目的毁誉。啊！我曾经看见有几个伶人演戏，而且也听见有人把他们极口捧场，说一句并不过分的话，他们既不会说基督徒的语言，又不会学着人的样子走路，瞧他们在台上大摇大摆，使劲叫喊的样子，我心里就想一定是什么造化的雇工把他们造了下来，才造得这样拙劣，以至于全然失去了人类的面目。

伶甲：我希望我们在这方面已经有了相当的纠正。

哈姆莱特：啊！你们必须彻底纠正这一种弊病。还有你们那些扮演小丑的，除了剧本上专为他们写下的台词以外，不要让他们临时编造一些话儿加上去。往往有许多小丑爱用自己的笑声，引起台下一些无知的观众的哄笑，虽然那时候全场的注意力应当集中于其他更重要的问题上；这种行为是不可恕的，它表示出那丑角的可鄙的野心。去，准备起来吧。（伶人等同下）

【波洛涅斯、罗森格兰兹及吉尔登斯吞上。】

哈姆莱特：啊，大人，王上愿意来听这一本戏吗？

波洛涅斯：他跟娘娘都就要来了。

哈姆莱特：叫那些戏子们赶紧点儿。（波洛涅斯下）你们两人也去帮着催催他们。

罗森格兰兹：是，殿下。（罗森格兰兹、吉尔登斯吞下）

哈姆莱特：喂！霍拉旭！

【霍拉旭上。】

霍拉旭：有，殿下。

哈姆莱特：霍拉旭，你是在我所交往的人中最正直的一个。

霍拉旭：啊！殿下——

哈姆莱特：不，不要以为我在恭维你；你除了你的善良的精神以外，身无长物，我恭维了你又有什么好处呢？为什么要向穷人恭维？不，让蜜糖一样的嘴唇去吮舐愚妄的荣华，在有利可图的所在弯下他们生财有道的膝盖来吧。听着。自从我能够辨别是非、察择贤愚以后，你就是我灵魂里选中的一个人，因为你虽然经历一切的颠沛，却不曾受到一点伤害，命运的虐待和恩宠，你都是受之泰然；能够把感情和理智调整得那么适当，命运不能把他玩弄于指掌之间，那样的人是有福的。给我一个不为感情所奴役的人，我愿意把他珍藏在我的心坎、我的灵魂的深处，正像我对你一样。这些话现在也不必多说了。今晚我们要在国王面前表演一本戏剧，其中有一场的情节跟我告诉过你的我的父亲的死状颇相仿佛；当那幕戏正在串演的时候，我要请你集中你的全副精神，注视我的叔父，要是他在听到了那一段剧词以后，他的隐藏的罪恶还是不露出一丝痕迹来，那么我们所看见的那个鬼魂一定是个恶魔，我的幻想也就像铁匠的砧石那样漆黑一团了。留心看好他，我也要把我的眼睛看定他的脸上；过后我们再把各人观察到的结果综合起来，替他下一个判断。

霍拉旭：很好，殿下，在这本戏表演的时候，要是他在容色举止之间有什么地方逃过了我们的注意，请您唯我是问。

【喇叭吹花腔，奏丹麦进行曲。国王、王后、波洛涅斯、奥菲利娅、罗森格兰兹、吉尔登斯吞及其他贵族上；国王侍卫持火炬上。】

哈姆莱特：他们来看戏了。我必须装作无所事事的神气。你去拣一个地方坐下。

国王：你过得好吗，哈姆莱特贤侄？

哈姆莱特：很好，好极了。我吃的是变色蜥蜴的肉，喝的是充满着甜言蜜语的空气，你们的肥鸡还没有这样的味道哩。

国王：你这种话真是答非所问，哈姆莱特，我不是那个意思。

哈姆莱特：不，我现在也没有那个意思。（向波洛涅斯）大人，您说您在大学里念书的时候，曾经演过一回戏吗？

波洛涅斯：是的，殿下，他们都赞我是一个很好的演员哩。

哈姆莱特：您扮演什么角色呢？

波洛涅斯：我扮的是裘利斯·凯撒，勃鲁托斯在朱庇特神殿里把我杀死。

哈姆莱特：他在神殿里杀死了那么好的一头小牛，真太残忍了。那班戏子已经预备好了吗？

罗森格兰兹：是，殿下，他们在等候您的旨意。

王后：过来，我的好哈姆莱特，坐在我的旁边。

哈姆莱特：不，好妈妈，这儿有一个更迷人的东西哩。（在奥菲利娅脚边躺下）

波洛涅斯：（向国王）啊哈！您看见吗？

哈姆莱特：小姐，我可以睡在您的怀里吗？

奥菲利娅：不，殿下。

哈姆莱特：我的意思是说，我可以把我的头枕在您的膝上吗？

奥菲利娅：嗯，殿下。

哈姆莱特：您以为我在转着下流的念头吗？

奥菲利娅：我没有想到，殿下。

哈姆莱特：睡在姑娘大腿的中间，想起来倒是很有趣的。

奥菲利娅：什么，殿下？

哈姆莱特：没有什么。

奥菲利娅：您在开玩笑哩，殿下。

哈姆莱特：谁，我吗？

奥菲利娅：嗯，殿下。

哈姆莱特：上帝啊！要说玩笑，那就得属我了。一个人为什么不说说笑笑呢？您瞧，我的母亲多么高兴，我的父亲还不过死了两个钟头。

奥菲利娅：不，已经四个月了，殿下。

哈姆莱特：这么久了吗？哎哟，那么让魔鬼去穿孝服吧，我可要去做一身貂皮的新衣啦。天啊！死了两个月，还没有把他忘记吗？那么也许一个大人物死了以后，他的记忆还可以保持半年之久；可是凭着圣母起誓，他必须造下几所教堂，否则他就要跟那被遗弃的木马一样，没有人再会想念他了。

【高音笛奏乐。哑剧登场：】

　　一国王及一王后上，状极亲热，互相拥抱。王后跪地，向国王做宣誓状。国王扶王后起，俯首王后颈上。国王就花坪上睡下；王后见国王睡熟离去。另一人上，自国王头上去冠，吻冠，注毒药于国王耳，下。王后重上，见国王死，作哀恸状。下毒者率其他三四人重上，佯作陪王后悲哭状。从者舁异国王尸下。下毒者以礼物赠王后，向其乞爱；王后先作憎恶不愿状，卒允其请。同下。

　　奥菲利娅：这是什么意思，殿下？

　　哈姆莱特：呃，这是阴谋诡计的意思。

　　奥菲利娅：大概这一场哑剧就是全剧的本事了。

【致开场词者上。】

　　哈姆莱特：这家伙可以告诉我们一切。演戏的都不能保守秘密，他们什么话都会说出来。

　　奥菲利娅：他讲得出他们表演的是什么吗？

　　哈姆莱特：讲得出，你给他演什么，他就讲得出什么；你有脸演，他就有脸讲。

　　奥菲利娅：殿下真坏，殿下真坏！我要看戏了。

　　致开场词者：这悲剧要是演不好，

　　要请各位原谅指教，

　　小的在这厢有礼了。（下）

　　哈姆莱特：这算开场词呢，还是指环上的诗铭？

　　奥菲利娅：它很短，殿下。

　　哈姆莱特：正像女人的爱情一样。

【二伶人扮国王、王后上。】

　　伶王：日轮已经盘绕三十春秋，

　　那恶茫海水和滚滚地球，

　　月亮吐耀着借来的晶光，

　　三百六十回向大地环航，

　　自从爱把我们缔结良姻，

　　许门替我们证下了鸳盟。

　　伶后：愿日月继续他们的周游，

　　让我们再厮守三十春秋！

　　可是唉，你近来这样多病，

　　郁郁寡欢，失去旧时高兴，

　　好叫我满心里为你忧惧。

　　可是，我的主，你不必疑虑；

　　女人的忧伤像她的爱一样，

　　不是太少，就是超过分量；

　　你知道我爱你是多么深，

　　所以才会有如此的忧心。

　　越是相爱，越是挂肚牵胸；

　　不这样那显得你我情浓？

　　伶王：爱人，我不久必须离开你，

我的全身将要失去生机；
留下你在这繁华的世界
安享尊荣，受人们的敬爱；
也许再嫁一位如意郎君——
伶后：啊！我断不是那样薄情人；
我倘忘旧迎新，难邀天恕，
再嫁的除非是杀夫淫妇。
哈姆莱特：（旁白）苦恼，苦恼！
伶后：妇人失节大半贪慕荣华，
多情女子决不另抱琵琶；
我要是与他人共枕同衾，
怎么对得起地下的先灵！
伶王：我相信你的话发自心田，
可是我们往往自食前言。
志愿不过是记忆的奴隶，
总是有始无终，虎头蛇尾，
像未熟的果子密布树梢，
一朝红烂就会离去枝条。
我们对自己所负的债务，
最好把它丢在脑后不顾；
一时的热情中发下誓愿，
心冷了，那意志也随云散。
过分的喜乐，剧烈的哀伤，
反会毁害了感情的本常。
人世间的哀乐变幻无端，
痛哭一转瞬早换了狂欢。
世界也会有毁灭的一天，
何怪爱情要随境遇变迁；
有谁能解答这一个哑谜，
是境由爱造？是爱逐境移？
失财势的伟人举目无亲；
走时运的穷酸仇敌逢迎。
这炎凉的世态古今一辙：
富有的门庭挤满了宾客；
要是你在穷途向人求助，
即使知交也要情同陌路。
把我们的谈话拉回本题，
意志命运往往背道而驰，
决心到最后会全部推倒，

事实的结果总难符预料。
你以为你自己不会再嫁，
只怕我一死你就要变卦。

伶后：地不要养我，天不要亮我！
昼不得游乐，夜不得安卧！
毁灭了我的希望和信心；
铁锁囚门把我监禁终身！
每一种恼人的飞来横逆，
把我一重重的心愿摧折！
我倘死了丈夫再作新人，
让我生前死后永陷沉沦！

哈姆莱特：要是她现在背了誓！

伶王：难为你发这样重的誓愿。
爱人，你且去；我神思昏倦，
想要小睡片刻。（睡）

伶后：愿你安睡；
上天保佑我俩永无灾悔！（下）

哈姆莱特：母亲，您觉得这出戏怎样？

王后：我觉得那女主人公发誓太多。

哈姆莱特：啊，可是她会守约的。

国王：这出戏是怎么一个情节？里面没有什么要不得的地方吗？

哈姆莱特：不，不，他们不过开玩笑毒死了一个人，没有什么要不得的。

国王：戏名叫什么？

哈姆莱特：《捕鼠机》。呃，怎么？这是一个象征的名字。戏中的故事影射着维也纳的一件谋杀案。贡扎古是那公爵的名字；他的妻子叫作巴普蒂斯塔。您看下去就知道是怎么一回事。这是一本很恶劣的作品，可是那有什么关系？它不会对您陛下跟我们这些灵魂清白的人有什么相干；让那有毛病的马儿去惊跳退缩吧，我们的肩背都是好好儿的。

【一伶人扮琉西安纳斯上。】

哈姆莱特：这个人叫作琉西安纳斯，是那国王的侄子。

奥菲利娅：您很会解释剧情，殿下。

哈姆莱特：要是我看见傀儡戏扮演您跟您爱人的故事，我也会替你们解释的。

奥菲利娅：殿下，您太尖刻了。

哈姆莱特：想磨掉我这尖儿，你非得哼哼不可。动手吧，凶手！浑账东西，别扮鬼脸了，动手吧！来，哇哇的乌鸦发出复仇的啼声。

琉西安纳斯：黑心快手，遇到妙药良机；
趁着没人看见，事不宜迟。
你夜半采来的毒草炼成，
赫卡忒的咒语念上三巡，
赶快发挥你凶恶的魔力，

让他的生命速归于幻灭。(以毒药注入睡者耳中)

哈姆莱特：他为了觊觎权位，在花园里把他毒死。他的名字叫贡扎古；那故事原文还存在，是用很好的意大利文写成的。底下就要演到那凶手怎样得到贡扎古的妻子的爱了。

奥菲利娅：王上站起来了！

哈姆莱特：什么！给一响空枪吓坏了吗？

王后：陛下怎么啦？

波洛涅斯：不要演下去了！

国王：给我点起火把来！去！

众人：火把！火把！火把！(除哈姆莱特、霍拉旭外，均下)

哈姆莱特：嗨，让那中箭的母鹿掉泪，

没有伤的公鹿自去游玩；

有的人失眠，有的人酣睡，

世界就是这样循环轮转。

老兄，要是我的命运跟我作起对来，凭着我念词的本领，再插上满头的羽毛，开缝的靴子上缀上两朵绢花，你想我能不能在戏班子里插足？

霍拉旭：也许他们可以让您领半额包银。

哈姆莱特：我可要领全额的。

因为你知道，亲爱的台芒，

这一个荒凉破碎的国土

原来是乔武统治的雄邦，

而今王位上却坐着——孔雀。

霍拉旭：您该把它押了韵才是。

哈姆莱特：啊，好霍拉旭！那鬼魂真的没有骗我。你看见了吗？

霍拉旭：看见了，殿下。

哈姆莱特：当那演戏的一提到毒药的时候？

霍拉旭：我看得他很清楚。

哈姆莱特：啊哈！来，奏乐！来，那吹笛子的呢？

要是国王不爱这出喜剧，

那么他多半是不能赏识。

来，奏乐！

【罗森格兰兹及吉尔登斯吞重上。】

吉尔登斯吞：殿下，允许我跟您说句话。

哈姆莱特：好，你对我讲全部历史都可以。

吉尔登斯吞：殿下，王上——

哈姆莱特：嗯，王上怎么样？

吉尔登斯吞：他回去以后，非常不舒服。

哈姆莱特：喝醉酒了吗？

吉尔登斯吞：不，殿下，他在发脾气。

哈姆莱特：你应该把这件事告诉他的医生才算你聪明，因为叫我去替他诊视，恐怕反而更会激动

他的脾气的。

　　吉尔登斯吞：好殿下，请您说话检点些，别这样拉扯开去。

　　哈姆莱特：好，我是听话的，你说吧。

　　吉尔登斯吞：您的母后心里很难过，所以叫我来。

　　哈姆莱特：欢迎得很。

　　吉尔登斯吞：不，殿下，这一种礼貌是用不着的。要是您愿意给我一个好好的回答，我就把您母亲的意旨向您传达；不然的话，请您原谅我，让我就这么回去，我的事情就算完了。

　　哈姆莱特：我不能。

　　吉尔登斯吞：您不能什么，殿下？

　　哈姆莱特：我不能给你一个好好的回答，因为我的脑子已经坏了；可是我所能够给你的回答，你——我应该说我的母亲——可以要多少有多少。所以别说废话，言归正传吧。你说我的母亲——

　　罗森格兰兹：她这样说：您的行为使她非常吃惊。

　　哈姆莱特：啊，好儿子，居然会叫一个母亲吃惊！可是在这母亲吃惊的后面，还有些什么话呢？说吧。

　　罗森格兰兹：她请您在就寝以前，到她房间里去跟她谈谈。

　　哈姆莱特：即使她十次是我的母亲，我也一定服从她。你还有什么别的事情？

　　罗森格兰兹：殿下，我曾经蒙您错爱。

　　哈姆莱特：凭着我这双扒儿手起誓，我现在还是欢喜你的。

　　罗森格兰兹：好殿下，您心里这样不痛快，究竟是为了什么原因？要是您不肯把您的心事告诉您的朋友，那恐怕会累您自己失去自由的。

　　哈姆莱特：我不满足我现在的地位。

　　罗森格兰兹：怎么！王上自己已经亲口把您立为王位的继承者了，您还不能满足吗？

　　哈姆莱特：嗯，可是"要等草儿青青——"这句老话也有点儿发了霉啦。

　　【乐工等持笛子上。】

　　哈姆莱特：啊！笛子来了，拿一支给我。跟你们退后一步说话。为什么你们这样千方百计地窥探我的隐私，好像一定要把我逼进你们的圈套？

　　吉尔登斯吞：啊！殿下，要是我有太冒昧放肆的地方，那都是因为我对您敬爱太深了。

　　哈姆莱特：我不大懂得你的话。你愿意吹吹这笛子吗？

　　吉尔登斯吞：殿下，我不会吹。

　　哈姆莱特：请你吹一吹。

　　吉尔登斯吞：我真的不会吹。

　　哈姆莱特：请你不要客气。

　　吉尔登斯吞：我真的一点不会，殿下。

　　哈姆莱特：那是跟说谎一样容易的。你只要用你的手指按着这些笛孔，把你的嘴放在上面一吹，它就会发出最好听的音乐来。瞧，这些是音栓。

　　吉尔登斯吞：可是我不会从它里面吹出谐和的曲调来。我不懂得那技巧。

　　哈姆莱特：哼，你把我看成了什么东西！你会玩弄我；你自以为摸得到我的心窍；你想要探出我的内心的秘密；你会从我的最低音试到我的最高音；可是在这支小小的乐器之内，藏着绝妙的音乐，你却不会使它发出声音来。哼，你以为玩弄我比玩弄一支笛子容易吗？无论你把我叫作什么乐器，你也只能拨动我,不能玩弄我。

【波洛涅斯重上。】

哈姆莱特:上帝祝福你,先生!

波洛涅斯:殿下,娘娘请您立刻就去见她说话。

哈姆莱特:你看见那片像骆驼一样的云吗?

波洛涅斯:哎哟,它真的像一头骆驼。

哈姆莱特:我想它还是像一头鼬鼠。

波洛涅斯:它拱起了背,正像是一头鼬鼠。

哈姆莱特:还是像一条鲸鱼吧?

波洛涅斯:很像一条鲸鱼。

哈姆莱特:那么等一会儿我就去见我的母亲。(旁白)我给他们愚弄得再也忍不住了。(高声)我等一会儿就来。

波洛涅斯:我就去这么说。(下)

哈姆莱特:等一会儿是很容易说的。离开我,朋友们。(除哈姆莱特外,均下)现在是一夜之中最阴森的时候,鬼魂都在此刻从坟墓里出来,地狱也要向人世吐放疠气;现在我可以痛饮热腾腾的鲜血,干那白昼所不敢正视的残忍的行为。且慢!我还要到我母亲那儿去一趟。心啊!不要失去你的天性之情,永远不要让尼禄[2]的灵魂潜入我这坚定的胸怀;让我做一个凶徒,可是不要做一个逆子。我要用利剑一样的说话刺痛她的心,可是决不伤害她身体上一根毛发;我的舌头和灵魂要在这一次学学伪善者的样子,无论在言语上给她多少严厉的谴责,在行动上却要做得丝毫不让人家指摘。(下)

注释

[1]妥玛刚特:传说中伊斯兰教神祇(qí),希律是耶稣时代犹太暴君,二者均为英国旧时宗教剧中常见角色。

[2]尼禄:古罗马暴君。

赏析

莎士比亚,英国文艺复兴时期剧作家、诗人,被誉为"人类文学奥林匹斯山上的宙斯"。1587年,莎士比亚开始演员生涯,并开始尝试写剧本。1591年,创作的戏剧《亨利六世(中)》《亨利六世(下)》首演。1592年,创作的戏剧《理查三世》首演。1595年,创作的戏剧《罗密欧与朱丽叶》《仲夏夜之梦》首演。1596年,创作的戏剧《威尼斯商人》首演。1601年,创作的戏剧《哈姆莱特》首演,引起文坛关注。1603年,创作的戏剧《奥赛罗》首演。1605年,创作的戏剧《李尔王》首演。1606年,创作的戏剧《麦克白》首演。

《哈姆莱特》借丹麦八世纪的历史反映十六世纪末和十七世纪初的英国社会现实。它讲述了叔叔克劳狄斯谋害了哈姆莱特的父亲,篡取了王位,并娶了国王的遗孀乔特鲁德;哈姆莱特王子因此为父王向叔叔复仇的故事。《哈姆莱特》是莎士比亚所有戏剧中篇幅最长的一部,也是莎士比亚最负盛名的剧本,具有深刻的悲剧意义、复杂的人物性格以及丰富完美的悲剧艺术手法,代表着整个西方文艺复兴时期文学的最高成就。同《麦克白》《李尔王》和《奥赛罗》一起组成莎士比亚"四大悲剧"。

《哈姆莱特》用尖锐的矛盾冲突、跌宕曲折的故事情节和动作化、个性化的语言以及丰富的表现方法,刻画了一个经典的性格复杂的哈姆莱特的形象,揭示了一个时代的悲剧。

美从何处寻（节选）

宗白华

诗和春都是美的化身，一是艺术的美，一是自然的美。我们都是从目观耳听的世界里寻得她的踪迹。

某尼悟道诗大有禅意，好像是说"道不远人"，不应该"道在迩而求诸远"。好像是说："如果你在自己的心中找不到美，那么，你就没有地方可以发现美的踪迹。"

然而梅花仍是一个外界事物呀，大自然的一部分呀！你的心不是"在"自己的心的过程里，感觉、情绪、思维里找到美，而只是"通过"感觉、情绪、思维找到美，发现梅花里的美。美对于你的心、你的"美感"是客观的对象和存在。

你如果要进一步认识她，你可以分析她的结构、形象、组成的各部分，得出"谐和"的规律，"节奏"的规律，表现的内容，丰富的启示，而不必顾到你自己的心的活动。你越能忘掉自我，忘掉你自己的情绪波动，思维起伏，你就越能够"漱涤万物，牢笼百态"（柳宗元语），你就会像一面镜子，像托尔斯泰那样，照见了一个世界，丰富了自己，也丰富了文化。人们会感谢你的。

那么，你在自己的心里就找不到美了吗？我说，我们的心灵起伏万变，情欲的波涛，思想的矛盾，当我们身在其中时，恐怕尝到的是苦闷，而未必是美。

只有莎士比亚或巴尔扎克把它形象化了，表现在文艺里，或是你自己手之舞之，足之蹈之，把你的欢乐表现在舞蹈的形象里；或把你的忧郁歌咏在有节奏的诗歌里，甚至于在你的平日的行动里，语言里。

一句话说来，就是你的心要具体地表现在形象里，那时旁人会看见你的心灵的美，你自己也才真正地切实地具体地发现你的心里的美。除此以外，恐怕不容易吧！你的心可以发现美的对象（人生的，社会的，自然的），这"美"对于你是客观的存在，不以你的意志为转移。（你的意志只能主使你的眼睛去看她，或不去看她，而不能改变她。你能训练你的眼睛深一层地去认识她，却不能动摇她。希腊伟大的艺术不因中古时代的晦暗而减少它的光辉。）

宋朝某尼虽然似乎悟道，然而她的觉悟不够深，不够高，她不能发现整个宇宙已经盎然有春意，假使梅花枝上已经春满十分了。她在踏遍陇头云时是苦闷的，失望的。她把自己关在狭窄的心的圈子里了。只在自己的心里去寻找美的踪迹是不够的，是大有问题的。

王羲之在《兰亭序》里说："仰观宇宙之大，俯察品类之盛，所以游目骋怀，足以极视听之娱，信可乐也。"这是东晋大书家在寻找美的踪迹。他的书法传达了自然的美和精神的美。不仅是大宇宙，小小的事物也不可忽视。

诗人华滋沃斯曾经说过："一朵微小的花对于我可以唤起不能用眼泪表出的那样深的思想。"

达到这样的、深入的美感，发见这样深度的美，是要在主观心理方面具有条件和准备的。我们的感情是要经过一番洗涤，克服了小己的私欲和利害计较。矿石商人仅只看到矿石的货币价值，而看不见矿石的美和特性。

我们要把整个情绪和思想改造一下，移动了方向，才能面对美的形象，把美如实地和深入地反映到心里来。再把它放射出去，凭借物质创造形象给表达出来，才成为艺术。

赏析

宗白华（1897—1986），本名之櫆，字白华、伯华，籍贯江苏常熟虞山镇。中国哲学家、美学大师、诗人，南大哲学系代表人物。有《宗白华全集》及美学论文集《美学散步》《艺境》等作品。

每一个人都喜欢美，美人、美景、美食，凡事带上一个美字，就让人感到了满足，但是美究竟要从哪里去寻呢？宗白华先生认为，美的寻找，总归要满足两个条件才是圆满的，其一是要达到我们的主观心理条件，当我们的心灵经历过一番洗涤，克服了小己的私欲与利害计较，才能够达到深度的美感，发现深度的美，在这样的一种状态下，我们可以发现大自然的美，客观的美，进而还可以去进一步地认识它、分析它；其二是客观的物的方面的条件，如梅花盛开、旭日普照等，它们不是没有生命的，不是空洞的、机械的，而是有内容、有表现的。美的存在不是凭空想象的，而是实实在在存在的，美的踪迹遍布于自然、人生、社会中，而这些都需要我们用心去寻找。在宗白华先生的文字中，曾经多次提及心、心灵等词汇，这种表达自然不是没有意义的，在宗白华先生看来，心的陶冶、心的修养和锻炼是为我们发现美作准备的。这个世上不是没有美，而是缺少发现美的眼睛。而这眼睛，大概便与宗白华先生所说的关于心灵的一切有异曲同工之妙吧！

"慢慢走，欣赏啊！"[1]
——人生的艺术化

朱光潜

一直到现在，我们都是讨论艺术的创造与欣赏。在收尾这一节中，我提议约略说明艺术和人生的关系。

我在开章明义时就着重美感态度和实用态度的分别，以及艺术和实际人生之中所应有的距离，如果话说到这里为止，你也许误解我把艺术和人生看成漠不相关的两件事。我的意思并不如此。

人生是多方面而却相互和谐的整体，把它分析开来看，我们说某部分是实用的活动，某部分是科学的活动，某部分是美感的活动，为正名析理起见，原应有此分别；但是我们不要忘记，完满的人生见于这三种活动的平均发展，它们虽是可分别的而却不是互相冲突的。"实际人生"比整个人生的意义较为狭窄。一般人的错误在把它们认为相等，以为艺术对于"实际人生"既是隔着一层，它在整个人生中也就没有什么价值。有些人为维护艺术的地位，又想把它硬纳到"实际人生"的小范围里去。这般人不但是误解艺术，而且也没有认识人生。我们把实际生活看作整个人生之中的一片段，所以在肯定艺术与实际人生的距离时，并非肯定艺术与整个人生的隔阂。严格地说，离开人生便无所谓艺术，因为艺术是情趣的表现，而情趣的根源就在人生；反之，离开艺术也便无所谓人生，因为凡是创造和欣赏都是艺术的活动，无创造、无欣赏的人生是一个自相矛盾的名词。

人生本来就是一种较广义的艺术。每个人的生命史就是他自己的作品。这种作品可以是艺术的，也可以不是艺术的，正犹如同是一种顽石，这个人能把它雕成一座伟大的雕像，而另一个人却不能使它"成器"，分别全在性分与修养。知道生活的人就是艺术家，他的生活就是艺术作品。

过一世生活好比作一篇文章，完美的生活都有上品文章所应有的美点。

首先，一篇好文章一定是一个完整的有机体，其中全体与部分都息息相关，不能稍有移动或增减。一字一句之中都可以见出全篇精神的贯注。比如陶渊明的《饮酒》诗本来是"采菊东篱下，悠然见南山"，后人把"见"字误印为"望"字，原文的自然与物相遇相得的神情便完全丧失。这种艺术的完整性在生活中叫作"人格"。凡是完美的生活都是人格的表现。大而进退取与，小而声音笑貌，都没有一件和全人格相冲突。不肯为五斗米折腰向乡里小儿，是陶渊明的生命史中所应有的一段文章，如果他错过这一个小节，便失其为陶渊明。下狱不肯脱逃，临刑时还叮咛嘱咐还邻人一只鸡的债，是苏格拉底[2]的生命史中所应有的一段文章，否则他便失其为苏格拉底。这种生命史才可以使人把它当作一幅图画去惊赞，它就是一种艺术的杰作。

其次，"修辞立其诚"[3]是文章的要诀，一首诗或是一篇美文一定是至性深情的流露，存于中然后形于外，不容有丝毫假借。情趣本来是物我交感共鸣的结果。景物变动不居，情趣亦自生生不息。我有我的个性，物也有物的个性，这种个性又随时地变迁而生长发展。每人在某一时会所见到的景物，和每种景物在某一时会所引起的情趣，都有它的特殊性，断不容与另一人在另一时会所见到的景物，和另一景物在另一时会所引起的情趣完全相同。毫厘之差，微妙所在。在这种生生不息的情趣中我们可以见出生命的造化。把这种生命流露于语言文字，就是好文章；把它流露于言行风采，就是美满的生命史。

文章忌俗滥，生活也忌俗滥。俗滥就是自己没有本色而蹈袭别人的成规旧矩。西施患心病，常捧心颦眉，这是自然的流露，所以愈增其美。东施没有心病，强学捧心颦眉[4]的姿态，只能引人嫌恶。在西施是创作，在东施便是滥调。滥调起于生命的干枯，也就是虚伪的表现。"虚伪的表现"就是"丑"，克罗齐[5]已经说过。"风行水上，自然成纹"，文章的妙处如此，生活的妙处也是如此。在什么地位，是怎样的人，感到怎样情趣，便现出怎样言行风采，叫人一见就觉其谐和完整，这才是艺术的生活。

俗语说得好："惟大英雄能本色。"所谓艺术的生活就是本色的生活。世间有两种人的生活最不艺术，一种是俗人，一种是伪君子。"俗人"根本就缺乏本色，"伪君子"则竭力遮盖本色。朱晦庵[6]有一首诗说："半亩方塘一鉴开，天光云影共徘徊。问渠那得清如许？为有源头活水来。"艺术的生活就是有"源头活水"的生活。俗人迷于名利，与世浮沉，心里没有"天光云影"，就因为没有源头活水。他们的大病是生命的干枯。"伪君子"则于这种"俗人"的资格之上，又加上"沐猴而冠"[7]的伎俩。他们的特点不仅见于道德上的虚伪，一言一笑、一举一动，都叫人起不美之感。谁知道风流名士的架子之中掩藏了几多行尸走肉？无论是"俗人"或是"伪君子"，他们都是生活中的"苟且者"，都缺乏艺术家在创造时所应有的良心。像柏格森[8]所说的，他们都是"生命的机械化"，只能作喜剧中的角色。生活落到喜剧里去的人大半都是不艺术的。

艺术的创造之中都必寓有欣赏，生活也是如此。一般人对于一种言行常欢喜说它"好看""不好看"，这已有几分是拿艺术欣赏的标准去估量它。但是一般人大半不能彻底，不能拿一言一笑、一举一动纳在全部生命史里去看，他们的人格观念太淡薄，所谓"好看""不好看"往往只是"敷衍面子"。善于生活者则彻底认真，不让一尘一芥妨碍整个生命的和谐。一般人常以为艺术家是一班最随便的人，其实在艺术范围之内，艺术家是最严肃不过的。在锻炼作品时常呕心呕肝，一笔一画也不肯苟且。王荆公[9]作"春风又绿江南岸"一句诗时，原来"绿"字是"到"字，后来由"到"字改为"过"字，由"过"字改为"入"字，由"入"字改为"满"字，改了十几次之后才定为"绿"字。即此一端可以想见艺术家的严肃了。善于生活者对于生活也是这样认真。曾子[10]临死时记得床上的席子是季路[11]的，一定叫门人把它换过才瞑目。吴季札[12]心里已经暗许赠剑给徐君，没有实行徐君就已死去，他很郑重地把剑挂在徐君墓旁树上，以见"中心契合死生不渝"的风谊。像这一类的言行看来虽似小节，而善于生活者却不肯轻易放过，正犹如诗人不肯轻易放过一字一句一样。小节如此，大节更不消说。董狐[13]宁愿断头不肯掩盖史实，夷齐[14]饿死不愿降周，这种风度是道德的也是艺术的。我们主张人生的艺术化，就是主张对于人生的严肃主义。

艺术家估定事物的价值，全以它能否纳入和谐的整体为标准，往往出于一般人意料之外。他能看重一般人所看轻的，也能看轻一般人所看重的。在看重一件事物时，他知道执着，在看轻一件事物时，他也知道摆脱。艺术的能事不仅见于知用取，尤其见于知所舍。苏东坡论文，谓如水行山谷中，行于其所不得不行，止于其所不得不止。这就是取舍恰到好处，艺术化的人生也是如此。善于生活者对于世间一切，也拿艺术的口胃去评判它，合于艺术口胃者毫毛可以变成泰山，不合于艺术口胃者泰山也可以变成毫毛。他不但能认真，而且能摆脱。在认真时见出他的严肃，在摆脱时见出他的豁达。孟敏堕甑，不顾而去，郭林宗[15]见到以为奇怪。他说："甑已碎，顾之何益？"哲学家斯宾诺莎[16]宁愿靠磨镜过活，不愿当大学教授，怕妨碍他的自由。王徽之[17]居山阴，有一天夜雪初霁，月色清朗，忽然想起他的朋友戴逵，便乘小舟到剡溪去访他，刚到门口便把船划回去。他说："乘兴而来，兴尽而返。"这几件事彼此差很远，却都可以见出艺术家的豁达。伟大的人生和伟大的艺术都要同时并有严肃与豁达之胜。晋代清流大半只知道豁达而不知道严肃，宋朝理学又大半只知道严肃而不知道豁达。陶渊明和杜子美庶几算得恰到好处。

一篇生命史就是一种作品，从伦理的观点看，它有善恶的分别，从艺术的观点看，它有美丑的分别。善恶与美丑的关系究竟如何呢？

就狭义说，伦理的价值是实用的，美感的价值是超实用的；伦理的活动都是有所为而为，美感的活动则是无所为而为。比如仁义忠信等等都是善，问它们何以为善，我们不能不着眼到人群的幸福。美之所以为美，则全在美的形象本身，不在它对于人群的效用（这并不是说它对于人群没有效用）。假如世界上只有一个人，他就不能有道德的活动，因为有父子才有慈孝可言，有朋友才有信义可言。但是这个想象的孤零零的人还可以有艺术的活动，他还可以欣赏他所居的世界，他还可以创造作品。善有所赖而美无所赖，善的价值是"外在的"，美的价值是"内在的"。

不过这种分别究竟是狭义的。就广义说，善就是一种美，恶就是一种丑。因为伦理的活动也可以引起美感上的欣赏与嫌恶。希腊大哲学家柏拉图[18]和亚里士多德[19]，讨论伦理问题时都以为善有等级，一般的善只有外在的价值，而"至高的善"则有内在的价值。这所谓"至高的善"究竟是什么呢？柏拉图和亚里士多德本来是一走理想主义的极端，一走经验主义的极端，但是对于这个问题，意见却一致。他们都以为"至高的善"在"无所为而为的玩索"。这种见解在西方哲学思潮上影响极大，斯宾诺莎、黑格尔[20]、叔本华[21]的学说都可以参证。从此可知西方哲人心目中的"至高的善"还是一种美，最高的伦理的活动还是一种艺术的活动了。

我自己在闲暇时也欢喜看看哲学书籍。老实说，我对于许多哲学家的话都很怀疑，但是我觉得他们有趣。我以为穷到究竟，一切哲学系统也都只能当作艺术作品去看。哲学和科学穷到极境，都是要满足求知的欲望。每个哲学家和科学家对于他自己所见到的一点真理（无论它究竟是不是真理）都觉得有趣味，都用一股热忱去欣赏它。真理在离开实用而成为情趣中心时就已经是美感的对象了。"地球绕日运行"，"勾方加股方等于弦方"一类的科学事实，和《米罗斯爱神》[24]或《第九交响曲》[25]一样可以摄魂震魄。科学家去寻求这一类的事实，穷到究竟，也正因为它们可以摄魂震魄。所以科学的活动也还是一种艺术的活动，不但善与美是一体，真与美也并没有隔阂。

艺术是情趣的活动，艺术的生活也就是情趣丰富的生活。人可以分为两种，一种是情趣丰富的，对于许多事物都觉得有趣味，而且到处寻求享受这种趣味。一种是情趣干枯的，对于许多事物都觉得没有趣味，也不去寻求趣味，只终日拼命和蝇蛆在一块争温饱。后者是俗人，前者就是艺术家。情趣愈丰富，生活也愈美满，所谓人生的艺术化就是人生的情趣化。

"觉得有趣味"就是欣赏。你是否知道生活，就看你对于许多事物能否欣赏。欣赏也就是"无所为而所为的玩索"。在欣赏时人和神仙一样自由，一样有福。

阿尔卑斯谷[26]中有一条大汽车路，两旁景物极美，路上插着一个标语牌劝告游人说："慢慢走，欣赏啊！"许多人在这车如流水马如龙的世界过活，恰如在阿尔卑斯山谷中乘汽车兜风，匆匆忙忙地急驰而过，无暇一回首流连风景，于是这丰富华丽的世界便成为一个了无生趣的囚牢。这是一件多么可惋惜的事啊！

朋友，在告别之前，我采用阿尔卑斯山路上的标语，在中国人告别习用语之下加上三个字奉赠："慢慢走，欣赏啊！"

光潜

一九三二年夏，莱茵河畔

注释

[1]本文写于1932年，是作者的通俗美学著作《谈美》的第十五章。

[2]苏格拉底(Socrates，前469—前399)：古希腊著名哲学家。一生无著述，其美学思想主要见于他的学生色诺芬的《苏格拉底言行回忆录》。

[3]修辞立其诚：语出《周易·乾·文言》。

[4]捧心颦眉：据《庄子·外篇·天运》记载："故西施病心而颦其里，其里之丑人见而美之，归亦捧心而颦其里。其里之富人见之，坚闭门而不出；贫人见之，絜妻子而去亡走。彼知颦美，而不知颦之所以美。"《太平寰宇记》卷九六载越州诸暨县苎萝山有西施家、东施家，后人乃确指丑女为东施。后以成语"东施效颦"比喻胡乱模仿，效果适得其反。

[5]克罗齐(Benedetto Croce，1866—1952)：意大利著名哲学家、美学家、历史学家，新黑格尔主义者。著有《精神哲学》《黑格尔哲学中的死东西和活东西》《美学原理》等。

[6]朱晦庵：即朱熹(1130—1200)，字元晦，一字仲晦，号晦庵，婺源(今属江西)人，侨寓建阳(今属福建)。南宋著名思想家、教育家、文学家，宋代理学的主要代表之一，有《四书章句集注》《诗集传》《楚辞集注》《朱子语类》《朱文公文集》等。

[7]沐猴而冠：猴子戴上帽子，比喻人面兽心，虚有其表。常用来讽刺依附权势、窃据名位之辈。沐猴：即猕猴。

[8]柏格森(Henri Bergson，1859—1941)：法国著名哲学家，生命哲学与直觉主义的主要代表之一。主要著作有《时间与自由意志》《形而上学导论》《创造进化论》等。

[9]王荆公：即王安石(1021—1086)，字介甫，号半山，临川(今江西抚州)人，北宋著名政治家、文学家。曾两次出任宰相，实行变法，推行新政。晚年退居金陵，潜心著述。封荆国公，世称王荆公。

[10]曾子(前505—前436)：春秋末鲁国南武城(今山东费县)人，名参，字子舆，孔子学生，以孝著称。

[11]季路：孔子的学生，姓仲名由，字子路，又字季路，以勇武著称。

[12]吴季札：春秋时吴王寿梦第四子，以贤德著称。寿梦想让他继承王位，他坚辞不受。

[13]董狐：春秋时晋国的太史。晋灵公要杀赵盾，赵盾逃走了。不久赵穿杀死晋灵公，赵盾又回来了。董狐在史册上写道："赵盾弑其君。"赵盾不同意，董狐说："子为正卿，亡不越境，反不讨贼，非子而谁？"孔子说："董狐，古之良史也，书法不隐。"

[14]夷、齐：指伯夷、叔齐二人。伯夷是商代诸侯孤竹君的长子，因与弟叔齐互让君位，结果一齐逃亡。武王伐纣时，伯夷、叔齐叩马谏阻，认为以臣伐君是不义的。商亡后，他们不食周粟，饿死

在首阳山。

[15]郭林宗：即郭泰(128—169)，字林宗，东汉太原介休(今属山西)人。东汉末为太学生首领，不就官府征召，后归乡里。党锢之祸起，遂闭门教授，生徒数千人。

[16]斯宾诺莎(Baruchde Spinoza，1632—1677)：荷兰著名哲学家、美学家，是唯物主义唯理论的主要代表之一。主要著作有《神学政治论》《伦理学》《理智改进论》《笛卡儿哲学原理》《通信集》等。

[17]王徽之(338—386)：东晋琅琊临沂(今属山东)人，字子猷，王羲之之子。初为桓温参军，官至黄门侍郎。据刘义庆《世说新语·任诞》记载，王徽之曾雪夜从山阴(今绍兴)泛舟剡溪访戴逵，却至其门而返。人问其故，他说："吾乘兴而行，兴尽而返，何必见戴。"

[18]柏拉图(Platon，前427—前347)：古希腊著名哲学家。主要著作有《大希庇阿斯》《伊安》《高吉阿斯》《理想国》《法律》等。

[19]亚里士多德(Aristoteles，前384—前322)：古希腊著名哲学家、美学家，主要著作有《诗学》《修辞学》《伦理学》《政治学》等。

[20]黑格尔(Georg Wilhelm Friedrich Hegel，1770—1831)：德国著名哲学家、美学家，德国古典唯心主义哲学的集大成者。主要著作有《精神现象学》《逻辑学》《哲学全书》《美学》等。

[21]叔本华(Arthur Schopenhauer，1788—1860)：德国著名哲学家，唯意志论者。主要著作有《作为意志和表象的世界》《伦理学的两个基本问题》等。

[22]莱布尼兹(Gottfried Wilhelm Leibniz，1646—1716)：德国著名自然学家、数学家、哲学家，唯理论的主要代表之一，与牛顿同为微积分的创始人，也是数理逻辑的前驱者。主要著作有《单子论》《人类理智新论》等。

[23]尼采(Friedrch Nietzsche，1844—1900)：德国哲学家，唯意志论者。主要著作有《悲剧的诞生》《查拉图斯特拉如是说》《善恶的彼岸》《道德的谱系》等。

[24]米罗斯爱神：古希腊的一尊雕像，又称"米洛斯的维纳斯"，是爱与美的象征。创作于公元前2世纪末，1820年被米罗岛上的一个农夫在耕地时发现。出土时已失去了双臂，以"残缺美"著称于世。

[25]第九交响曲：德国著名作曲家贝多芬(Ludwigvan Beethoven，1770—1827)1793年至1823年酝酿、创作的《d小调第九交响曲》，是他一生中的最后一部大型作品，因第四乐章使用了据席勒《欢乐颂》谱成的重唱与合唱，也称《合唱交响曲》。

[26]阿尔卑斯谷：欧洲南部的近期褶皱山脉。西起法国东南部的尼斯，经瑞士和西德南部、意大利北部，东到奥地利的维也纳。山势雄伟，森林密布，许多山峰终年积雪。

赏析

朱光潜(1897—1986)，字孟实，安徽省桐城(今安徽枞阳县麒麟镇岱鳌村朱家老屋)人，现当代著名美学家、文艺理论家、教育家、翻译家。朱光潜主要编著有《文艺心理学》《悲剧心理学》《谈美》《诗论》《谈文学》《克罗齐哲学述评》《西方美学史》《美学批判论文集》《谈美书简》《美学拾穗集》等，并翻译了《歌德谈话录》、柏拉图的《文艺对话集》、莱辛的《拉奥孔》、黑格尔的《美学》、克罗齐的《美学》、维柯的《新科学》等。为方便研究马列主义原著，他在花甲之年开始自学俄语，更在八十高龄之际写出《谈美书简》和《美学拾穗集》，翻译近代第一部社会科学著作——维科的《新科学》。

本文是朱光潜通俗美学著作《谈美》的最后一篇。文章以"人生的艺术化"为中心，主要阐析了以下三个基本观点：人生是一种较广义的艺术，每个人的生命史就是他自己的作品；善于生活的人就是艺术家，他的生活就是充满审美特色的艺术作品；艺术是有情趣的活动，艺术化的生活也就是情趣丰富而高尚的生活。

艺术上，本文将深奥的美学和人生理念解说得通俗易懂、深入浅出。作者借助了多种表达手法的运用，文中始终贯穿着精神愉悦与物质满足、创造活动与循规行为、情趣丰赡与情致干枯等多层面的对比论证，将基本道理比照得清晰而可信。

人间词话（节选）

王国维

人间词话

[一]

词以境界为最上。有境界则自成高格，自有名句。五代北宋之词所以独绝者在此。

[二]

有造境，有写境，此理想与写实二派之所由分。然二者颇难分别。因大诗人所造之境，必合乎自然，所写之境，亦必邻于理想故也。

[三]

有有我之境，有无我之境。"泪眼问花花不语，乱红飞过秋千去[1]。""可堪孤馆闭春寒，杜鹃声里斜阳暮[2]。"有我之境也。"采菊东篱下，悠然见南山[3]。""寒波澹澹起，白鸟悠悠下[4]。"无我之境也。有我之境，以我观物，故物皆著我之色彩。无我之境，以物观物，故不知何者为我，何者为物。古人为词，写有我之境者为多，然未始不能写无我之境，此在豪杰之士能自树立耳。

[四]

无我之境，人惟于静中得之。有我之境，于由动之静时得之。故一优美，一宏壮也。

[五]

自然中之物，互相关系，互相限制。然其写之于文学及美术中也，必遗其关系、限制之处。故虽写实家，亦理想家也。又虽如何虚构之境，其材料必求之于自然，而其构造，亦必从自然之法则。故虽理想家，亦写实家也。

[六]

境非独谓景物也。喜怒哀乐，亦人心中之一境界。故能写真景物、真感情者，谓之有境界。否则谓之无境界。

[七]

"红杏枝头春意闹[5]"，著一"闹"字，而境界全出。"云破月来花弄影[6]"，著一"弄"字，而境界全出矣。

[二六]

古今之成大事业、大学问者，必经过三种之境界："昨夜西风凋碧树。独上高楼，望尽天涯路[7]。"此第一境也。"衣带渐宽终不悔，为伊消得人憔悴[8]。"此第二境也。"众里寻他千百度，回头蓦见（当作'蓦然回首'），那人正（当作'却'）在，灯火阑珊处[9]。"此第三境也。此等语皆非大词人不能道。然遽以此意解释诸词，恐为晏欧诸公所不许也。

[四四]

东坡之词旷，稼轩之词豪。无二人之胸襟而学其词，犹东施之效捧心也。

[五六]

　　大家之作，其言情也必沁人心脾，其写景也必豁人耳目。其辞脱口而出，无矫揉妆束之态。以其所见者真，所知者深也。诗词皆然。持此以衡古今之作者，可无大误也。

[六十]

　　诗人对宇宙人生，须入乎其内，又须出乎其外。入乎其内，故能写之。出乎其外，故能观之。入乎其内，故有生气。出乎其外，故有高致。美成能入而不出。白石以降，于此二事皆未梦见。

注释

　　[1]欧阳修《蝶恋花》："庭院深深深几许，杨柳堆烟，帘幕无重数。玉勒雕鞍游冶处，楼高不见章台路。雨横风狂三月暮，门掩黄昏，无计留春住。泪眼问花花不语，乱红飞过秋千去。"

　　[2]秦观《踏莎行》："雾失楼台，月迷津渡，桃源望断无寻处。可堪孤馆闭春寒，杜鹃声里斜阳暮。驿寄梅花，鱼传尺素，砌成此恨无重数。郴江幸自绕郴山，为谁流下潇湘去！"

　　[3]陶潜《饮酒诗》第五首："结庐在人境，而无车马喧。问君何能尔，心远地自偏。采菊东篱下，悠然见南山。山气日夕佳，飞鸟相与还。此中有真意，欲辨已忘言。"

　　[4]元好问《颖亭留别》："故人重分携，临流驻归驾。乾坤展清眺，万景若相借。北风三日雪，太素秉元化。九山郁峥嵘，了不受陵跨。寒波澹澹起，白鸟悠悠下。怀归人自急，物态本闲暇。壶觞负吟啸，尘土足悲咤。回首亭中人，平林淡如画。"

　　[5]宋祁《玉楼春》（春景）："东城渐觉风光好，縠皱波纹迎客棹。绿杨烟外晓寒轻，红杏枝头春意闹。浮生长恨欢娱少，肯爱千金轻一笑。为君持酒劝斜阳，且向花间留晚照。"

　　[6]张先《天仙子》（时为嘉禾小倅，以病眠，不赴府会）："水调数声持酒听，午醉醒来愁未醒。送春春去几时回？临晚镜，伤流景，往事后期空记省。沙上并禽池上暝，云破月来花弄影。重重帘幕密遮灯，风不定，人初静，明日落红应满径。"

　　[7]晏殊《蝶恋花》："槛菊愁烟兰泣露，罗幕轻寒，燕子双飞去。明月不谙离恨苦，斜光到晓穿朱户。昨夜西风凋碧树。独上高楼，望尽天涯路。欲寄彩笺兼尺素，山长水阔知何处？"

　　[8]柳永《凤栖梧》："伫倚危楼风细细。望极春愁，黯黯生天际。草色烟光残照里。无言谁会凭阑意。拟把疏狂图一醉，对酒当歌，强乐还无味。衣带渐宽终不悔，为伊消得人憔悴。"

　　[9]辛弃疾《青玉案》（元夕）："东风夜放花千树。更吹落、星如雨。宝马雕车香满路，凤箫声动，玉壶光转，一夜鱼龙舞。蛾儿雪柳黄金缕。笑语盈盈暗香去。众里寻他千百度，蓦然回首，那人却在，灯火阑珊处。"

赏析

　　王国维(1877—1927)，初名国桢，字静安、伯隅，初号礼堂，晚号观堂，又号永观，谥忠悫。浙江省海宁州(今浙江省嘉兴市海宁)人。王国维是中国近、现代相交时期一位享有国际声誉的著名学者。王国维早年追求新学，接受资产阶级改良主义思想的影响，研究哲学与美学，把西方哲学、美学思想与中国古典哲学、美学相融合，形成了独特的美学思想体系，继而攻词曲戏剧，后又治史学、古文字学、考古学。郭沫若称他为新史学的开山。他著述甚丰，有《海宁王静安先生遗书》《红楼梦评论》《宋元戏曲考》《人间词话》《观堂集林》《古史新证》《曲录》《殷周制度论》《流沙坠简》等。

　　《人间词话》是王国维文学批评的代表作，创立了"境界说"的词学理论。他脱弃西方理论之局限，力求运用自己的思想见解，尝试将某些西方思想中之重要概念，融入中国固有的传统批评中。所以，从表面上看，《人间词话》与中国相袭已久之诗话、词话一类作品之体例、格式并无显著的差别。实际

上,它已初具理论体系,在旧日诗词论著中,称得上一部屈指可数的作品,甚至在以往词论界里,许多人把它奉为圭臬,把它的论点作为词学、美学的根据,影响很是深远。

全书融贯中西,承前启后,既有对传统词学的继承和突破,又有对西方理论的接受和融通。作者运用的是中国传统词学的批评形式,却体现了现代的审美意趣和批评精神。

类文链接

1. 关汉卿《关大王独赴单刀会·第四折》

2. 曹禺《雷雨·第二幕》

3. 朱光潜《无言之美》

4. 丰子恺《艺术的作用》

5. 林语堂《读书的艺术》

6. 傅雷《家书两则》(1954年10月2日)、(1955年1月26日)
1955年1月26日

　　早预算新年中必可接到你的信,我们都当作等待什么礼物一般地等着。果然昨天早上收到你来信,而且是多少可喜的消息。孩子!要是我们在会场上,一定会禁不住涕泗横流的。世界上最高的最纯洁的欢乐,莫过于欣赏艺术,更莫过于欣赏自己的孩子的手和心传达出来的艺术!其次,我们也因为你替祖国增光而快乐!更因为你能借音乐而使多少人欢笑而快乐!想到你将来一定有更大的成就,没有止境的进步,为更多的人更广大的群众服务,鼓舞他们的心情,抚慰他们的创痛,我们真是心都要跳出来了!能够把不朽的大师的不朽的作品发扬光大,传布到地球上每一个角落去,真是多神圣,多光荣的使命!孩子,你太幸福了,天待你太厚了。我更高兴的更安慰的是:多少过分的谀词与夸奖,都没有使你丧失自知之明,众人的掌声、拥抱,名流的赞美,都没有减少你对艺术的谦卑!总算我的教育没有白费,你二十年的折磨没有白受!你能坚强(不为胜利冲昏了头脑是坚强的最好的证据),只要你能坚强,我就一辈子放了心!成就的大小、高低,是不在我们掌握之内的,一半靠人力,一半靠天赋,但只要坚强,就不怕失败,不怕挫折,不怕打击——不管是人事上的,生活上的,技术上的,学习上的——打击;从此以后你可以孤军奋斗了。何况事实上有多少良师益友在周围帮助你,扶掖你。还加上古今的名著,时时刻刻给你精神上的养料!孩子,从今以后,你永远不会孤独的了,即使孤独也不怕的了!

　　赤子之心这句话,我也一直记住的。赤子便是不知道孤独的。赤子孤独了,会创造一个世界,创造许多心灵的朋友!永远保持赤子之心,到老也不会落伍,永远能够与普天下的赤子之心相接相契相抱!你那位朋友说得不错,艺术表现的动人,一定是从心灵的纯洁来的!不是纯洁到像明镜一般,怎能体会到前人的心灵?怎能打动听众的心灵?

　　音乐院长说你的演奏像流水、像河,更令我想到克利斯朵夫的象征。天舅舅说你小时候常以克利斯朵夫自命,而你的个性居然和罗曼罗兰的理想有些相像了。河,莱茵,江声浩荡……钟声复起,天已黎明……中国正到了"复旦"的黎明时期,但愿你做中国的——新中国的——钟声,响遍世界,响遍每个人的心!滔滔不竭的流水,流到每个人的心坎里去,把大家都带着,跟你一块到无边无岸的音响的海洋中去吧！名闻世界的扬子江与黄河，比莱茵的气势还要大呢！……黄河之水天上来，奔流到海不复回！……无边落木萧萧下，不尽长江滚滚来！……有这种诗人灵魂的传统的民族，应该有气吞斗牛的表现才对。

　　你说常在矛盾与快乐之中，但我相信艺术家没有矛盾不会进步，不会演变，不会深入。有矛盾正是生机蓬勃的明证。眼前你感到的还不过是技巧与理想的矛盾，将来你还有反复不已更大的矛盾呢：形式与内容的枘凿，自己内心的许许多多不可预料的矛盾，都在前途等着你。别担心，解决一个矛盾，便是前进一步！矛盾是解决不完的，所以艺术没有止境，没有perfect（完美，十全十美）的一天，人生也没有perfect的一天！唯其如此，才需要我们日以继夜，终生的追求、苦练；要不然大家做了羲皇上人，垂手而天下治，做人也太腻了！

7. 宗白华《中国艺术意境之诞生·意境的意义》

8. 黄永玉《黄永玉话艺术》（在岳麓书院的演讲）

参考文献

[1] 胡洪波,李中民. 人文英华[M]. 2版. 南京:东南大学出版社,2012.
[2] 徐中玉,齐森华,谭帆. 大学语文[M]. 11版. 上海:华东师范大学出版社,2018.
[3] 陈洪. 大学语文[M]. 4版. 北京:高等教育出版社,2022.
[4] 张子泉. 大学语文[M]. 5版. 北京:清华大学出版社,2021.
[5] 徐中玉,陶型传. 大学语文[M]. 北京:北京大学出版社,2018.
[6] 黄美玲. 大学语文[M]. 4版. 北京:北京大学出版社,2021.
[7] 彭国忠. 大学语文[M]. 北京:人民邮电出版社,2022.
[8] 王步高,巩本栋. 大学语文:全编本[M]. 南京:南京大学出版社,2021.
[9] 牟伯永. 大学语文[M]. 杭州:浙江大学出版社,2020.